NICOLAS
CLAUDE ET GEORGES
DE BAUFFREMONT

BARONS DE SENNECEY

Episodes de la Ligue en Bourgogne et dans le Lyonnais

PAR

LÉOPOLD NIEPCE

CONSEILLER A LA COUR DE LYON

Chevalier de la Légion-d'Honneur

LYON

IMPRIMERIE MOUGIN-RUSAND

3, Rue Stella, 3

1877

NICOLAS
CLAUDE ET GEORGES
DE BAUFFREMONT

BARONS DE SENNECEY

EXTRAIT

DES MÉMOIRES DE LA SOCIÉTÈ LITTÈRAIRE DE LYON

NICOLAS
CLAUDE ET GEORGES
DE BAUFFREMONT

BARONS DE SENNECEY

Episodes de la Ligue en Bourgogne et dans le Lyonnais

PAR

LÉOPOLD NIEPCE

CONSEILLER A LA COUR DE LYON

Chevalier de la Légion-d'Honneur

LYON
IMPRIMERIE MOUGIN-RUSAND

3, Rue Stella, 3

1877

NICOLAS
DE BAUFFREMONT

BARON DE SENNECEY

Lorsqu'en 1866, je publiai l'histoire du bourg de Sennecey-le-Grand (Saône-et-Loire) et des seigneurs de cette ancienne et grande châtellenie du duché de Bourgogne, je ne pus que tracer à grands traits celle de Nicolas et de Claude de Bauffremont, barons de ce lieu, et qui ont été des plus zélés et des plus importants partisans de la Ligue. Je ne disposais pas alors de tous les documents que j'ai pu réunir depuis ce moment. Il me manquait surtout des détails sur leur alliance avec une grande maison de Lyon, sur la capture du fameux colonel corse Alphonse d'Ornano à la bataille de Givors, sur son enlèvement par Claude de Bauffremont au frère du duc de Nemours, et sur la captivité du baron de Bauffremont et de ses jeunes enfants dans les sombres cachots du château de Pierre-Scize. Je ne connaissais pas, non plus, la correspondance qui s'établit alors avec le Consulat lyonnais au sujet de ces évènements. Mais, aujourd'hui, j'ai pu combler ces lacunes de mon premier travail à l'aide des nombreux matériaux que m'ont fourni les archives de Lyon, et je vais essayer, par cette nouvelle étude, d'ajouter une page non encore écrite à l'histoire de cette ville.

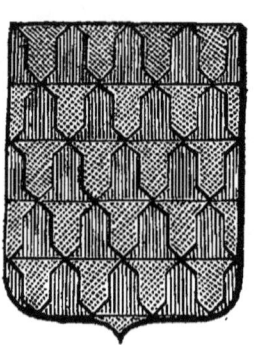

I. — Nicolas et Claude de Bauffremont, on le sait, étaient de la grande et illustre maison de ce nom, originaire de la Lorraine, et dont l'une des branches s'est fixée dans la comté de Bourgogne d'abord, puis dans le duché. L'historien Saint-Julien de Balleure (1), en parlant d'elle, a dit : « Elle vient de si loin qu'il est presque impossible d'en découvrir la vraie origine, comme ces grandes rivières qui ne laissent pas de rouler leurs eaux, avec majesté, quoy qu'on ne scache pas asseurément le lieu d'où elles descendent. » Puis, notre chroniqueur bourguignon qui se plaisait tant à voir du merveilleux dans les premiers âges de toutes les grandes familles dont il nous a laissé la généalogie, ajoute :

(1) *Meslanges historiques et recueils de diverses matières pour la pluspart paradoxales et néantmoins vrayes,* par Pierre de Saint-Julien, de la maison de Balleurre, doyen de Châlon, etc. (Lyon, Benoist Rigaud, 1588, p. 355).

« A diversité des temps a esté cause que le mot Bauffremont a reçu différentes prononciations et ne soit uniformément escript. — Les livres anciens escrivoient *Beffroymont* et *Boffreymont*, puis dirent *Beffroymont*, pour ce que ceux du nom portoyent, en leurs armes, des *beffroys* mont, c'est-à-dire beaucoup. Le mot beffroy ou bauffroy signifioit anciennement une grosse cloche qui, picquée, donnoit bel effroy, c'est-à-dire grande frayeur.

« Bauffremont est un chasteau en Lorraine, assis sur une colline et a sa ville close au pied ; mais, nobnostant cela, plusieurs nobles et illustres maisons de Bourgogne en sont si anciennement yssues, en portent le nom et les armes, qu'on ne peut, ne doit-on, à présent les estimer aultres que vrays et antiques Bourgongnons ; car, de renvoyer toutes les familles à leur première origine, seroit quasi entreprendre de chasser un chacun de chez soy et révoquer en doubte les choses les mieux asseurées.

« Je ne me veux arrester à maintes narrations fabuleuses (1) et contes que les vieilles sont coustumes de faire auprès du feu, en leurs veilles, quand elles parlent des actes héroïques des plus anciens sires de Bauffremont, pour l'excellence de la valeur desquels elles récitent choses hyperbolyques et jusques à leur faire combattre et subjuguer les dia-

---

(1) Saint-Julien de Balleure, dans l'épître dédicatoire de ses *Meslanges historiques* à l'abbé de Cluny, disait que « les narrations de l'histoire qui doivent reluire de pure vérité et qui n'ont besoing de fard, ny d'embellissement, ont commencé d'estre agencées à la grecque et qu'il est advenu qu'on a forgé des mensonges et fait banqueroute à la vérité. » Mais, Courtépée, dont les recherches historiques sur la Bourgogne sont si exactes, a remarqué avec raison que Saint-Julien de Balleure qui appelait certains auteurs « des radoubeurs et des rhabilleurs d'histoire » a oublié qu'il a semé, lui-même, les fables les plus grossières dans ses ouvrages et mis surtout beaucoup de fard à plusieurs généalogies pour les rendre plus intéressantes.

bles. Cela est provenu de l'artifice de certains jongleurs, jouarres et trouvères qui, pauvres comme Homère, inventoyent aussi à son imitation (mais non si doctement) maintes belles fables et fictions pour servir, plaire et délecter ceux auxquels ils vouyoient leur service et qui leur faisoient du bien. Tout ce qui a été conté des plus anciens barons de Bauffremont est (comme je le disois tantost) si hors de vérisimilitude et encore plus de vérité que la hayne des mensonges ne me permet pas d'en faire commémoration. »

De nos jours, le prince de Bauffremont-Courtenay, duc d'Atrisco (1), issu de la branche des Bauffremont de Scey, a écrit la généalogie de sa célèbre maison ; mais, pour la dresser, il n'a pas écouté aux portes « les récits des vieilles assises le soir au coin de leur feu et filant leur quenouille, ni ceux des jouarres et des trouvères; » il s'est attaché, en historien véridique, à puiser aux véritables sources, c'est-à-dire dans les chartes de nos archives et dans les registres de catholicité que les révolutions ont oublié de détruire. Le prince a bien voulu même détacher la page de son livre en cours d'exécution et qui concerne ses nobles aïeux barons de Sennecey, et me la communiquer. Je la reproduis ici avec une véritable reconnaissance, comme on aime à citer un monument laborieusement édifié et d'une incontestable authenticité.

(2) M. le prince de Bauffremont-Courtenay, duc d'Atrisco, a bien voulu m'envoyer pour compléter la première généalogie de la branche aînée de sa maison, celle de la branche de Ruppes dont sont sortis les Bauffremont-Sennecey ; à cette généalogie que je donne ici il a ajouté les lignes suivantes : « Je m'occupe toujours de la généalogie de ma famille et j'espère pouvoir la publier l'année prochaine. Je ne sais si je vous ai déjà dit que les titres de la branche de Bauffremont-Ruppes, de laquelle est sortie celle de Sennecey, existent au Trésor des Chartes de Lorraine, à Nancy. Ces titres ont tous été relevés par moi, et je crois que la vraie filiation des Ruppes est celle que je vous adresse. »

PREMIER TABLEAU

MAISON DE BAUFFREMONT
(Branche aînée, éteinte en 1415)

- Hugues. 1146.
- Liébaud. 1157, époux de Petronille de Dasbourg.
- Hugues. 1181, époux de Haride de Brixey.
- Liébaud. 1207, époux de Selvide....
- Pierre. 1280, époux d'Agnès de Vergy, comte de Ferrette, mort avant 1268.
- Liébaud, sire de Bauffremont, maréchal de Bourgogne, épouse Adeline, dame de Ruppes, veuve de Geoffroy de Rozières.
  - *Vautier*, sire de Bauffremont partage, en 1302, avec son frère, épouse, probablement Marguerite de Choiseul, dame de Scey-sur-Saône.

    Branche de *Scey-sur-Saône*, actuellement existante.

  - *Huard* de Bauffremont, seigneur de Ruppes, Maxey, Margéleprée, Dainville, Demange, Reffroy, etc. etc., épouse Mahaut de Pulligny, fille de Girard de Pulligny, sire de Fontenay, remariée à Aimé, sire de Ray.
    - *Pierre* dit Perrin de Ruppes, épouse N.....
    - *Huard* de Ruppes, sire de Reffroy, épouse Jeanne de Vienne, petite-fille de Jeanne de Sarrebruck, en 1368, morte en 1380.
      - Catharine et Jean de St-Mengis.
      - Isabelle Albert de Bouxières
    - *Liébaud*, surnommé le jeune, sire de Bauffremont, épouse : 1° Béatrix de Vauvrey. 2° Agathe de Coussey.
      - *Huard*, tige de la branche de Scey-sur-Saône.
    - *Philibert*, sire de Bauffremont, épouse : 1° Agnès de Jonvelle, veuve de Guillaume de Vergy. 2° Catherine de Ludres, de ce mariage :
      - *Jean*, épouse Marguerite de Charny, tué à Azincourt, 28 octobre 1415.
        - *Jeanne*, épouse, en 1407, Guillaume d'Arberg, morte à Neufchatel, en juin 1417.
        - *Pierre*, chevalier de Rhodes.
        - *Guillemette*, épouse de Pierre de Bauffremont Ruppes.
        - *Hugues*, clerc, licencié-ès-loix.
        - *Pierre de Ruppes*, écuyer en 1387, est celui qui, probablement, épouse Agnès de Ludres, en 1409, et Guillemette de Bauffremont, fille de Philibert.

  Branche de Ruppes, devenue plus tard *Senneçey*, éteinte en 1641.

SECOND TABLEAU

Pierre, marié à Agnès de Vergy, remarié à Ulric II, comte de Ferrette. Cette dame est aïeule ou bisaïeule de la comtesse de Ferrette, qui apporta le comté de Ferrette à la maison d'Autriche.

- Liébaud, sire de Bauffremont, seigneur de Lemmecourt, Aulnois, Sandaucourt, Landaville, Gendreville, Médonville, Urville, Malaincourt, Ruppes, Maxey, Dainville, Bertheleville, Demange-aux-Eaux, Reffroy, Maron, Vandeleville, Morey, Margilley, Pierrecourt, etc., marié à Adeline de Ruppes, dame de Ruppes, etc., veuve de Geoffroy de Rozières.

  - Yolande de Bauffremont, mariée à Guillaume de Marigny, vers 1241. Clémence de Foucvent, aïeule d'Yolande, s'engage pour le paiement-de-la-dot. (Pérard.)

  - Huard de Ruppes, seigneur de Ruppes, Maxey, Margelepiée, Dainville, Videbarri, Bertheleville, Demange-aux-Eaux, Reffroy, Maron, Vandeleville, Pierrecourt. Marié à Mahaut de Puligny, remarié au sire de Ray-sur-Saône. (*Histoire des sires de Saim*, par l'abbé Guillaume, Général, de Ray.)

- Wauthier, sire de Bauffremont, seigneur de Lemmecourt, Aulnois, Sandaucourt, Landaville, Gendreville, Médonville, Urville, Malaincourt, Lavigney, Morey, Margilley, etc. Il partage avec son père en 1302 (Collect. Lorraine à Paris). Marié à Marguerite de Choiseul, dame de Scey-sur-Saône.

  - Pierre dit Perrin, seigneur de Ruppes, 1327.

  - Huard, seigneur de Scey-sur-Saône, tige des Princes de Bauffremont et de Bauffremont-Courtenay, aujourd'hui existants.
    - Huard, seigneur de Ruppes, Reffroy, etc. Marié à Jeanne de Vienne, petite fille de Jeanne de Sarrebruck. (Titre de Nancy, 1360.)

- Liébaud.
  - Hugues de Ruppes, clerc, licencié ès-lois. (Titre de Nancy, 1387.)
  - Pierre de Ruppes, écuyer (nomme son frère Hugues, 1387). Il est probablement la tige des *Sennecy*.

- Philibert.

- Jean, tué à Azincourt, le 25 octobre 1415.

Les armes des Bauffremont sont « vayrées d'or et de gueules » ou, si nous écoutons à ce sujet l'historien Pierre de Saint-Julien de Balleure, cet auteur avance « que le vray blason de cette maison est de gueules semé de beffroys ou bauffrays, sans nombre. »

Leur devise est : « Dieu ayde au premier chretien. Plus de deuil que de joye. » Dans les temps les plus reculés, dit le P. Perry, l'historien du Chalonnais, ils se sont qualifiés « les premiers barons chrétiens de Bourgogne (1). » Cet auteur, renchérissant même sur Saint-Julien de Balleure, ajoute qu'on les qualifiait ainsi du temps de Théodose-le-Jeune.

Un ancien dicton a redit, pendant de longs siècles, en Bourgogne et dans la comté que « les Bauffremont sont les bons barons » comme on se plaisait à répéter que les sires de Lugny, alliés des Bauffremont-Sennecey, pouvaient se vanter « qu'il n'y avoit bon nid qui n'eut plume de Lugny. » Leur devise était « le content est riche. » Les Bauffremont étaient *sires* et *barons* de Bauffremont, de Bulgneville — Conches — Scey-sur-Saône — Jonvelle — Charny — Sombernon — Malain. — *Marquis* de Listenois — d'Arc-en-Barrois — Meximieux — Clervaux — Mirebeau et Marnay. — *Sires* de Vauvillars — Ruppes et Soye. — *Barons*, puis *marquis* de Randan, de Sennecey. *Comtes* de Crusilles. *Princes, ducs* de Bauffremont. *Pairs de France*.

Comme nous l'avons vu plus haut, Nicolas et Claude de Bauffremont étaient issus de la branche de Ruppes (2) et les quatrième et cinquième descendants de cette branche dont les membres ont été barons, puis marquis de Sen-

---

(1) Leur cri d'armes était « Bauffremont au premier chrétien. »
(2) *Ruppes* (Vosges, arrondissement de Neufchateau, commune de Coussey).

necey (1). Le chef des Bauffremont-Sennecey fut Jean de Bauffremont qui épousa Clauda de Toulongeon, héritière de la terre de Sennecey, en 1497, par la mort de son jeune frère, Philibert de Toulongeon, « mort à Besançon de grièveté de maladie et d'épidémie et fièvre pestilentielle et haut mal de tête et en tout son corps, tellement qu'il ne savoit ou entendoit ce qu'il faisoit ou disoit et ne disoit ferme parole et ne répondoit à propos (2). » Clauda de Toulongeon était fille de Jean II de Toulongeon et de Clauda de Saint-Amour (3).

Je dirai peu de chose des Toulongeon, dont le sang s'était mêlé à celui des Bauffremont en la personne de Marguerite de Sennecey. Les Toulongeon sont une ancienne famille chevaleresque de la comté de Bourgogne, si longtemps fertile en preux gentilshommes. De nos jours encore, quand on parcourt les monts et les vallées de ces pays accidentés, aux rudes et braves populations, on se heurte contre de nombreux donjons en ruines, et l'écho des montagnes redit encore les noms des plus illustres maisons.

---

(1) La terre de Sennecey qui avait été de temps immémorial l'une des grandes baronnies de Bourgogne, fut érigée en marquisat en faveur de Henri de Bauffremont, fils de Claude, et de Marie de Brichanteau, par Lettres du mois de juillet 1615, enregistrées seulement le 2 décembre 1631, au Parlement de Dijon.

(2) Arrêt du Parlement de Dijon en date de 1537, par lequel la terre de Sennecey fut adjugée définitivement, après un procès qui avait duré quatre-vingt-sept ans, à la maison de Bauffremont, et repoussa les prétentions des Toulongeon à cette propriété.

(3) Les Toulongeon de Sennecey portaient « de gueules à 3 undes d'or en fasce, » et les Sennecey « d'azur, au lion d'or, couronné, lampassé et armé de même. » La terre de Sennecey était ainsi désignée dans l'arrêt du Parlement de Dijon de 1537, dont j'ai parlé plus haut : « C'est une grande, belle, notable seigneurie. Elle est du fief du Roy, avec bailliage et plusieurs grands droits prééminents et prérogatives. Au scel de son seigneur se trouve un homme à cheval, tenant l'espée au poing qui est signe de grande seigneurie et prééminence. »

Leur château se rencontrait au bailliage d'Orgelet et la terre de Toulongeon formait un comté de ce nom. « Touchant aussi ceux qui ont esté seigneurs de Toulongeon et chefs des armes, dit Saint-Julien de Balleure, leur vertu, leur valeur et leur noblesse est déclarée illustre et est testitifiée telle par nos chroniqueurs et annalistes. Et, néanmoins, les yssus des puînés n'ont laissé moindres marques et signalz de prouesses et braves exécutions en guerre qu'ils ont faict pour le service de leurs princes et de leur patrie. La maison de Toulongeon a cest honneur d'avoir eu deux mareschaux de Bourgogne (1) et en divers temps. Alors, le mareschal était, après son prince, celui qui commandoit de pouvoir plus absolu sur les armées et sur toutes les gens de guerre et, outre cela, il estoit gouverneur et lieutenant du prince en la comté de Bourgogne. » L'un des membres de cette noble maison, Jean de Toulongeon, rechercha en mariage l'une des sœurs de Jehan, sire de Sennecey, maison (2) non moins illustre du duché de Bourgogne, dont le

---

(1) *Antoine* et *Jean* de Toulongeon. On voyait autrefois dans la Sainte Chapelle de Dijon un écusson aux armes de Toulongeon, entouré du collier de la Toison-d'Or, avec cette inscription : « Anthoine de Thoulongeon, seigneur de Traves et de la Bastie, mareschal, gardien, gouverneur et capitaine général de la Bourgogne, qui trespassa à Dieu le jour St-Michel M.CCCC XXXII. » Antoine de Toulongeon avait fait prisonnier, à la bataille de Villemant, René de Lorraine et duc de Bar, qu'il enferma dans la tour de Bar, dépendance de la maison ducale à Dijon.

Jean de Toulongeon fut non moins illustre, et s'empara avec le sire de Chatellux, à la bataille de Cravant, le 1er juillet 1423, de Jean Stuart, comte de Bucan, connétable d'Ecosse, que son prince, en haine de l'Angleterre, avait envoyé à Charles VII avec quelques milliers de soldats. Jean de Toulongeon mourut le 14 juillet 1427. Sa veuve, Catherine de Roussillon, le fit inhumer dans l'église de l'abbaye de La Ferté, non loin de Chalon.

(2) La maison de Sennecey est originaire du duché de Bourgogne.

sombre donjon se dressait encore en 1825 dans le bourg de Sennecey « assis jadis sur les marches du royaulme, » alors que la Bresse était encore de l'Empire et que la Saône formait la limite de la frontière de la France. Ce mariage eut lieu le 17 octobre 1457. Jehan de Toulongeon était fils de Fromont de Toulongeon, chevalier, seigneur de la Bastie, et, par cette union, les maisons de Toulongeon et de Sennecey se fondirent l'une dans l'autre (1).

Je ne parlerai pas davantage de la branche des Bauffremont-Sennecey alliée aux Toulongeon, et dont les membres furent les aïeux de Nicolas et de Claude de Bauffremont, lesquels sont spécialement l'objet de cette notice. Le premier fut Jean de Bauffremont, époux de Clauda de Toulongeon. Comme tous les gentilshommes de son temps, il suivit la carrière des armes et chevaucha souvent dans les armées de Philippe-le-Bon, duc de Bourgogne. Ce prince se l'attacha même comme son conseiller et son chambellan et le chargea de diverses missions importantes en Flandre. Lors des guerres de succession, il se rangea du parti de Louis XI contre Marie de Bourgogne, héritière de Charles-le-Téméraire, son père, tué devant Nancy, et mariée à un prince de la maison d'Autriche. Sa fortune fut des plus considérables ; il posséda, outre la terre de Sennecey, celles

---

Son plus ancien seigneur connu est Tibert de Sennecey, lequel vivait en 1113.

(1) Toutefois Jean de Toulongeon ne jouit pas de la terre de Sennecey de laquelle sa femme devait hériter. Il laissa un fils du nom de Tristan, qu'il avait eu de son mariage avec Marguerite de Sennecey. Ce Tristan épousa Jeanne de Châlon, fille de Jean, fils naturel de Jean de Châlon, baron d'Arlay. De cette union issurent Jean de Toulongeon, maréchal de Bourgogne, André et Jeanne, mariée à Harry de Champdivers, chevalier. Tristan mourut aussi avant d'être mis en possession de la terre de Sennecey, mais son neveu, Jean, recueillit enfin cette riche succession.

de Vauvillars et de Soye, et fut seigneur de Frédéri, Nan, Leval, Montmarin, Chatenois, Foucherans, Courchaton et Ruppes. Son fils (1) unique, Pierre Ier de Bauffremont, se maria trois fois ; il épousa : 1° Anne de Bauffremont, dame de Bourbonne, Mirebeau et Molinot, sa cousine au cinquième degré, fille de Jean de Bauffremont et de Marguerite, fille de Jean de Chalon ; 2° Catherine de Dammartin (2), dame de Bellefonds, veuve de Jacques de Montmartin ; enfin, suivant Dunod, il aurait été uni en troisièmes noces à Colette Raulin (3), sœur de Jean Raulin ou Rolin, seigneur de Beauchamp, l'un des parents du célèbre chancelier de Bourgogne. Pierre Ier (4) prit part à la guerre du Bien public et joua un grand rôle dans cette redoutable révolte

(1) Pierre Ier eut de son mariage avec Anne de Bauffremont, sa première femme :

1° *Françoise*, femme de Bertrand de Livron, seigneur de La Rivière ;
2° *Agnès*, femme de Marc de Toulongeon, seigneur de Velpont ;
3° *Marguerite*, cordelière à Auxonne.

De son second mariage il eut *Pierre* et *Jeanne*. Pierre succéda à son père dans la terre de Senneçey. Jeanne épousa Jehan de Lugny, seigneur de Ruffey.

(2) Catherine de Dammartin portait, suivant Dunod, « fascé d'argent et d'azur de six pièces, » et Jouffroi de Chavannes dit qu'elle ajouta à ses armes « une bordure de gueules. »

(3) Colette Rolin survécut à son mari. En 1515 elle fait une donation au profit du Chapitre de l'église collégiale de Notre-Dame du Château d'Autun, et lui donne la seigneurie de Broye (arch. de Mâcon). En 1511, elle avait fait don à François Rolin, chevalier, seigneur de Beauchamp et de Monesty, conseiller, chambellan du roi, bailli d'Autun et de Montcenis, de sa terre de Bragny-le-Verdun (idem). Les Rolin portaient « de gueules à 3 clefs d'or. »

(4) En 1516, Pierre de Bauffremont donne quittance de 10,000 livres pour la dot de sa femme, Charlotte d'Amboise, fille de messire Jean d'Amboise, seigneur de Bussi (arch. de Mâcon. Durel, not. à Sennecey). Le testament de Charlotte d'Amboise fut reçu par François Janthial, notaire à Laives, près Sennecey. Ce qui permet de supposer qu'elle mourut au château de Sennecey.

des seigneurs contre Louis XI. Mais ce prince ne s'en effraya pas. « Pour moi, écrivait-il au comte de Dammartin, je n'ai pas dans l'imagination un autre paradis que la Bourgogne, » et pour entrer dans ce paradis terrestre tant envié, il ne recula devant rien. La ruse et la violence, les menées les plus ténébreuses, le fer et le feu, la pendaison des seigneurs insurgés, l'incendie de leurs châteaux, tels furent les moyens dont le sire de Craon, l'exécuteur de ses ordres impitoyables, fit usage pour réunir à la couronne de France le riche duché de Bourgogne. Pierre Ier fut aussi chevalier de la Toison d'Or. Il mourut le 16 mai 1505.

En mourant, Pierre Ier laissa de nombreux enfants (1) nés de ses divers mariages, mais un seul fils, Pierre II de Bauffremont. Celui-ci s'allia aussi à une grande maison de France, celle d'Amboise. Il épousa Charlotte, fille de Jean d'Amboise, seigneur de Bussi, des Bordes en Touraine et de Renel en Bassigny, chevalier, conseiller et chambellan de Louis XI, bailli de Chaumont et lieutenant-général en Normandie, et de Catherine de Saint-Belin, fille unique et héritière de Geoffroy de Saint-Belin, baron de Saxefontaine, bailli et capitaine de Chaumont, tué à la bataille de Montlhéry en 1465. Six enfants issurent de cette union. L'aîné eut une fin bien cruelle. Je dois la raconter avec quelques détails, puis qu'elle se lie à l'histoire de Lyon ; mais, pour mon récit, j'emprunterai la plume du P. Paillot, et je copierai ce qu'il a dit dans son « Histoire généalogique des comtes de Chamilly, de la maison de Bouton, » (page 326).

(5) Pierre de Bauffremont eut aussi deux enfants naturels : *Catherine*, qui épousa Pierre Raveaud, praticien à Charolles, et *Marguerite*, mariée à Antoine de Varennes, seigneur dudit lieu, dont un fils, Jean de Varennes (arch. de Mâcon. Gaillard, notaire à Sennecey).

« Jacques Bouton, chevalier, baron de Saint-Burry, seigneur de Corberon, de Marigny, de Villy-le-Brûlé et de Villers-la-Faye, venait d'être nommé pannetier ordinaire du roi. Pourvu de cette charge, il pensa prendre alliance qui lui causa perte de sa vie, car, estant en fiançaille, il fut en la ville de Lyon pour y achepter les joyaux et habits nuptiaux de sa future épouse, accompagné de Claude de Bauffremont, fils du baron de Sennecey, et de Philibert de Sercy, fils de Claude de Vilars, dit de Sercy. Ils logèrent en une hostellerie où pendoit pour enseigne un porcelet. Au moment d'y prendre leur repos, à l'heure de minuit, couchés tous trois par gaillardise dans un même lit, pendant que l'un d'eux lisoit un livre de vers françois, par la lecture duquel ils se divertissoient, le plancher de dessus leur tomba sur eux et, enfonçant celui qui soutenoit leur lit, ils furent accablés sous ce faix et, tout fracassez et rompus, ils trouvèrent la mort au milieu de leur joye (1). »

---

(1) Paradin a consacré aussi une longue page à ce douloureux événement, dans ses *Mémoires de l'histoire de Lyon*, 1573, p. 309. A la suite de ce récit, il donne cette prétendue épitaphe des trois jeunes barons :

> *Dedans le corps d'un Lyon merveilleux*
> *Trois Adonis un porceau perilleux*
> *Tua sans dent et sans les avoir mords*
> *Qui enterrez furent plustot que morts.*

Barthélemy Aneau, le malheureux et savant principal du collége de la Trinité de Lyon, que la populace lyonnaise massacra peu de temps après, sous prétexte d'hérésie, consacra aussi une pièce de vers aux trois gentilshommes bourguignons.

Pierre Paillot la reproduit dans son *Histoire de la maison de Bouton*.

Dom Pierre de Saint-Romuald, religieux Feuillant, rapporte aussi, dans ses *Ephémérides*, les vers suivants inspirés à un rimeur de l'époque :

> *Trois Adonis, dès leur jeunesse verte*
> *Gissent icy. Lyon pleure leur perte.*

Cette mort malheureuse de trois jeunes et brillants gentilshommes eut lieu le 2 février 1540 ; l'hôtel du Porcelet était situé dans le quartier Saint-Paul, vers l'église Saint-Eloy, dans la rue de Flandres.

Le corps de Claude de Bauffremont fut déposé d'abord, à Lyon, dans l'église des Cordeliers. On le rapporta ensuite à Sennecey, où il demeura dans l'église paroissiale Saint-Julien, jusqu'à ce que sa tombe fût prête dans le caveau de la chapelle du château de Sennecey. Plus tard, Nicolas de Bauffremont, frère cadet de Claude, fonda divers services dans cette chapelle en souvenir de son aîné.

Pierre II de Bauffremont ne prit pas une grande part aux évènements de son temps. Il mourut en 1525 ; il ne décéda pas à Sennecey ; mais Nicolas de Bauffremont, son fils, fit transporter ses restes et ceux de sa mère à Sennecey, et l'historien Courtépée, nous apprend « qu'il les déposa dans la chapelle du château qu'il amplifia d'un somptueux oratoire (1). »

Hélas ! chez toy, comme sans nuls remords
Ils discouroient, un porcelet farouche
Les surprenant la nuit dedans leur couche
Les enterra devant qu'ils fussent morts.

François de Chanlecy, conseiller au Parlement de Metz, fit aussi une pièce de vers sur la mort de ces jeunes seigneurs. Je ne la reproduis pas à cause de sa longueur. Elle est du reste du genre et de l'esprit des précédentes.

D'après une note des archives de Mâcon « plusieurs aultres bons marchands, gentilshommes et serviteurs furent également occis jusques au nombre de quatorze ou quinze. »

(1) Lorsque le comte de Noailles, dernier maître de la grande terre de Sennecey, la vendit, en 1825, à des spéculateurs qui la démembrèrent, et le château que la commune démolit, il fit transporter les restes des anciens seigneurs du pays dans les caveaux de l'église paroissiale du lieu. Cette église ayant été abandonnée en 1830, par suite de la cons-

Pierre II de Bauffremont laissa plusieurs enfants nés de son mariage avec Charlotte d'Amboise.

Claude, qui mourut à Lyon avec ses jeunes amis les barons de Corberon et de Sercy, dont j'ai déjà parlé.

Constance, dame de Janlis, Tenarre et Montmain, mariée à Claude de Tenarre, chevalier (1).

Françoise, mariée à Edme de Malain (2), seigneur de Missery et de Montigny-sur-l'Armançon.

Catherine, abbesse de Sainte-Catherine d'Avignon, puis de Tarascon.

Anne, abbesse de Tarascon par la cession que lui en fit sa sœur Catherine et, enfin, *Nicolas*, dont je vais maintenant parler.

---

truction d'une église neuve, des malfaiteurs se sont introduits dans les caveaux où reposaient les seigneurs, et ont violé leurs tombeaux. Mais, en 1868, le colonel Max Niepce, devenu maire de cette commune, eut le soin pieux de faire restaurer cette ancienne église et de la rendre au culte.

(1) Tenarre portait « d'azur à 3 chevrons d'or. » On trouve un Huguenin de Tenarre en 1272. Ponce, son fils, fut enterré à La Ferté en 1312. Claude de Tenarre, dont il s'agit ici, mourut en 1565, et eut pour fils *Humbert*, chevalier de l'Ordre, gentilhomme ordinaire de la chambre du roi. La terre de Tenarre dépendait de la paroisse de Baudrières en Bresse. Cette terre fut vendue en 1462 au marquis d'Uxelles, et M. de Vergennes, ambassadeur à Venise, la réunit ensuite au marquisat d'Ormes qui devint le marquisat de Vergennes. (Courtépée, t. V.)

(2) *Malain* « d'azur au sauvage d'or tenant une masse élevée, parti de gueules au lion d'or. » Cette famille tirait son origine de Jean-Marie, dit *Molain*, chaudronnier, à Dijon, dont le fils Oudot, garde de la Monnaie de Chalon, fut annobli, en 1433, par Philippe le Bon, et devint conseiller en 1439. Il changea alors son nom en celui de *Molain* et ses descendants achetèrent la terre de Malain, dont les seigneurs étaient éteints. Edme de Malain, dont il s'agit ici, fut lieutenant-général, commandant en chef en Bourgogne, chevalier des Ordres, conseiller du roi et capitaine de cinquante hommes d'armes. (Henri Beaune.)

Pierre II de Bauffremont étant mort à la fleur de l'âge, vers 1525, ses enfants se trouvèrent encore fort jeunes au moment de son décès. D'après les dernières intentions de leur père, on leur donna pour tuteurs Jacques Greard et Affrican de Mailly, conseillers au Parlement. Le seigneur de Villers-les-Pots fut nommé leur curateur, et si on en croit Dunod, dans son Histoire de la Franche-Comté, Nicolas de Bauffremont, né vers 1520, aurait eu pour tutrice Catherine de Saint-Belin, veuve de Jean d'Amboise, son aïeule maternelle.

Nos chroniques et nos archives nous fournissent peu de détails sur les premières années de Nicolas de Bauffremont qui était devenu, par la mort malheureuse de son frère aîné, Claude, le chef du nom et des armes de la branche des Bauffremont-Sennecey. Ses plus jeunes ans ne se passèrent pas à Sennecey, dans le château de ses pères. C'était, suivant l'expression de de Thou, une vieille *forteresse ruineuse*. Sa fondation remontait dans la nuit des temps ; elle datait probablement, d'après l'étude que j'ai pu en faire avant sa regrettable démolition, du XIe ou du XIIe siècle, de cette époque lointaine où les chefs de la féodalité avaient dû se murer dans leurs donjons dont les ruines altières hérissent encore les crêtes de nos montagnes. Les sires de Sennecey ne furent autres, selon toute probabilité, que des officiers des puissants comtes de Chalon. Ces officiers (præposti), chargés à la fois du gouvernement militaire et civil, et même investis du droit de justice, furent d'abord amovibles. Mais, avec le temps, à mesure de l'amoindrissement du pouvoir des comtes, leurs prévôts surent se rendre indépendants et se perpétuèrent comme maîtres dans les territoires qui avaient été confiés à leur garde. Celui de Sennecey était considérable ; il s'étendait des portes de Chalon à celles de Tournus et de la montagne jusqu'aux rives de la Saône. Dans ce vaste quadrilatère, au milieu des sombres forêts qui le couvraient alors, on voyait poindre aussi d'autres tours au-dessus des chênes séculaires dont les ombrages couvraient aussi plus d'un de ces monuments grossiers des premiers âges appelés dolmens, et que le temps n'a pas encore achevé de renverser.

Ces tours de moindre grandeur étaient celles des seigneurs de Ruffey, de Vers, de Saint-Cyr, de Marnay, de Laives et de la Tour-de-Vers, petits fiefs qui relevaient tous de la grande baronnie de Sennecey, placée au centre du pays comme un chef au milieu de ses soldats. Au premier cri de guerre, et ce cri lugubre se faisait souvent entendre, tous ces seigneurs (milites), tous braves chevaliers et issus de maisons de renom dont je me suis plu à écrire l'histoire, accouraient avec leurs hommes au château de Sennecey pour y *retraire* (y trouver un asile contre l'ennemi qui battait la campagne) ou pour marcher sous la bannière de leur suzerain. Les archives de Dijon fournissent de précieux renseignements sur ces *montres d'armes*. En 1413, entre autres, Jean de Toulongeon suivit son prince avec un chevalier banneret, quatre écuyers bannerets, dix chevaliers bacheliers, cinq cent neuf écuyers, quatre-vingt-deux hommes de trait, quatre trompettes et cinq ménétriers. En 1420, Jean II de Toulongeon avait un corps de 240 hommes d'armes et de 200 hommes de trait, quoique la peste décimât le pays. Par suite du manque d'habitants, « les prés estoient demeurés vagues ; il ne s'y trouvoit que bois ; ils estoient reppes et en désert, la plus part des habitants s'en estoient allez, pour cause des guerres et des ennemis » (1).

Quant au château de Sennecey, appelé dans nos ancien-

---

(1) Registre des feux du Baillage (arch. de Dijon).

nes chartes tantôt *domus* (1113) tantôt seulement la *Tour* (1227), ou *castrum* (1287), il se composa, à l'origine, de bâtiments garnis de tours rondes sur les angles, et formant un carré, d'un donjon ou tour carrée au nord, et de deux autres tours cylindriques crénelées qui flanquaient, au sud-ouest, la principale porte munie d'une herse en fer ; cette porte regardait un autre château assis à quelques cents mètres seulement de celui des barons de Sennecey. La présence de deux forteresses considérables dans un espace de terrain si restreint était un fait rare dans les fastes de la féodalité. Alors, dans ces époques désastreuses, dans ces temps si *meslés*, comme dit un de nos vieux chroniqueurs, où nos seigneurs faisaient si mauvais voisinage et guerroyaient sans cesse entre eux, la plupart, en édifiant leurs donjons, avaient eu soin de se placer loin de leurs voisins et de choisir quelque pic abrupte, comme l'aigle qui ne bâtit son nid que sur des rocs solitaires. A Sennecey, ce fut une exception. Là, comme je viens de le dire, on pût voir, pendant de longs siècles, assis côte à côte comme deux sœurs qui s'aiment, deux châteaux aux larges flancs munis de grosses tours dont les pieds descendaient dans de profonds fossés remplis d'eaux limpides venant des sources voisines. L'aspect de ces châteaux jumeaux etait d'un grand air. Quand, dans une nuit sombre, on passait au pied de leurs murs noircis par les âges et que la brise faisait tourner sur leurs pivots rouillés les nombreuses girouettes, et que le hibou caché sous les toits poussait son lugubre cri, l'esprit le plus fort ne pouvait se defendre d'une certaine impression qu'augmentaient encore les silences de ce lieu solitaire et ceux, non moins imposants, des ténèbres. On eut dit les voix de malheureux captifs gémissant dans les oubliettes de ces demeures féodales. Mais, qu'on se rassure, les maîtres de céans ne firent jamais verser de larmes ; leurs vassaux les appelaient les *bons barons*. Quand ils refaisaient leurs terriers surannés, les *vilains* de leurs terres ne stipulaient aucune réserve pour eux ; ils s'en remettaient à la *bonne foi* de leurs maîtres et à leur bonté. Ne lit-on pas, en effet, dans le terrier de Laives, du 15 juin 1547, que les habitants déclarèrent « que les droits seigneuriaux ne s'écrivoient point dans leurs terriers et que le seigneur s'en rapportoit pour cela à ce que savoient les habitants, » et dans ce même terrier ne trouve-t-on pas aussi ces lignes « que ce qui empesche d'écrire ces droits, c'est la *bonne foi* des sujets qui accordoient aux seigneurs plus qu'ils ne lui devoient (1). »

Du reste, la coexistence de ces deux châteaux dans un rayon si étroit s'explique aisément par l'histoire de la contrée. Primitivement, il paraît, leurs maîtres sortirent de la même souche. Le premier prévôt de Sennecey (præpositus Siniciaci) avait élevé d'abord *sa tour* qu'on a appelée depuis la *tour* ou la *tour de Vellaufant* ; quand sa postérité s'accrut plus tard, il bâtit pour l'aîné une demeure à part, mais sous son aile, et de là l'érection du château de Sennecey, moins âgé que son voisin. Toutefois, quand le temps eut fauché ces parents si unis et que des étrangers vinrent planter leur bannière sur les tours du château de Vellaufant, la même bonne harmonie ne cessa de régner entre ces voisins. L'histoire du pays ne les accuse d'aucune querelle. Leur bonne intelligence ne semble s'être jamais démentie. Ces nouveaux venus étaient aussi sortis de la comté, et il est à remarquer même que presque toutes les familles seigneuriales qui ont occupé nos châteaux étaient, pour la plupart originaires de cette province. Après les prévôts originaires, on rencontre, dans la Tour de Vellaufant, les Gal-

---

(1) Archives de la commune de Laives.

lois d'Arlay (li Gallois), et dont les femmes étaient appelées « la Galloise. » Jean le Galloy d'Arlay, d'après un aveu de fief envers le sire de Chalon, vint, en 1287, se fixer à la Tour et, après lui, nous y rencontrons les Vellaufant (2), les Saint-Seine (3), les Soubise (4), les Béthune, les Bouchard d'Aubeterre qui vendent leur terre le 10 décembre 1576 à Nicolas de Bauffremont qui démantèle la Tour et l'englobe dans le vaste parc dont il entoure son château restauré de Sennecey. Ce dernier château n'était, comme je l'ai dit plus haut, qu'une *forteresse ruineuse*, quand, en 1525, ce seigneur en devint le maître par la mort de Pierre II de Bauffremont, son père. Toutefois, dans le siècle précédent, il avait subi une restauration complète. Le maréchal Jean de Toulongeon y avait employé des sommes considérables qu'il avait dû aux largesses des ducs de Bourgogne, en récompense de ses loyaux services. Une première fois, le duc Philippe-le-Bon lui avait donné, en 1413,

---

(1) Les Gallois, originaires de la Comté, prirent le nom d'Arlay qui est celui d'un bourg fort ancien situé sur les bords de la Seille, dans un délicieux vallon, au pied d'une montagne sur laquelle s'élevait un vaste château, ancienne habitation des gouverneurs de la haute Bourgogne. La maison de Gallois se divisa en plusieurs branches, dont l'une fut appelée « ly Gallois. » Dans les plus anciennes chartes le nom de Gallois est rendu par le mot *Francus*. Je possède un titre de 1319 intitulé : « Eschange faict entre Mos Guy d'Arlay et Mos Guille ly Gallois. » Dans un autre acte, un membre de cette maison est appelé « Jehan au Galloys, » et, en 1287, un Guillaume est désigné ainsi : « Miles ly Galloys de Arlaco. » « Ce fut, dit un chroniqueur, un chevalier expérimenté. » Le comte de Flandres le nomma gardien de ses terres en Bourgogne, en 1344. Il portait « de gueules au chevron d'argent édenté en dehors. »

(2) Vellaufant, originaire du bourg d'Ornans en Comté, succéda aux Gallois d'Arlay en 1455.

(3) Saint-Seine, originaires du bourg de Saint-Seine-sur-Vingenne, succèdent aux Vellaufant en 1473.

(4) Soubise, Bethune, Bouchard d'Aubeterre, 1544, 1576.

83,000 livres tournois pour être venu à Saint-Deuis, près Paris, avec ses gens d'armes. L'année suivante, le même prince lui avait permis de faire monnayer à Dijon 300 marcs d'argent fin, et lui avait fait don de 400 écus, en ordonnant qu'il serait nourri dans son « hostel, » comme l'était Jean de la Trémouille, son grand chambellan.

En 1423, après la bataille de Cravant, où le maréchal avait contribué à la capture du connétable d'Ecosse, il avait eu en partage 20,000 livres de la rançon imposée à ce grand personnage et, enfin, les marchands de Paris lui avaient aussi compté 30,000 écus pour prix de l'argenterie qu'il avait eue en don de son généreux souverain. Un de nos chroniqueurs bourguignons atteste, du reste, le fait de cette réfection. « Le maréchal, dit-il, employa les grands biens que lui avait apportés sa femme, Clauda de Saint-Amour, aux fortifications de son château de Sennecey, sis sur les marches du royaume, et qu'on estima à de grandes sommes celles qu'il dépensa à ces travaux. « En 1470, ces travaux étaient achevés par le successeur du maréchal, car alors on voit messire Jean Chargey, curé du lieu, et Antoine Radot, *capitaine* de Sennecey et *chastelain du chastel*, déclarer aux commissaires enquêteurs de la province « qu'il y a à Sennecey *une bonne tour fermée de foussés* estant au bout du village et appartenant à Jehan de Toulongeon. »

Mais, au milieu du sièle suivant, les murs de ce château sont béants, de larges brèches se voient dans ses courtines, mais ces ruines n'étaient pas l'œuvre du temps. Il avait bien pu déjà les couvrir d'un manteau de lierre, il avait noirci ses hautes tours, mais alors c'était la main des hommes qui s'était appesantie sur eux. La guerre, l'horrible guerre civile était partout, on s'égorgeait dans toute la France. Des hommes qui disaient « parler la pure parole de Dieu, » s'étaient levés et avaient employé le fer, le feu, le

pillage pour imposer les croyances de ce qu'ils appelaient
« la nouvelle religion. » Ponsenac, l'un des chefs de huguenots vêtus de casaques blanches et de chapeaux blancs,
« marques ordinaires de leur continuelle rebellion (1). »
s'était jeté sur le château de Sennecey et l'avait pris d'assaut pour y brûler les archives de l'abbaye de Tournus que
les moines y avaient fait transporter, croyant qu'ils y
seraient en sûreté. Nicolas de Bauffremont, qui chevauchait alors avec ses hommes près du duc de Guise, dont il
était le guidon d'armes, n'avait pas pu repousser l'attaque
de Ponsenac. Mais quand des jours plus calmes furent
revenus, Nicolas entreprit la restauration de son château
que termina ensuite son fils Claude. Du reste, à ce moment,
une grande révolution s'était opérée dans l'art de la guerre.
L'invention de la poudre et la substitution du canon aux anciens engins de destruction avaient exigé l'adoption d'un système tout autre et tout nouveau pour protéger plus efficacement les vieux châteaux forts que ne défendaient plus ni
l'épaisseur de leurs murailles, ni la profondeur de leurs fossés.
Un grand changement avait eu lieu aussi, à cette époque,
dans l'architecture civile. Au lieu de ces sombres donjons dans
lesquels les seigneurs de la féodalité avaient dû se murer, dans
l'intérêt de leur sûreté toujours menacée, la noblesse d'alors
qui avait suivi François Ier dans ses guerres chevaleresques,
mais inutiles, d'Italie, se plaisait à élever partout dans nos
provinces les plus splendides demeures pleines de jour et
de lumière. Le Primatice et les grands artistes italiens
venus à sa suite les couvraient de la plus riche ornementation, des plus suaves peintures, et la renaissance de l'art
était arrivée à son apogée. Je ne décrirai pas le château de
Sennecey tel que Nicolas de Bauffremont le refit. J'ai déjà

(1) Perry, *Histoire de Chalon.*

donné cette description dans mon Histoire de Sennecey (p. 220 et s. Chalon 1866). Il me suffira de dire qu'il devint une des plus remarquables demeures seigneuriales de la Bourgogne. Nicolas s'y plut beaucoup. Il y vécut même longtemps, après les orages de sa vie, au milieu de ses nombreux amis, et il me reste à raconter cette grande existence, à grands traits, avant de faire le récit de la vie de Claude de Bauffremont, son fils, lequel est le principal objet de cette étude.

Nicolas de Bauffremont peut être regardé à juste titre comme l'un des hommes qui ont exercé une grande influence sur les évènements qui ont troublé si profondément la seconde moitié du XVIe siècle. Privé, dès son plus jeune âge de ses parents morts prématurément, il fut confié à son aïeule, Catherine de Saint-Belin, catholique zélée, et ses premières années se passèrent aussi dans la maison des parents de sa mère, Charlotte d'Amboise, ravie aussi à sa tendresse. Les d'Amboise étaient l'une des familles les plus illustres de l'époque. Son origine connue remonte à Pierre d'Amboise, seigneur de Berric, vivant en 1100. Charlotte eut seize frères ou sœurs, parmi lesquels l'histoire a enregistré les noms de *Jean* d'Amboise, évêque et duc de Langres, pair de France ; de *Georges*, cardinal-archevêque de Rouen ; de *Geoffroy*, abbé de Cluny ; de *Charles*, grand-maître, maréchal et amiral de France, gouverneur de Paris, du duché de Milan et de Gênes, et de *Jacques*, tué à Pavie à côté de François Ier qui put, en tombant, dire « tout est perdu, fors l'honneur. » Dans ce milieu si profondément dévoué à l'église catholique et romaine, le jeune Nicolas ne put que s'inspirer d'un attachement profond à la foi de ses pères et, comme la maison d'Amboise était grave et austère, l'extrême rigidité des principes professés par tous ses oncles ne put qu'exercer une grande influence sur son caractère comme sur son esprit. Les d'Amboise aimaient aussi les lettres et les arts et les protégeaient ; dans leurs splendides résidences se rencontraient partout les chefs-d'œuvres de l'esprit humain et les merveilles que la Renaissance savait déployer dans tous les monuments. On comprend dès lors que le jeune Nicolas qui avait reçu une forte éducation, qui avait un esprit élevé, aimât aussi de bonne heure les lettres et les sciences, les cultivât, et se plût également d'orner son château, comme on ornait alors toutes les grandes habitations. Le vieux donjon féodal dont j'ai déjà parlé devint donc, dès qu'il fut en âge d'y demeurer, une résidence où l'art fut appelé à lui enlever son sombre aspect et à lui donner les formes gracieuses qui se rencontrent dans tous les édifices de son temps. Riche et puissant, qualifié même de monseigneur, aimant le faste et la grandeur, comme tous les grands seigneurs de son temps, il présida lui-même à tous les travaux. A l'intérieur, les anciennes distributions étroites et sombres firent place, autant qu'on le put, à des pièces spacieuses et éclairées par de larges ouvertures, et leurs murs se couvrirent de riches tentures. La Flandre fournissait encore alors ces splendides tapisseries tant recherchées de nos jours, et qu'on couvre d'or dans les ventes. La grande salle reçut le nom de salle des Empereurs, des douze grands tableaux en grisaille représentant les Césars, peints à Rome d'après les statues antiques que la Papauté recherchait sous les ruines qui les couvraient. Son plafond à poutrelles fut orné de peintures et de gracieuses arabesques et ses grandes poutres reposèrent sur des consoles sculptées et dorées. Au fond de cette vaste salle se dressait une immense cheminée portant sur son manteau un tableau représentant le seigneur de Sennecey courant le cerf dans les forêts séculaires de sa terre. Des banquettes couvertes de belles étoffes régnaient le long des murs dans les jours de fêtes. Nos chroniques parlent de plusieurs « *des jours aimables* » qui se tinrent en ce lieu. Déjà, en 1450, Jean de Toulongeon y avait reçu plusieurs des commissaires envoyés à Sennecey par le Parlement de Paris à l'occasion d'un procès que le baron de Sennecey soutenait alors contre Gérard de la Guiche, seigneur de la Guiche et de Nanton, au sujet de la terre de Chaumont en Charollais. « Jean II, dit un arrêt du Parlement de Dijon de 1539, tint, à cause d'eux, des jours aimables à un grand nombre de gens nobles et licenciés, et il y dépensa plus de 2,000 saluts d'or. » Sa mère, Catherine de Roussillon y avait donné aussi de belles fêtes, « pendant que le maréchal, son mari, chevauchait à la guerre avec le duc ; elles était très-riche de vaisselle d'argent, tapisseries, joyaux et bréviaires. »

En 1552, il y a aussi une brillante réunion au château de Sennecey, à l'occasion du « somptueux oratoire dont Nicolas de Bauffremont avait amplifié son chastel en le dotant de rentes pour ses chapelains ou orateurs de monseigneur de Sennecey. « Dans cette réunion, on rencontrait l'évêque de Damas, le cardinal de Tournon, — Jean de Malain, seigneur de Montigny, — Claude de Tenarre, seigneur de Janly, — Gérard de Foulques, seigneur de Chauvrey et de Marigny, — Philibert de Naturel, seigneur de la Plaine en Beaujolais et de Dulphey, — Thibaud de Livron. seigneur de la Tour de Vers, — Pierre de Naturel, official de Chalon.

En 1567, le château de Sennecey est encore plein de bruit et de monde. — On y célèbre des fêtes, mais la guerre est dans les alentours. Ponsenac tenait la campagne avec 7,000 hommes ; des estafettes arrivent tout à coup pour demander du secours et le baron réunit à la hâte tous ses hommes. « Il avait levé, dit un de nos historiens bourguignons (1), à ses frais toute une compagnie de lanciers et d'arquebusiers à cheval, composée de 140 maîtres, tous gentilshommes du pays et d'ailleurs tous vêtus de velours et de drap jaune, » La trompette sonne, la brillante troupe monte sur ses grands destriers et court au combat. Mais, ajoute cet historien, « elle fut mise ensuite en garnison à Givry où elle vécut, quoique le baron en fut le seigneur, avec la licence ordinaire des gens de guerre. » Elle fut suivie par celle du baron de Lugny, seigneur de Ruffey ; « et comme la jalousie pique les grands encore plus sensiblement que les personnes de moindre naissance, le sieur de Ruffey, cousin du baron de Sennecey, avait fait aussi une compagnie d'arquebusiers à cheval tous habillés de velours et de drap rouge, mais elle n'estoit pas si nombreuse ni si leste que celle du baron de Sennecey. »

Le 8 mai 1571, c'est encore fête au château de Sennecey. Nicolas de Bauffremont marie son fils aîné Claude avec Marie de Brichanteau. Toute la noblesse du pays est convoquée à cette brillante noce ; puis, en 1607, le cardinal de Larochefoucault bénit le mariage de Henri de Bauffremont, fils de Claude, marquis de Sennecey, avec Marie-Catherine de Larochefoucault, duchesse de Randan, première dame d'honneur de la reine Anne d'Autriche, gouvernante du roi Louis XIV et du duc d'Orléans. Henri de Bauffremont aimait aussi le faste, comme ses aïeux. Il avait des pages à son service, et une maison tenue avec un luxe princier. Il avait un secrétaire, un maître-d'hôtel et entretenait une compagnie de fauconniers qui le suivait à la guerre. Cette compagnie rapporta ses restes mortels de Lyon

---

(1) Perry, *Histoire de Chalon*.

où il était mort des suites de ses blessures, reçues au siége de Royan et de Saint-Antonin. Ses écuries étaient remplies des plus beaux chevaux, et il avait un personnel nombreux de domestiques.

A côté de cette salle des fêtes se trouvait la chambre à coucher de Nicolas de Bauffremont. Je me souviens encore de son ancien lit, orné de splendides rideaux de brocard, surmonté d'un ciel drapé de même étoffe, et qu'ornaient quatre vases dorés d'où s'échappaient des bouquets de plumes blanches d'autruche. Aux murailles étaient suspendus de grands portraits en pied des principaux seigneurs de Sennecey, les uns en costume du temps de Henri II, les autres avec des armures damasquinées, et les plus modernes en perruques à marteaux et en manteaux de cour du temps de Louis XIV. On y voyait aussi des glaces de Venise avec leurs cadres richement fouillés et dorés, des bahuts aux fines sculptures et des meubles de toute sorte. Parmi les tableaux, on distinguait surtout le portrait de Catherine de Médicis dont Nicolas de Bauffremont fut, malheureusement pour sa mémoire, l'un des trop dociles serviteurs dans la fatale nuit de la Saint-Barthélemy. Cette souveraine lui fit don, sans doute, de son image, en souvenir et en récompense des tristes services qu'il lui avait rendus dans cette abominable nuit. Je ne décrirai pas les autres pièces de ce château, ni la grande salle des banquets appelée la salle du Bouc, ainsi nommée parce que sur le manteau de sa cheminée était couché un énorme bouc en bois tenant en ses pattes un grand écusson aux armes des Bauffremont. Je dirai seulement, d'après Belleforest, qu'il « y avoit, au chasteau de Sennecey, un arsenal contenant, dans un ordre fort magnifique, des armes desquelles il n'y en a sorte qui manque, tant qu'on en use à présent que de celles qui estoient jadis en usage, » mais cet arsenal fut enlevé par les ordres du roi qui craignait qu'il ne tombât au pouvoir des huguenots, et transporté à Lyon.

Près de la tour dite du donjon, il y avait aussi, d'après le même auteur, « une librairie en une belle grand chambre, accoustrée tout autour de grands pulpitres remplis de beaux livres et des plus rares en tous genres de sciences et de disciplines. » C'est dans cette grande chambre que nous verrons Nicolas de Bauffremont se retirer de longues heures et y deviser avec ses amis, Pierre de Saint-Jullien de Balleure et Pierre de Naturel « des affaires de l'Estat et de l'art de sçavoir aimer le pays. » La littérature n'était pas exclue de ces savantes causeries, et c'est là, comme nous l'apprend Saint-Julien de Balleure, que Nicolas de Bauffremont lui suggéra la pensée d'écrire ses « Antiquitez de Chalon. »

Enfin, disons que Nicolas de Bauffremont s'était plu à inscrire en grands caractères noirs sur la façade méridionale de son château l'une de ses divises :

Virtutem comitatur, honos in honore Senescé.

Nicolas de Bauffremont peut être regardé à juste titre, comme je l'ai dit déjà plus haut, comme l'un des personnages les plus éminents de la Bourgogne, si fertile cependant en grands caractères pendant tout le cours du XVIe siècle, et l'un des membres les plus illustres de la maison de Bauffremont.

La nature l'avait doué d'une grande et vaste intelligence, et des goûts les plus distingués. « De profondes études lui avaient donné une vaste science, qualité alors rare parmi nos guerriers (1), » et il sut devenir un homme supérieur dans les lettres, dans les armes, « comme dans la pratique des grandes affaires de l'Estat (2), Son nom appartient à l'his-

---

(1) De Thou, *Histoire universelle*, t, VIII
(2) Saint-Julien de Balleure.

toire, et sa grave et sombre figure (1) apparent au milieu de la plupart des douloureux évènements qui ont rempli la seconde moitié du XVIe siècle. Mais sa mémoire n'est pas sans tache. Si on peut lui élever un piédestal comme littérateur, comme vaillant soldat, comme savant jurisconsulte, comme orateur et magistrat illustre, l'histoire ne peut pas passer sous silence et sans le flétrir le meurtre du président Laplace qu'il trahit pour le laisser ensuite égorger sous ses yeux, et sa participation aux tueries de la Saint-Barthélemy. Ce meurtre et ces massacres, si des crimes semblables pouvaient trouver une excuse, se justifieraient, tout au plus par un excès de zèle et un dévouement aveugle et sans borne à la cause qu'il défendait comme catholique fanatisé et comme serviteur trop fidèle de la cruelle Médicis (2). Pour le juger sainement, il faut se reporter au milieu de son temps et ne pas l'en isoler. Elevé dans une famille où la fidélité au souverain était comme une religion, et où la soumission absolue à la foi et à l'Eglise romaine ne pouvait pas souffrir le moindre conteste, il ne put qu'être douloureusement affecté de la désobéissance des huguenots à leur légitime monarque, et de leur révolte contre l'antique dogme religieux de ses pères. Cette haine s'accrut encore sur les champs de bataille où il combattit souvent comme le plus brave des preux contre les ennemis du roi et de la religion. Put-il aussi oublier les horreurs commises autour de lui en Bourgogne, par ces hommes qui disaient parler la pure parole de Dieu et qui n'écoutaient que leur orgueil et leurs aveugles passions ? Que de fois n'avait-il pas vu du haut de son donjon de Sennecey les bandes de l'amiral de Coligny saccager et incendier les villages de sa

(1) *Biographie universelle*, t. II.
(2) Idem.

baronnie, massacrer les moines de l'abbaye de La Ferté, voisine de sa terre, piller le riche monastère de Tournus, commettre sous ses yeux les crimes et les forfaits les plus odieux. Nécessairement alarmé des projets de ces novateurs qui ne tendaient rien moins qu'au démembrement de la monarchie et à la destruction de la religion de ses pères, il usa de représailles, représailles douloureuses, il est vrai, mais qui se comprennent jusqu'à un certain point.

Saint-Julien de Balleure, son ami et son confident, a su faire de lui un portrait très-fidèle, et s'il ne parle pas de la mort du président Laplace, il semble insinuer cependant que de grandes nécessités politiques ont dû, dans l'intérêt du roi et de la religion, lui faire presque un devoir de ce crime. « Joinct, dit cet auteur (1), que les livres et la longue expérience des affaires de l'Estat ont fourni en vous une théorique et art de scavoir aimer le pays pour lui profiter, la pratique et les effets qui en sont résultés ont faict paroistre avec excellents effets à toute la Bourgogne que, sans avoir diminué un grain de l'obéissance et saincte affection que vous avez vouée au Roy et à l'avancement de ses affaires, vous avez faict paroistre que le bien du Roy ne peut ni doibt estre séparé de l'utilité publique dont votre patrie a reçu tant de secours qu'il ne sera jamais que tous les Etats ne vous en demeurent infiniment obligez et tenus. »

Nicolas de Bauffremont était aussi un savant lettré. Son goût pour l'étude était si prononcé qu'il s'y livra toute sa vie avec ardeur et constance, malgré le bruit des graves évènements qui troublèrent si profondément son époque et, malgré les grandes charges dont il fut investi. « Vostre estude, lui disait aussi Saint-Julien de Balleure, est si ordinaire que jour aucun ne vous eschappe sans en avoir employé quelque

---

(1) Epître dédicatoire des *Antiquitez de Chalon.*

portion à la lecture de bons livres. » C'est dans « sa librairie accoustrée tout autour de grands pulpitres » qu'il écrivit ses divers ouvrages. On conserve encore de lui (1) une traduction du Traité de la Providence, de Salvien, 1575, in-8°; une « Harangue pour la noblesse, en 1561; » une « Proposition pour toute la noblesse de France, » faite en 1577, aux Etats de Blois, Paris, 1577, in-8°.

Il nous reste aussi quelques ouvrages que renfermait sa librairie. « L'Historian d'Hérodian, translaté de grec en françois par Jacques, des comtes de Vintimille, Rhodien. — Lyon. Guillaume Roville, 1554, in-folio. » Sur le titre de ce volume, on lit, écrit de la main de Nicolas de Bauffremont : « In magni et voluisse sat est, in virtute et honore Senescè. Dijon 1554. » — Discours du temps de l'an et de ses parties. Paris, Mamert-Patisson, in 4°, par Ponthus de Thiard, seigneur de Bissy, lequel en fit lui-même hommage à Nicolas de Bauffremont, comme le prouvent ces mots écrits de la main de ce dernier : « Gratis ab authore, » et sa devise avec cette variante : « Virtutem comitatur honos in honore Senescè. »

Ses amis les plus intimes furent Saint-Julien de Balleure, Pierre de Naturel et Pontus de Thiard. Sur ses vieux jours, quand, las des agitations du monde et de ses vanités, il se fut retiré pour toujours dans son château de Sennecey, pour se recueillir, comme fait le sage, avant de comparaître devant son souverain Juge, ces amis venaient souvent le visiter dans sa retraite et ils charmaient leur temps par d'intimes causeries sur les évènements qui bouleversaient encore alors la France et sur la littérature et les arts qui n'aiment cependant pas ces temps troublés. Ai-je besoin de dire ce que fut Saint-Julien de Balleure ? La Bourgogne le regarde comme

---

(1) Voir Papillon. *Bibliothèque des auteurs de Bourgogne.*

l'un de ses meilleurs historiens. Le premier, il a puisé aux véritables sources de l'histoire, les chartes, pour écrire ses ouvrages et, malgré quelques fables dont il s'est plu à orner plusieurs des généalogies des grandes familles, on peut le consulter avec fruit et sûreté. Il naquit à cette époque où la nature n'était pas encore avare d'elle-même et où Dieu bénissait les nombreux enfants qui naissaient dans les familles. Il fut le seizième enfant de Claude de Saint-Julien, chevalier, seigneur de Balleure, de Chastenay et Royer, décédé le 9 octobre 1544, et de Jeanne de Lantaiges. Claude de Saint-Julien avait été un preux chevalier, « mais il avoit esté plus soigneux de servir les rois Charles VIII, Louis XII et François Ier qu'à veiller à la conservation de son bien, car il ne s'est point faict d'émotions de guerre sous ces rois, qu'il n'y ait esté tellement employé, qu'après sa mort plusieurs titres de sa maison se sont trouvés gastes et adhirés et ses biens perdus. » (Arch. de Dijon, regist. des fiefs). Sa veuve, après la mort de son mari, se trouva, avec une nombreuse famille, dans une position des plus difficiles ; son fils ainé, Pierre de Saint-Julien, ne se sentit aucune vocation pour la carrière des armes qu'avaient suivie ses aïeux. « Je préféray, dit-il, la vie contemplative à la vie active, et pour ce, je choisis le train de l'église. » Il y trouva gloire et fortune. D'abord simple curé d'Etrigny, sa paroisse, il fut nommé successivement protonotaire apostolique (notarius acolytus), et chargé d'une mission à Rome, où il obtint, en 1557, du pape Paul III la sécularisation du chapitre de Saint-Vincent de Mâcon, dont il fut l'un des chanoines. Cette mission lui valut une prébende et le titre de chanoine séculier. Plus tard, il obtint un canonicat dans l'église Saint-Vincent de Chalon, en échange du doyenné de Cuisery et des chapelles de notre-Dame et de Sainte-Catherine de Branges ; ce second canonicat lui valut les quatre archidiaconés; enfin, en 1563, il devint doyen du chapitre de la cathédrale de Chalon. Le P. Louis Jacob, dans son livre « De claribus scriptoribus cabilonnensibus, » p. 49, l'a appelé « le délice des Muses, l'honneur du clergé de Chalon, l'ornement immortel de sa patrie, doué des plus heureux dons de la nature et d'une science universelle. »

Pierre de Naturel appartenait aussi à une famille ancienne et distinguée, originaire d'Italie, fixée en France dès 1480, et dont une branche avait acquis en Bourgogne de grandes terres situées aux environs de Sennecey, à Dulphey, Etrigny et Balleure. Pierre de Naturel suivit aussi, comme son ami Saint-Julien de Balleure « le train de l'église, » et fut chanoine, chantre, grand vicaire et official du chapitre de Saint-Vincent de Chalon, de cinq évêques, pendant quarante ans, et auteur d'une histoire manuscrite en latin des évêques de Chalon, traduite en français par Pierre de Saint-Julien, doyen de ce même chapitre.

Quand on put s'occuper en Bourgogne, dans un moment de calme, pendant les longs troubles de la Ligue, de la réforme de la coutume de la province, Pierre de Naturel fut choisi pour coopérer à cette grande œuvre. Il eut pour collaborateurs Nicolas de Bauffremont, Pétrarque du Blé d'Uxelles, Nicolas Philippe, chanoine-trésorier, Viatin Faton, maire de Chalon, et Gautheron, premier échevin de cette ville. Mais le P. Cloiseault, dans son histoire ecclésiastique, lui reproche la pluralité de ses bénéfices *incompatibles*, car il était en même temps chantre de Chalon, trésorier de Langres, prieur de Saint-Julien et de Baume-Laroche, etc. Mais, ajoute cet auteur, « cet abus estoit si commun en ce siècle, que les gens de bien n'en faisoient pas grand scrupule. »

Pontus de Thiard était aussi bourguignon, comme les deux précédents et issu, comme eux, d'une famille aussi illustre par son ancienneté que par ses services et son attachement à ses rois. Il était né vers 1521 au château de Bissy, et son père possédait aussi une terre à la Saugerée, laquelle était un fief relevant de la terre d'Etrigny, dont Nicolas de Bauffremont était seigneur engagiste. Ce fait avait nécessairement établi des relations étroites entre les deux maisons de Thiard et de Bauffremont. Le jeune Thiard avait reçu également, comme son ami Nicolas, une brillante éducation ; il avait appris le grec, le latin et même l'hébreu. Cependant, disent ses contemporains, il ne méritait pas une place dans le Gallia orientale de Colomiès, et Scaliger dit même qu'il était très-ignorant en hébreu. La culture de la poésie charma d'abord ses loisirs, et il devint l'un des poètes de la pléiade imaginée sous le règne de Charles IX, et dont Ronsard était le chef ; mais il renonça au plaisir de parler la langue des Dieux et se livra à l'étude plus grave des sciences et embrassa l'état ecclésiastique. Sa première dignité fut celle d'archidiacre de Chalon, ce qui lui permit encore d'avoir des relations plus étroites avec Nicolas de Bauffremont, lequel habitait souvent son hôtel situé dans la rue Saint-Georges, à Chalon (1). En 1578, Pontus fut élevé au siége épiscopal de cette ville ; ses amis Saint-Julien de Balleure et Pierre de Naturel étaient alors auprès de lui, et il leur conserva leurs fonctions de doyen et d'official. Nicolas de Bauffremont, qui, par son grand crédit à la cour, n'avait pas été étranger, sans doute, à l'élévation de Pontus, voulut assister à la cérémonie de son intronisation. Cette cérémonie, contrairement aux anciens usages, eut lieu dans le palais de l'évêché « en présence des plus notables bourgeois, des révérendissimes abbés de Citeaux et de La Ferté (2), de messire Nicolas de

(1) Cet hôtel existe encore et appartient à la famille de M. le baron Burignot de Varennes, ancien député, ambassadeur et sénateur.
(2) Cet abbé était *François de Beugre*, issu de la maison de Beugre,

Bauffremont, seigneur des plus illustres par les armes et par les lettres, de Pétrarque du Blé d'Uxelles (1) et de plusieurs autres gentilshommes (2). En faisant arriver Pontus de Thiard au siège de Chalon, Nicolas n'avait pas obéi seulement à l'élan de son affection, mais à l'intérêt bien compris de son pays. Pontus avait un mâle caractère ; son énergie égalait sa haute intelligence, et il ne comprenait pas qu'on pouvait marchander à la royauté son dévouement. Aux Etats de Blois, il défendit avec courage l'autorité royale si menacée alors, et sa conduite ne se démentit pas pendant les troubles qui suivirent la mort de Henri III. Il préféra quitter Chalon plutôt que de paraître approuver la conduite de ses habitants qu'il n'avait pas pu maintenir dans le devoir envers leur souverain légitime. Après vingt ans de gouvernement sage et habile de son diocèse, il en confia l'administration à son neveu, Cyrus de Thiard ; puis il se retira dans son château de Bragny, où il passa le reste de ses jours entre la prière et l'étude. Il y mourut le 23 septembre 1605, âgé de 84 ans, et fut inhumé, comme il l'avait demandé, sans aucune pompe, dans l'église paroissiale du village. Quelques jours avant sa mort, il avait composé lui-même son épitaphe (3)

---

originaire de Poligny en Comté, mais dont une branche s'est fixée au château de La Chapelle de Bragny, non loin de Sennecey, et lequel appartient aujourd'hui au comte de Carmoy. François de Beugre était aussi un ami de Nicolas de Bauffremont qui l'aida de son crédit. La reine de Navarre le nomma son premier aumônier.

(1) Pétrarque du Blé d'Uxelles, seigneur de Cormatin, dont le fils Antoine épousa Catherine-Aimée de Bauffremont, seconde fille de Nicolas de Bauffremont.

(2) Perry, *Histoire de Chalon*

(3) Estienne Pasquier a consacré aussi à Pontus de Thiard une autre épitaphe qui est caractéristique et qui finit par ce fragment d'un vers d'Ovide bien connu

Omnis pontus erat.

en vers latins, comme l'avait fait son ami Nicolas qui l'avait précédé dans la tombe dès l'année 1582.

II. — Tels étaient, en partie, les hommes dont Nicolas de Bauffremont se plut à s'entourer dans les derniers temps de sa vie, soit à son château de Sennecey, soit dans son hôtel de Chalon. Tout ce que Dijon comptait de célébrités se réunissait aussi dans l'hôtel qu'il possédait dans cette ville, où il séjournait surtout au moment de la réunion des Etats de la province, dont il fut souvent membre (1).

Saint-Julien de Balleure, dans sa gratitude pour une si noble amitié, lui dit, en lui dédiant un de ses principaux ou-

---

Voici ce que ce même auteur a dit de Pontus de Thiard dans ses *Recherches de la France* : « Et surtout il me souviendra qu'estant le premier des députés du clergé de la province de Bourgogne, en l'assemblée des Etats tenue à Blois, en 1588, lui seul se ridoit pour le service du roy contre le demeurant du clergé, lequel en ses communes délibérations ne respiroit que rébellion et avilissement de la majesté de nos roys. »

Pontus de Thiard a laissé plusieurs ouvrages. Des *homélies* et une traduction des *Dialogues de l'amour*. — *Les Erreurs amoureuses.* Lyon, 1549. — *L'Univers* ou *Discours des parties de la nature du monde.* Lyon, 1557, avec une préface du cardinal Duperron. — *De recta impositione nominum.* Lyon, 1603. — *Fragmentum epistolæ pii cujusdam episcopi quo pseudo-Jesuitæ Caroli et ejus congerionum maledicta repellit.* Hanau, 1604.

(1) Parmi les hommes éminents dont s'entoura aussi Nicolas de Bauffremont à son château de Sennecey, il faut compter aussi Jehan de Noilheanne, évêque de Damas, et François Ier, cardinal de Tournon, 52e abbé de Tournus, et son 3e commandataire, fils de Jacques de Tournon, et de Jeanne de Polignac, archevêque d'Embrun, abbé général de l'ordre de Saint-Antoine, archevêque de Bourges, d'Auch et de Lyon, cardinal à 46 ans, évêque d'Ostie, doyen des cardinaux, ambassadeur à Venise, à Rome, en Espagne, en Angleterre, négociateur de la délivrance de François Ier, mort à Saint-Germain-en-Laye en 1572, âgé de 72 ans, inhumé à Tournon, dans le célèbre collége qu'il y avait fondé dans sa maison paternelle (arch. de Sennecey).

vrages : « Je suis vostre bien serviteur humble et obeissant amy. C'est aux doctes et aimables exhortations de Nicolas de Bauffremont que j'ay eu la pensée d'escrire les Antiquitez de Chalon. » Pierre de Naturel l'appelait « son bon amy et son autant que frère. »

La grande aptitude de Nicolas de Bauffremont aux affaires politiques et son grand savoir ne purent manquer de lui ouvrir la plus brillante carrière. Charles IX et Henri III l'appelèrent aux plus grandes charges comme aux plus hautes dignités ; nous le verrons bientôt aux conseils du roi (1), grand prévôt de l'Hôtel, bailli et maître des foires de Chalon, gouverneur d'Auxonne, chevalier des ordres du roi. Sa province voulut aussi lui donner des preuves de son estime et de sa confiance, et le nomma député aux Etats de Bourgogne et aux Etats généraux où il jouera un grand rôle. Tant de faveurs et d'honneurs ne manquèrent cependant pas de lui susciter de nombreux ennemis sur ses vieux jours. Leur haine le poursuivit, et Saint-Julien de Balleure y a fait allusion en disant : « Comme l'envie est vice plus particulier en Bourgogne, il est vray que vostre gloire, honneurs et prosperitez crèvent le cœur à quelques-uns qui vous voient plus aimé, chéri, loué et estimé qu'ils ne sont. A eux demeurent le despit et la honte de ne sçavoir si bien faire, et à vous perpétuel honneur pour vos bienfaits au pays en général et particulièrement pour plus sage conduite en vos affaires qu'il ne désireroient. »

Nicolas de Bauffremont, privé, dès ses premières années,

---

(1) « Nicolas de Bauffremont a esté appelé de sa maison par le roy Charles IX, adverty duement de son intégrité, sçavoir et suffisance pour l'honorer et faire conseiller de son conseil privé et luy remettre en main la justice de son hostel et suite de sa Cour, afin que ce sage seigneur la réduisit en quelque ordre et police meilleure qu'elle n'estoit, y obstant les troubles de ce royaume. » (Belleforest, *Cosmogonie*, 306).

des douces joies de l'affection de son père et de sa mère, songea, de bonne heure, à contracter un mariage. Par sa naissance, comme par sa grande fortune, il pouvait avoir les plus hautes prétentions. Son choix s'arrêta sur la fille d'un homme d'une extraction moins illustre que la sienne, mais que son rare mérite avait appelé aux plus éminentes charges. Il épousa Denyse Patarin ou Paterin, dame de Crusilles, Vareilles et Croy, fille unique de Claude Patarin, chevalier, chancelier du duché de Milan pendant l'occupation française, puis premier président du Parlement de Bourgogne.

Claude Patarin, que les historiens lyonnais appellent *Paterin* (1), était né en 1475, de Laurent Paterin, lieutenant-général en la sénéchaussée de Lyon, et de Denyse Baronnat (2). Il était profond dans le droit civil et canonique, dit Pernetti, et ajouta à la charge de son père, qu'il exerça, celle

---

(1) Les auteurs lyonnais ont toujours écrit *Paterin*, tandis que Paillot, le P. Anselme, l'abbé Papillon, l'abbé Richard, Chasot de Montigny, Courtépée et Beguillet ont écrit *Patarin*. Ce nom est écrit aussi de cette dernière manière dans les lettres des provisions d'office de conseiller laïc, délivrées le 6 mai 1511 à Claude Patarin, puis dans celles du 20 juillet 1515, et dans celles de premier président, du 20 juillet 1525, rapportées par Paillot dans son *Parlement de Bourgogne*.

(2) Baronnat « sont très-anciens à Lyon, on en compte treize conseillers de ville, à commencer en 1429. Nicolas de Baronnat y était procureur du roi en 1545. Ils avaient une chapelle à Saint-Paul, à côté du grand autel. La seule branche qui existe a passé en Dauphiné où elle a fait de grandes alliances. Ils fournissent des chevaliers de Malte depuis plus de deux cents ans. Ils ont possédé et possèdent encore des charges considérables dans le Dauphiné. Leurs armes sont d'or à 3 guidons posés en pal d'azur au chef de gueules chargé d'un léopard d'argent.

« Denyse Baronnat eut pour frère Amédée Baronnat, chamarier de Saint-Paul en 1562, député par le clergé de Lyon pour informer le roi des désordres des huguenots, abbé de Joug Dieu en Beaujollais, et de Chassagne en Bresse, mort en 1580. (Pernetti, I, 382).

Les Baronnat sont originaires d'Annonay (Colonia, II, 407).

de chef du Conseil de l'Eglise de Lyon et, en cette qualité, il fut envoyé à Orléans, lors de fameuse assemblée qui s'y tint contre Jules II. Louis XII, juste appréciateur de son mérite et qui avait besoin d'hommes supérieurs pour asseoir sa domination en Italie, le nomma vice-chancelier du duché de Milan. Mais cette souveraineté de Louis XII ne fut qu'éphémère. Il dut abandonner ses conquêtes au-delà des monts aussi rapidement qu'il les avait faites, et Patarin reçut, comme dédommagement de ses éminentes fonctions à Milan, la charge de troisième président au Parlement de Bourgogne (1). Louise de Savoie, régente du royaume en l'absence de François 1er, l'éleva à la dignité de premier président de cette cour souveraine, en 1525. Les régistres et le greffier du Tillet font une mention honorable de l'accueil que lui fit ce Parlement.

Le jour qu'il fut reçu, le magistrat qui présidait lui dit : « Souvenez-vous que vous devez supporter sur vos épaules toutes les affaires de la Cour. Vous avez vu et connu les

---

(1) D'après M. des Marches (*Histoire du Parlement de Bourgogne*, de 1733 à 1790, p. 211, 212 et 218), Claude Patarin aurait été pourvu d'abord au Parlement de Dijon, en 1511, de la septième charge de conseiller laïc, créée en 1480, puis, en 1515, de celle de président à mortier, première charge créée par Louis XI en 1480, et, en 1525, de celle de premier président de cette Cour en remplacement de Hugues Fournier.

Les armes des Patarin étaient « d'azur à une bande d'or accompagnée en chef d'une estoile à 6 pointes de mesme ; escartelé d'azur à six pals enclavés d'or, au chef de gueules chargé d'un lion léopardé d'argent, » si nous en croyons C. N. Amanton (12e Lettre), mais ces armes sont plus simples sur la table de bronze qui fut placée sur le cercueil de Nicolas de Bauffremont, et que possède le colonel Max Niepce, ancien maire de Sennecey. Sur cette table qui porte l'épitaphe de Nicolas de Bauffremont composée par lui-même, ces armes placées à côté de celles des Bauffremont, sont seulement « d'azur à 6 pals enclavés d'or. »

présidents passés, vous devez prendre le bien qu'ils ont fait et délaisser le mal qu'ils ont pratiqué. »

En 1527, il assista à l'Assemblée des Notables convoquée à Cognac, relativement à l'exécution du traité de Madrid par lequel François Ier avait dû consentir, dans sa prison, à céder à Charles-Quint le duché de Bourgogne. Les députés de cette province, opinant les premiers, ne craignirent pas de dire au monarque en personne : « Ce serment est nul, puisqu'il vous est arraché par la violence. Si, toutefois, vous persistez à rejeter de fidèles sujets, et si les Etats généraux nous retranchent de leur association, il ne vous appartiendra plus de disposer de nous. Nous adopterons telle forme de gouvernement qu'il nous plaira, et nous déclarons d'avance que nous n'obéirons jamais à des maîtres qui ne seront pas de notre choix. » Patarin opina dans le même sens et son avis fut que le roi ne pouvait aliéner le domaine de la Couronne. Ainsi, la fermeté des Bourguignons sut conserver à la monarchie française l'une de ses plus belles provinces (1).

« En toutes ses charges, il eut force belles commissions, et partout il fit paroistre sa grande érudition et ses hautes vertus qui laissèrent, par son trespas qui arriva le 20 novembre 1551 un très-grand regret à tous les estats du pays, pour la perte qu'ils faisoient d'un aussi grand homme qu'ils surnommèrent *Père du Peuple*. Pour marque particulière d'honneur, la cour délibéra qu'il seroit porté en terre, revestu en président, comme Humbert de Villeneuve et Hugues Fournier (2), ses prédécesseurs, et que devant son corps mar-

---

(1) C. X. Girault, *Essais historiques et biographiques sur Dijon*. Dijon, Victor Lagier, 1814, in-12, 582 pages.

(2) A cette époque, la magistrature lyonnaise fournit au Parlement de Dijon deux de ses membres comme premiers présidents, de même

cheraient cinq gentilshommes portant les éperons dorés, les gantelets, l'armet, l'espée dorée et la cotte d'armes, ce qui, depuis, a esté observé aux enterrements des premiers présidents. Et à ces obsèques assistèrent, avec le Parlement, Pierre, seigneur d'Epinac, lieutenant au gouvernement de cette province, la Chambre des comptes, Affrican de Mailly, seigneur de Villers-les-Pots, bailly de Dijon, le gouverneur de la Chancellerie et autres officiers et grand nombre de noblesse qui accompagnèrent son corps en l'église des Cordeliers, où il fut inhumé.

« Claude Patarin portoit pour devise tirée de l'anagramme

que de nos jours ce même corps judiciaire a donné à la Cour de Cassation, M. le premier président Devienne, et à la Cour d'Appel de Paris, M. le premier président Gilardin, décédé depuis peu.

Humbert de Villeneuve, baron de Joux-sous-Tarare, était issu de la célèbre famille lyonnaise de ce nom, distinguée dans l'échevinat dès le XIVe siècle. Il débuta dans la carrière de la magistrature comme conseiller du roi en son grand conseil (P. Paillot, *Le Parlement de Bourgogne*). Pendant un long exercice de ces fonctions le roi l'employa « en diverses et grandes ambassades, le nomma président à mortier au Parlement de Toulouse, — charge qu'il n'accepta pas, — et le 21 septembre 1505, premier président du Parlement de Bourgogne. « Ce fut « en icelle Cour que le roy scachant l'utilité qu'il pourrait tirer de sa « négociation en Suisse, il l'y envoya ambassadeur en 1511, d'où estant « retourné, la Cour le députa en 1512 à Orléans, à l'assemblée que Sa « Majesté y fit faire contre les entreprises du pape Jules II, tant sur les « libertés de l'Eglise Gallicane, lois de France et contraventions à l'al- « liance faite avec luy et entreprises sur l'Etat de Gênes. » (Idem).

Hugues Fournier, seigneur de Grinatz, d'une famille considérable de Lyon, d'abord conseiller au Sénat de Milan, remplit plusieurs missions du roi au-delà des monts. Il fut ensuite président à mortier au Parlement de Bourgogne, puis son premier président, après la mort de Humbert de Villeneuve. Il traita, au nom du roi, de la neutralité de la Franche-Comté avec les députés de Marguerite d'Autriche ; il mourut en 1525. Il aimait les lettres et les cultivait, et fit partie de la Société d'hommes de goût, de savoir, qui forma ce qu'on a appelé l'Académie de Fourvières, dont je parle plus loin.

de son nom : « *c'est par la veni,* » voulant dire que la vertu par laquelle il estoit monté en toutes ses charges estoit le vray chemin pour y arriver (1). »

Claude Patarin avait épousé Françoise de Rubis, laquelle était sans doute fille de Geoffroy de Rubis et petite-fille de François de Rubis, conseiller et visiteur général des gabelles du sel du Lyonnais, conseiller, échevin en 1504, conseiller au présidial de Lyon et au Parlement des Dombes, et ensuite procureur général de la Communauté de Lyon, le 31 juillet 1565 — et sœur de l'historien de ce nom. La famille de Rubis portait « d'or à 3 rubis de gueules, deux en chef, un en pointe. » Elle avait fait une fondation au profit de l'Hôtel-Dieu de Lyon, qui en garda le souvenir par une inscription.

Françoise de Rubis vivait encore en 1552, car on la rencontre alors au château de Sennecey où, de concert avec son gendre, Nicolas de Bauffremont, « Madame Denyse Patarin, sa femme, et Madame Françoise de Rubis, veuve de feu et noble puissant seigneur M. Claude Patarin, chevalier, seigneur de Croix et de Vareilles en Lyonnais, vice-chancelier pour le roi François Ier, président en la Cour souveraine du Parlement de Bourgogne, ont accru, restauré et amplifié d'un beau, grand et somptueux édifice l'oratoire du dit chasteau (2). » Quand les travaux en furent achevés, les fondateurs y firent transporter, entre autres, le corps « dudit Monsieur Patarin (3). » Françoise de Rubis contri-

---

(1) P. Paillot, *Le Parlement de Bourgogne.* Dijon, 1669, in-fol.

(2) Archives de la chapelle du château de Sennecey.

(3) Amanton se trompe quand il avance dans sa 12e Lettre datée de Dijon, le 5 novembre 1825, « que la sépulture de Claude Patarin a disparu sous les ruines de l'église des Cordeliers de Dijon, tombée sous le marteau de la Révolution. » En effet, je viens de dire que d'après un acte authentique que je possède, sa veuve fit transférer ses restes dans

bua alors aussi à la restauration d'un hospice et d'une chapelle fondés par les anciens seigneurs de Sennecey sur le pont jeté sur la Grosne, à 5 kilomètres du bourg de Sennecey, et appelé le *Portail de Grosne* (1).

La cérémonie de la bénédiction de l' « Oratoire de Monseigneur de Sennecey » se fit avec la plus grande pompe ; on y rencontra, entre autres, Jean de Malain, seigneur de Montigny, — Claude de Tenarre, seigneur de Janly, — Gérard de Foulques, seigneur de Chauvrey et de Marigny, — Philibert de Naturel, seigneur de La Plaine, en Beaujolais, et de Dulphey, — Thibaut de Livron, seigneur de la Tour de Vers — et Pierre de Naturel, official de Chalon. Elle fut présidée par Jehan Noilhenane, évêque de Damas, et par le cardinal de Tournon, lesquels « consacrèrent et dédièrent, le 14 janvier 1552, la chapelle ou oratoire et l'autel en l'hon-

---

les caveaux de la chapelle du château de Sennecey, en 1552, où ils reposèrent jusqu'en 1825 ; alors le comte de Noailles ayant vendu sa terre et son château de Sennecey à des spéculateurs, fit transporter ces restes à l'église paroissiale de ce bourg, avec ceux de tous ses aïeux qui avaient été inhumés dans la chapelle du château ; on les déposa dans le caveau des anciens seigneurs de la Tour, où leur tombe a été violée et profanée par des malfaiteurs, pendant que cette église avait été louée, par la commune, pour en faire une magnanerie. Mais, en 1868, le colonel Max Niepce fit restaurer l'église, y rétablit le culte et réunit les ossements dispersés de tous les illustres morts qui *traînaient* dans les caveaux. L'un de ces morts avait été inhumé avec une cotte de mailles en fer et avec sa cuirasse, dont j'ai retrouvé des fragments que les voleurs avaient laissé tomber dans la rue en fuyant.

(1) Françoise de Rubis avait contribué aussi à l'acquisition, de concert avec Nicolas de Bauffremont, de l'hôtel que ce dernier posséda à Chalon, dans la rue Saint-Georges, de Marguerite Legoux, veuve de Guillaume Bataille, et mère de Philippe Bataille, en 1563 (arch. de Mâcon. Gonneau, notaire à Chalon).

L'hôtel que Nicolas de Bauffremont possédait à Dijon, dans la rue Charrue, lui provenait de Claude Patarin, son beau-père ; il a passé depuis au procureur général Pérard et à sa famille.

neur de tous les saints et surtout de la Vierge Marie, et placèrent sous l'autel les reliques des onze mille vierges et accordèrent quarante jours d'indulgences à tous ceux qui visiteroient la dite chapelle le jour anniversaire de la dédicace et y réciteroient dévotement l'Oraison dominicale et la salutation angélique (1). »

Patarin, pendant son séjour à Lyon, avait été du nombre de ces amis des lettres et des arts qui se plaisaient à s'y réunir pour s'entretenir ensemble de leurs travaux, et on sait que leurs réunions formèrent ce qu'on a appelé depuis l'Académie de Fourvières. Lyon était arrivé alors à l'une des plus belles époques de son histoire. Il venait de changer tout à coup de face et avait su concilier en peu de temps la littérature la plus exquise avec le commerce le plus florissant. Les colonies des marchands étrangers établies dans cette ville se maintenaient dans une grande opulence, et formaient même des corporations distinctes, en ne se confondant pas avec la population. On voyait ces corporations aux cérémonies publiques et aux entrées solennelles des princes, distribuées en Florentins, Lucquois, Vénitiens et Allemands, en groupes serrés et tous dans les plus riches et les plus divers costumes. Jamais alors, non plus, l'émulation littéraire ne régna davantage à Lyon qu'à cette mémorable époque. La ville fut une des premières de France qui se ressentit de l'heureuse influence du renouvellement du goût des lettres en Italie, où étaient venus se réfugier un grand nombre de savants après la la prise de Constantinople par les Turcs et l'invasion de la barbarie en Grèce. Aussi sont bien vraies les lignes suivantes que j'emprunte à un écrivain moderne : « Lyon était un centre plus à portée de l'Italie et y gagnait à ce voisinage quelques rayons plus hâtifs de cette docte et bénigne influence. Lyon

(1) Archives de la chapelle du château de Sennecey.

avancait, on peut le dire, sur le reste de nos provinces et, peut-être, à certains degrés, sur la capitale. Des Florentins, en grand nombre, à chaque trouble nouveau survenu dans la république des Médicis, avaient émigré sur ce point et y avaient fait une espèce de colonie qui continuait, comme dans la patrie première, l'instinct et le génie du négoce, joint au noble goût des arts et des lettres. Il y avait, alors, à Lyon non-seulement des historiens, des savants, des poëtes, des médecins, des architectes du plus grand mérite, mais l'art dramatique, de plus en plus aimé du peuple, éprouvait aussi une transformation nouvelle. »

Ai-je besoin de citer cette pléiade d'hommes éminents ? Qui ne sait que dans la médecine on comptait Symphorien Champier, — Lazare Meyssonnier, — Pierre Tolet, né vers 1502, mort à Lyon après 1582, — les deux Spon et même Rabelais. — Dans les lettres, c'était Aneau, le malheureux principal du collége de la Trinité, massacré par la populace, parce qu'on l'avait suspecté d'hérésie, l'ami de Marot et de Millin de Saint-Gelais, écrivain des plus féconds, et qui eut pour successeurs Antoine Milieu, Ménestrier, Colonia, Pierre Brilloud, Jean de Bussières, François Pomey, Joubert, Cellières, de Charles, Ratuel, Fabri, Raymond, etc., etc.

C'étaient encore Claude de Bellièvre, né en 1507, mort en 1557, et ses deux fils. — Gabriel Siméoni, Florentin, né en 1509, mort à Turin en 1570. — Guillaume du Choul, bailli des montagnes du Dauphiné, — les trois Vauzelles. — Jean du Peyrat, mort en 1549, lieutenant du roi en Lyonnais, célébré par les poëtes contemporains, — Voulté, Jean, mort en 1542, — Rousselet, Georges-Etienne, jésuite, — Nicolas Bourbon de Vandœuvre, — Estienne Dolet, — Benoit Court, chevalier de l'Eglise de Lyon, mort après 1553, — Benoit de Troncy, longtemps secrétaire de la ville.

C'étaient également les historiens Guillaume Paradin ;

Pierre Builloud ; Francesco Giuntini ; Christophe Milieu, jésuite ; Gabriel de Saconay, doyen du Chapitre de Lyon ; — c'étaient aussi des poëtes, et ils brillèrent d'un vif éclat. Les uns écrivaient en latin, comme Etienne Dolet, Voulté, Nicolas Bourbon, Philibert Girinet, chevalier de l'Eglise de Lyon ; Ducher, professeur au collége de la Trinité ; Guillaume du Peyrat, Claude Rousselet, seigneur de la Part-Dieu, Claude Bigottier, professeur à la Trinité, Jean de Bussières, jésuite. D'autres écrivains faisaient de petites compositions qu'ils appelaient : Epigrammata. Nicolas Bourbon était l'ami de Mathieu et de Jean de Vauzelles, de Thomas de Gadagne, banquier florentin ; de Sébastien Gryphe, le célèbre imprimeur ; de Maurice Scève, littérateur, mort en 1560, et de Guillaume Scève, cousin de Maurice, et Jean Grolier.

D'autres parlaient la langue des Dieux, en français, comme Charles Fontaine, né à Paris vers 1515, mort en 1588 ; — Antoine de Verdier, seigneur de Vauprivas, homme d'armes du sénéchal de Lyon ; — Antoine du Saix ; — Claude Mermet, notaire ducal ; — Pierre de Cornu ; — Bonaventure Despériers ; — Thomas Courval Sonnet, — Jacques Tahureau, — Pierre de Deimier, — Philibert Bugnyon, conseiller et avocat du roi en l'élection de Lyon ; — Guillaume Guéroult, né à Rouen, réfugié à Lyon, après avoir quitté Genève ; — Claude de Taillemont, ami de Maurice Scève ; — Antoine de Moulin, valet de chambre de la reine Marguerite de Navarre, éditeur des œuvres de Clément Marot et de Pernette du Guillet ; — Olivier de Magny, ami de Louise Labé ; — Maurice Scève, le descendant des marquis piémontais de Sceva, le collaborateur de Louise Labé, du « Débat de folie et d'amour.

A côté de ces hommes distingués se rencontraient aussi des femmes dont les lettres s'honorent et dont on aime encore à feuilleter les œuvres. C'étaient Louise Labé, le diamant le plus beau de la couronne poétique de Lyon ; — Marie de Pierrevive, dame du Perron, femme d'Antoine de Gondi ; — Louise Sarrazin, — Philiberte de Fuers, dame des Tours et de la Bastie ; — Sybille Guilloud, qui charmait par son esprit Anne de Bretagne ; — Claudine Perronne, — Catherine de Vauzelles, — Julie Blanche, — Marguerite de Bourg, — Pernette du Guillet, etc., etc,

Mais revenons à Claude Patarin et aux réunions de l'Académie de Fourvières ou Angélique (1), qui ne fut cependant pas jamais une véritable académie, quoi qu'en aient pu dire Colonia et Pernetti. Cette société de gens de lettres de toutes conditions, que Claude Patarin recherchait avec empressement, tenait ses agréables assemblées chez Humbert Fournier. Ce dernier appartenait à une famille considérable de Lyon. Son frère, Hugues Fournier, après avoir été conseiller au Sénat de Milan, alors que Claude Patarin était vice-chancelier du duché, se rencontra, plus tard, avec lui, au Parlement de Bourgogne où il siégea comme président à mortier en 1512, tandis que Claude Patarin ne fut revêtu de cette charge qu'en 1515. A ce moment, le roi le pourvut de la première présidence de cette cour souveraine et, à sa mort, en 1525, Claude Patarin lui succéda dans ces hautes fonctions. A côté d'eux se rencontraient, chez Humbert Fournier, Humbert de Villeneuve, Benoit Fournier, Gonsalve de Tolède, Benoit Court, Adrien Brian, le poëte Voulté,

---

(1) Cette prétendue Académie était appelée aussi Angélique, du nom de Nicolas de Langes, dans la maison duquel elle se réunit parfois. Ce dernier était fils de Nicolas de Langes, conseiller au Parlement de Dombes, et de Françoise de Bellièvre. Il s'opposa aux massacres qui eurent lieu à Lyon, en 1572, et mourut âgé de quatre-vingts ans. — Il fut enterré le 6 avril 1606, dans l'église Saint-Georges. (Pernetti, I, 411).

et Symphorien Champier. Une lettre écrite par ce dernier et fort détaillée, en 1506, nous apprend les études, les conférences et les plaisirs même de ces réunions : « Nous parlons, dit-il, de la religion, de la manière de bien régler les mœurs, de polir et de bien perfectionner l'esprit par la culture des sciences utiles. Quelques amis nous rendent visite et, laissant les sujets sérieux, nous nous égayons par de petits contes et par des plaisanteries qui n'ont rien de mordant (1).

Nicolas de Bauffremont, en épousant la fille de Claude Patarin, trouva aussi, dans son beau-père, un homme qui partageait ses goûts pour les lettres et, plus d'une fois, dans leurs rencontres, ils en firent l'objet de leurs intimes causeries. Leur correspondance a été détruite ; les officiers municipaux de Sennecey, pour obéir à un stupide décret, ont brulé, sur la place publique de ce bourg, les précieuses archives du château où se trouvait cette correspondance. Le même jour, au nom de la Raison et de la Liberté, on jeta dans le même bûcher la précieuse collection de livres réunie par Nicolas de Bauffremont dans sa belle « Librairie (2). »

Dieu bénit l'union de Nicolas de Bauffremont avec Denise Patarin ; il leur donna plusieurs enfants. Ce furent :

1° *Elisabeth*, épouse de Charles de Clavesson (3), cheva-

---

(1) Voir Pernetti, I, 225, et Colonia, *Histoire littéraire*, II, et Montfalcon.

(2) De cette Librairie il ne subsiste plus qu'un volume in-folio sur vélin, contenant l'arrêt du Parlement de Dijon de 1539, lequel adjugea la terre de Sennecey à la famille de Bauffremont, et les *Meslanges historiales et paradoxales*, de Pierre de Saint-Julien de Balleure, offerts par l'auteur à Claude de Bauffremont. Je possède ces reliques ; elles proviennent de l'ancien château de Sennecey.

(3) Le marquisat de La Baume d'Hostun était situé dans le Dauphiné, et fut érigé en duché en faveur de Camille d'Hostun, comte de

lier, seigneur de Clavesson, d'Hostun, de Mercurol et de Mareil.

2° *Catherine-Aimée*, mariée à Antoine du Blé d'Uxelles (1), seigneur de Cormatin (2).

Tallart, maréchal de France en 1712. Les armes des Clavesson d'Hostun étaient « de gueules à la croix engrelée d'or. »

Ce mariage eut lieu en 1572, car on voit par un acte des archives de Mâcon qu'à ce moment Nicolas de Bauffremont « donne quittance aux habitants de Vielmoulin, près Sennecey, de 333 livres ; à ceux de Sennecey, de 365 livres; à ceux de Chazeaux, Neuilly et Saint-Cyr, de 100 livres ; à ceux de Saint-Julien, Lafarge et Sans, de 100 livres, et à ceux de Laives et de Sermauzey pour leur part et portion avec les autres subjects de la baronnie de Sennecey qu'ils doibvent pour le mariage de demoiselle Elizabel de Bauffremont avec hault et puissant seigneur Charles de Claveysson, seigneur du dit lieu, d'Autru, Mercurol et Mareil en Dauphiné.

(1) Antoine du Blé d'Uxelles, seigneur de Cormatin, baron d'Uxelles, seigneur de Besul, de Montélie, gouverneur de Chalon, lieutenant-général du roi en Chalonnais et au gouvernement de Bourgogne, commença à servir à 17 ans, au siége de Ronage, puis à celui de Sedan et à la défense de Chaumont. Il assista aux derniers Etats de Blois, se trouva à la bataille d'Arques, où il eut deux chevaux tués sous lui, et ensuite aux siéges de Paris et de Rouen ; — à la défaite des Espagnols, à Marseille, où il commandait la compagnie des gens d'armes du duc de Guise, à la réduction de la Bourgogne et à la conquête de la Savoie. Il fut très-considéré des rois Henri III et Henri IV. Le 7 juin 1601, il fut pourvu du commandement de Chalon qu'il céda ensuite à son fils, en 1611, et mourut en 1616. Il fut inhumé dans l'église des Minimes, à Chalon, où on lui érigea un magnifique tombeau dans la chapelle de Saint-François de Paule. La Révolution a violé et brisé cette tombe, dont quelques débris sont encore conservés au musée de Chalon. Sur ce mausolée, on lisait ces deux inscriptions qui étaient la devise des du Blé : *En tout temps du blé;* puis celle : *Bonne est la haye autour du blé.* La mère d'Antoine Du Blé était une *La Haye.*

Catherine-Aimée de Bauffremont décéda, après son mari, le 20 juin 1616, et fut inhumée dans le tombeau élevé par elle à son mari.

(2) En 1584, Antoine Du Blé d'Uxelles, chevalier, baron d'Uxelles, donne quittance à Georges de Bauffremont, chevalier, comte de Cruzilles, gentilhomme ordinaire de la Chambre du roi, capitaine de cinquante hommes d'armes de ses ordonnances, gouverneur de la ville et

3° *Constance*, abbesse de Saint-Menoux.

4° *Philippe*, religieuse dans la même abbaye.

Et 5° *Françoise*, abbesse de Sainte-Marie, à Chalon.

III. — Nicolas de Bauffremont n'avait que trente-et-un ans quand, en 1551, la noblesse du bailliage de Chalon le nomma son député aux Etats généraux de Bourgogne, et ces mêmes Etats, pour lui donner une marque de leur grande estime, lui en confièrent la présidence en 1554. « M. de Berbilly, substitut de Geoffroy de Rochebaron, seigneur de la Rochetaillée, tenta bien de s'y opposer, mais les Etats passèrent outre. Ses grandes lumières et sa mâle éloquence lui valurent une si haute considération que, malgré son jeune âge, il fut choisi par l'assemblée pour son élu chargé, en cette qualité, de porter au roi les cahiers ou remontrances de la province, et de répartir les impôts votés par les Etats (1). » L'élu de la noblesse était alors choisi, à la majorité des suffrages, parmi les anciens gentilshommes possédant seigneurie ou fief dans le duché. On attachait une si grande importance à cette élection, souvent bruyamment disputée, qu'elle fit plusieurs fois sortir l'épée du fourreau. En 1557, on retrouve Nicolas de Bauffremont aux mêmes Etats, avec Charles de Malain, seigneur de Missery, son neveu ; Guillaume de Malain, commandeur de Bellecroix ; Henri de Malain, baron de Lux, et Gérard de Vienne.

---

citadelle de Mâcon, pour tous les droits que sa femme, Catherine de Bauffremont, avait à prétendre dans la succession de Denise Patarin, sa mère, dame de Crusilles et de Vareilles (arch. de Mâcon. Giraud, notaire à Brancion).

Antoine Du Blé d'Uxelles s'entremit, en 1594, à la mise en liberté de son beau-frère, Claude de Bauffremont, alors détenu à Lyon, au château de Pierre-Scize, par ordre du marquis de Saint-Sorlin, frère du duc de Nemours. Je parlerai plus loin de ce fait.

(2) Perry, *Histoire de Chalon*.

Mais les évènements politiques vont bientôt l'arracher à ses paisibles études dans son château de Sennecey ou à ses travaux aux Etats de Bourgogne et l'appeler sur les champs de bataille où il combattra en preux chevalier.

Des troubles graves avaient éclaté dans la plupart de nos provinces. Le protestantisme, qui datait du commencement du siècle, en fut la cause. Il avait pris sa source dans l'orgueil de quelques hommes encouragés par les désordres du clergé et les entreprises trop hardies de la cour de Rome sur le pouvoir séculier. Toutefois, dès 1518, le Parlement de Dijon s'était ému des scandales des monastères et des abbayes. Il avait dû, même, les dénoncer au vicaire général et official de Langres et prescrire à l'évêque diocésain d'y pourvoir « sous peine d'une intervention directe de sa part (1). » Mais ce sage avertissement n'avait abouti qu'à d'insignifiantes réformes. Le clergé s'était endormi dans une fausse sécurité, ne prévoyant pas le danger qui allait menacer la religion, ni les périls extrêmes qu'allait courir la monarchie. L'hérésie, activement propagée en Allemagne et en Suisse, fut longtemps contenue en France par les édits de François Ier et de Henri II, comme par le solide attachement des populations à la foi de nos pères. Mais une circonstance imprévue donna tout à coup, en Bourgogne, de nombreux adhérents à la Réforme. Jacques Bretagne, Vierg d'Autun, lié secrètement avec Théodore de Bèze et Hubert Languet, demandèrent aux Etats généraux, réunis à Pontoise, « un concile national, afin que cette assemblée statuast qu'il put estre permis à ceux qui ne voudroient pas, par scrupule, s'assembler avec l'Eglise catholique, de se réunir publiquement pour entendre *pure parole de Dieu* (2). »

---

(1) Le La Cuisine, *Histoire du Parlement de Bourgogne.*
(2) De Thou, *Histoire de la Ligue.*

Ce hardi langage, tenu par le plus influent des députés de la province, eut un grand retentissement et fut répété par les hommes voués secrètement aux nouvelles doctrines. Des prédicants étrangers, venus de Genève, les propagèrent, en attendant qu'ils employassent la violence. Déjà, en 1556, on avait agi avec la dernière sévérité contre les sectaires de la nouvelle religion. Ainsi, nous trouvons, dans un compte des archives de Dijon « le salaire de quatre souldarts de la garde d'Auxonne qui avoient amené dans les prisons de Dijon un nommé Arcambault, sur lequel on avoit trouvé des lettres missives suspectes d'hérésie. » A ce moment, on avait aussi intenté un procès criminel « à Jacques Touet, accusé d'hérésie, et un salaire avait été accordé au bourreau qui avait brûlé vifs, réduit et mis en cendres les corps de Philippe de Seine et de Pierre Valentin, de Genève, suspects d'hérésie, et fait faire amende honorable et brûlé deux ballots de livres imprimés à Genève (1).

Lyon s'agitait aussi alors; toutefois, l'acte consulaire le

---

(1) Dans la quatrième ordonnance de Henri II, il était dit : « Et ne sera imprimé ni vendu aucuns livres concernant la Saincte Ecriture et Religion chrestienne, faicts et composez depuis quarante ans que premierement ils n'ayent esté veus et visitez. »

En ce qui regardait la ville de Lyon, la même ordonnance dit : « Et pour aultant qu'en nostre ville de Lyon il y a plusieurs imprimeurs, et qu'ordinairement il s'y apporte grand nombre de livres de pays estrangers, mesme de ceux qui sont grandement suspects d'hérésie, nous avons ordonné que trois fois sera faite visitation des officines et boutiques des imprimeurs, marchands et vendant livres, par deux bons personnages, gens d'Eglise, et avec eux le lieutenant du seneschal de Lyon, qui pourront saisir et mettre en nos mains tous livres censurés et suspects... » (Isambert, *Ordonnances des rois de France*, XIII, 189).

En ce temps-là, Calvin et ses sectateurs redoublaient d'efforts pour propager leurs doctrines. Genève était devenu l'arsenal de la Réforme et inondait la France de brochures dogmatiques, le plus souvent satiriques et incendiaires. (Leber, *De l'état réel de la presse*, II).

plus ancien où il soit fait mention des luthériens, est seulement du 22 juin 1546. « Le lieutenant du Peyrat, y est-il dit, communique au Consulat certaines lettres missives du roi à lui adressées, faisant mention de certains *Luterians* qui délibèrent faire quelque scandale, le jour du Corps de Dieu, et partant mandoit de s'en enquérir et y pourvoir en diligence (1). » M. de Maugiron était arrivé la veille de la Fête-Dieu, avec environ cinquante chevaux, et tout s'était passé sans qu'il y eust le moindre soupçon de scandale. (Archives de la ville). M. de Maugiron était reparti le lendemain avec sa troupe. » Mais, en 1551, les protestants avaient donné de sérieuses inquiétudes, et Claude Monier, adjoint de Pierre Fournelet, sous le ministère duquel les religionnaires de Lyon avaient continué leurs assemblées secrètes, ayant été découvert, avait été brûlé vif sur la place des Terreaux. Natif d'Issoire, il avait tenu des écoles publiques en Auvergne; après un séjour de plusieurs années à Lausanne « il avait assemblé, à Lyon, des enfants par petites troupes pour prier Dieu et pour leur communiquer ce qu'il avait reçu (2). » Le 16 mai 1553, cinq étudiants venus de Lausanne à Lyon pour y prêcher la Réforme, avaient subi aussi le dernier supplice.

A ce moment, la guerre étrangère avait menacé aussi la Bourgogne et le Lyonnais. Le 10 octobre 1557 on avait appris à Lyon qu'une bande d'Allemands, Flamands et Bourguignons, conduits par un capitaine nommé Pollevilliers, se disposait à assiéger Bourg en Bresse. « Le même jour, on avait commencé à faire des tranchées autant merveilleuses qu'admirables, commençant à la montagne Saint-Just et venant jusque aux boulevards de Vaise; le jeudi

---

(1) Regist. cons. Arch. de la ville, et Pericaud.
(2) Bèze, *Histoire ecclésiastique*, I, 85.

suivant, fut fait monstre générale des manans et habitans de Lyon, dedans le pré de Bellecour, pour faire la garde, nuit et jour, sur les murailles de la ville ;

« Commandement avait été fait aussi aux laboureurs du Lyonnais de faire guet et garde aux ports et passages des rivières ; ce fut pitié de voir ces pauvres paysans, n'étant accoutumés de porter les armes, au lieu de tenir leur charrue, avoir l'un, une hallebarde, l'autre une pique, et le plus grand nombre une harquebuze. Le roi avait bien envoyé des enseignes de gens de pied, soldats, partie Français, Piémontais, Gascons et autres, mais c'estoient gens cruels, lesquels portèrent grand dommage au pays de Bresse, Lyonnais et Dauphiné, par leur rançonnement et pillerie (1). »

Les sanglantes répressions exercées contre les réformés n'avaient cependant pas pu arrêter la propagation des nouvelles doctrines. Un édit du roi, de 1560, dût permettre le libre exercice de la religion luthérienne dans toute la France, à l'exception de quelques provinces ; mais la Cour se refusant toujours d'accorder l'égalité de ce droit, les huguenots n'attendirent que le moment favorable pour le revendiquer les armes à la main.

Le duc de Guise qui avait surpris Orléans, le 5 avril 1562, le leur fournit, et aussitôt ils se soulevèrent dans tout le royaume et se rendirent maîtres de plusieurs grandes villes. Lyon fût bientôt de ce nombre. Le baron des Adrets le prit dans la nuit du 30 avril au 1er mai, « et le garda pendant l'espace de quinze mois, pillant et saccageant les temples et lieux sacrés, violant les monastères, et pour faire le court, ne laissant espèce de cruauté de laquelle il n'usât contre les biens et personnes des pauvres catholiques fidèles

---

(1) *Chronique de Carion*, 672.

à Dieu et au Roy, sans respect d'âge, de sexe et de profession. Jamais les Goths ne diffamèrent de telle façon la ville de Rome, comme cette malheureuse secte de gens, ceste pauvre ville desolée (1). »

Chalon n'osa pas cependant prendre part de suite à ce mouvement; mais bientôt on y vit un ministre calviniste prêcher, dans les termes les plus violents, devant une assemblée qui ne comptait pas moins de 1,500 personnes, composée des plus riches, et même de l'échevinage. Enfin, le jour de la Toussaint, les réformés, maîtres de la ville, jetèrent dans les puits toutes les images des saints. Montholon, lieutenant-général au balliage, put cependant reprendre l'autorité. — On arrêta un grand nombre de réformés, qui furent ensuite pendus, et leurs têtes furent plantées devant les portes de la ville. Le receveur du bailliage paya « les trois grands clous qui avoient servi à atta-
« tacher les têtes aux poteaux. » On fustigea aussi deux hommes, « l'un dans la prison, l'autre dans les rues. » Enfin, on dressa aussi « des échafauds, sur lesquels on
« rompit, avec une grosse coutelasse de fer, un sieur Bou-
« quelet, à qui on tira la langue avec des tenailles de fer,
« et qu'on acheva en le perçant avec une broche de
« fer (2). » Mais ces rigueurs furent inutiles; Montbrun, gentilhomme du Dauphiné, s'empara de Chalon : la ville fut mise au pillage, la cathédrale et les couvents dévastés. Cependant Gaspard de Tavannes, lieutenant-général pour le roi en Bourgogne, après avoir convoqué le ban et l'arrière-ban, et mis sur pied la gendarmerie du roi, put reprendre Chalon, qui fut fortifié « par des hommes munis de pelles et
« de pioches propres à miner, qu'on leva dans les villages. »

(1) Rubys, *Privilèges*, p. 29.
(2) Archives de Dijon.

Quelques jours avant, Montbrun, encouragé par la prise de Lyon et de Mâcon, avait investi Tournus avec 500 mousquetaires et une nombreuse infanterie. Ces troupes, jointes aux réformés de la ville, pillèrent les maisons des catholiques, brûlèrent tous les tableaux des églises que l'on avait portés dans une maison particulière, et renversèrent les statues. Mais Montbrun, attaqué dans Chalon par Tavannes, dut abandonner cette ville et se replier sur Tournus, qu'il ne fit que traverser. Le maréchal s'arrêta enfin à Mâcon, pour en faire le siége; mais cette place, secourue par Guilleranne, seigneur d'Entragues, se défendit si bien que Tavannes dut abandonner son camp et rétrograder sur Chalon. Ponsenac et d'Entragues le suivirent, et, dans leur marche, pillèrent tous les villages de la route. Entrés à Tournus, ils saccagèrent une seconde fois son abbaye, démolirent ses dépendances, et les moines ne durent leur salut qu'à leur retraite dans le château de Briancion. Les titres et les papiers de la communauté avaient été mis en sûreté, quelques jours avant, dans le château de Sennecey. Ponsenac, maître de Tournus, attaqua aussitôt tous les châteaux-forts occupés par les seigneurs catholiques. Celui de Ruffey tomba le premier en son pouvoir. Il y trouva seize quintaux de vaisselle d'étain, le linge et les autres effets de l'abbé de Tournus, que le grand-vicaire y avait fait conduire. L'ennemi surprit ensuite par stratagème, sous le commandement d'un nommé Verty, la *forteresse* de Sennecey, suivant l'expression de Thou. Quant à Ponsenac, il alla à Cluny, se saisit de son abbaye, en brûla la belle bibliothèque; mais il échoua devant Louhans, qu'il avait attaqué avec 4,000 Suisses et quelques canons, après une perte assez sensible.

La France trouva un peu de calme après ces événements, pendant quatre années. Charles IX et la reine-mère la parcoururent (1), pour achever sa pacification. Des malheurs de tout genre l'avaient accablée, la peste était venue la décimer, et, pour surcroît de calamité pour notre province, toutes les vignes gelèrent en 1563.

Mais les troubles ne tardèrent pas à renaître. En 1567, sous le prétexte que le roi avait donné à l'édit de pacification des interprétations qui n'étaient pas favorables aux réformés, ces derniers reprirent les armes.

Chalon, menacé par Ponsenac et Mouvans, qui avaient réuni un corps de 7,000 hommes, appela Nicolas de Bauffremont pour protéger ses murs. A cette occasion, dit Perry, le baron de Sennecey dressa une compagnie de lanciers et d'arquebusiers à cheval. Elle était composée de cent quarante maîtres, tous gentilshommes du pays et d'ailleurs.

« Ils estoient vestus de velours et de drap jaune, et,
« comme la jalousie pique les grands encore plus sensible-
« ment que les personnes de moindre naissance, le sieur
« de Ruffey, son cousin, fit aussi une compagnie d'arque-
« busiers à cheval, tous habillés de velours et de drap
« rouge ; mais elle n'estoit pas si nombreuse ni si leste
« que celle du baron de Sennecey. Celle-ci fut mise en
« garnison à Givry, où elle vescut, quoique le baron en
« fût le seigneur, avec la licence ordinaire des gens de
« guerre. »

Cependant la paix ne fut pas longtemps troublée. Un

---

(1) Cependant le voyage du roi en Bourgogne fut, pour cette province, plus malheureux qu'utile. Dans ses avances au Parlement, la Cour essaya, mais en vain, de l'assujettir à l'autorité royale. Cette compagnie n'accepta pas la loi d'un pouvoir ennemi, dont la politique cachait des piéges ; elle se défia d'abord de lui, le combattit plus tard, en lui refusant cette soumission aveugle qu'on avait voulu exiger d'elle. (*Le Parlement de Bourgogne*. M. de la Cuisine, tome II).

nouvel édit du roi, et qui accordait quelques concessions aux réformés, fit poser les armes aux deux partis pendant un peu de temps ; néanmoins, dit Perry, « les huguenots « témoignèrent, en 1568, qu'ils n'estoient point satisfaits « de cet édit; de sorte qu'ils reprirent les armes qu'ils « n'avoient posés que par cérémonie, avec leurs casaques « blanches et leurs chapeaux blancs, marques ordinaires de « leur continuelle rebellion. »

Les catholiques, effrayés de ces hostilités, formèrent alors, pour cimenter davantage leur union (1), avec l'agrément du roi, une ligue en confrérie religieuse, *à l'honneur du Saint-Esprit*. Le sieur de Montconis en devint le prieur, et le sieur Regnaudin, lieutenant en la chancellerie et plus tard maire de Chalon, en fut nommé sous-prieur. Cette ligue politique tint longtemps les esprits unis, mais des abus s'y glissèrent, et elle finit par vouloir empêcher les réformés comme les catholiques de sortir de la ville, même pour leurs affaires personnelles. Les réformés en prirent ombrage, et se retirèrent un jour tous à Sennecey et aux

---

(1) On a attribué justement au cardinal de Lorraine la première pensée de l'*Union catholique*, une des plus vastes entreprises dont l'histoire ait offert l'exemple. Les articles préparés par lui en avaient été signés à Joinville, dans un vieux château de famille, presque aux frontières de Bourgogne.

Tavannes organisa, dès 1567, des ligues catholiques occultes dans les principales villes de notre province. Malheureusement, ces ligues locales se souillèrent plus d'une fois par le meurtre et la vengeance, que les excès de leurs adversaires ne justifiaient pas, mais que Tavannes excusa, s'il ne les excita point par ses exemples. Ces confréries du Saint-Esprit devinrent, dès leur formation, une puissance des plus redoutables, et leur importance fut telle, qu'à Dijon seulement, Tavannes pouvait réunir au premier signal 200 chevaux, 250 hommes de pied, fournis par la ville, non compris 1,500 cavaliers et 4,000 fantassins, disposés à lui obéir dans le reste de la province. (*Le Parlement de Bourgogne*, par M. de la Cuisine, tome II).

environs. Cette retraite alarma les gens sages du parti catholique, et, pour ramener les fugitifs, le sieur de Montholon dressa un acte de capitulation qui contenta les deux partis. On les lut au logis de Pierre Naturel, official de Chalon, en présence de Nicolas de Bauffremont. Mais la paix ne pouvait durer; les deux partis violaient également les conventions des traités. Nicolas de Bauffremont était un trop fervent catholique pour ne pas se ranger sous les drapeaux du roi, et, pendant l'hiver de 1568, au moment de la reprise des hostilités, il se rendit à l'armée du duc d'Anjou (1). Cette armée marcha au-devant de Coligny, dès les premiers beaux jours de 1569. Le choc eut lieu à Jarnac et fut terrible. La cavalerie surtout fut engagée. De part et d'autre, on fit des prodiges de valeur. Le prince Louis de Bourbon-Condé (2), l'un des chefs des religionnaires, renversé de son cheval et reconnu par Montesquiou, capitaine des gardes du duc d'Anjou, fut tué par celui-ci d'un coup de pistolet tiré par derrière. Nicolas de Bauffremont, qui avait été nommé guidon de la compagnie du duc de Guise, fut aussi renversé de cheval par le choc de la cavalerie de Coligny, et retiré mourant sous un monceau de cadavres.

La victoire resta au jeune duc d'Anjou. Coligny se retira avec les débris de son armée, et, le 3 octobre suivant, il livra un nouveau combat à l'armée royale, à Moncontour.

(1) En 1568, Nicolas de Bauffremont est élu député aux États Généraux de Bourgogne, et siège avec Claude de La Chambre, seigneur de Montfort et baron de *Ruffey*, et son fils, Claude de Bauffremont.

(2) « Des feux de joie furent allumés dans l'auditoire de Chalon pour
« les très-heureuses nouvelles advenues à Sa Majesté contre le prince
« de Condé. Le seigneur de Traves, les sieurs de Chamilly et de Brion
« furent denoncez de la religion prétendue réformée. » (*Archives de Dijon.*)

Nicolas de Bauffremont y prit une glorieuse part avec sa compagnie et fut blessé, ainsi que les seigneurs de Mailly et de Bassompierre (1).

La guerre continua, mais Nicolas ne put y prendre part. Ses blessures l'obligèrent à quitter l'armée et de revenir à Sennecey ; cependant son séjour y fut de courte durée. Dès les premiers jours de 1570, il fut appelé à Dijon, pour y prendre part à la révision de nos *Coutumes*. Ce recueil de lois était tellement suranné et si peu en harmonie avec les usages et les lois de l'époque, que sa réformation avait été généralement demandée. Déjà, en 1562, le premier président du Parlement, M. de la Guesle, avait entrepris ce grand travail avec plusieurs conseillers et quelques Elus ; mais M. de la Guesle ayant été appelé au Parlement de Paris comme procureur général, ce travail demeura suspendu. Ce ne fut qu'en 1570 que, sur lettres patentes du roi, il fut enfin repris et terminé. Les conférences commencèrent au printemps de 1570. La commission se composait des hommes les plus notables des trois ordres de Bourgogne. Le bailliage de Chalon était représenté par Nicolas de Bauffremont, Pétrarque du Blé, seigneur de Cormartin, pour la noblesse ; — de Pierre Naturel, François Philipes, chanoine de Saint-Vincent, pour l'Eglise ; — et de Antoine Faton et Jean Gautheron, échevin de Chalon, pour le tiers-état.

Nos coutumes subirent de notables changements ; on y ajouta même quelques articles nouveaux, et surtout celui par lequel le père et la mère eurent la faculté de disposer inégalement de leurs biens entre leurs enfants. Nicolas de Bauffremont contribua beaucoup à cette innovation, si contraire à l'égalité des droits des membres d'une même

---

(1) Nicolas de Bauffremont fut alors créée chevalier de l'ordre du roi.

famille. — Mais cette mesure était demandée généralement par toute la noblesse de Bourgogne. Le clergé, qui n'avait aucun intérêt à la combattre, l'appuya, et Nicolas de Bauffremont, qui jouissait d'un grand crédit, parvint à la faire adopter, malgré les efforts du tiers-état et les murmures de la bourgeoisie. Son succès ne le laissa cependant pas sans inquiétude. Les plaintes que souleva cette innovation dans nos lois lui firent craindre qu'on ne la regardât comme une mesure politique. Il entreprit donc de la faire justifier par un jurisconsulte en renom. Il pria alors Claude de Rubys, son allié, de dresser un commentaire de la nouvelle législation. Ce travail parut bientôt. L'auteur en dédia la première édition à Nicolas de Bauffremont; mais cet opuscule était d'une médiocrité complète. La proposition de Nicolas de Bauffremont, justifiée tant bien que mal, demeura maintenue, malgré les doléances du tiers-état, jusqu'en 1789.

Les faveurs ne cessent de combler Nicolas de Bauffremont : dès que la réformation de la coutume fut terminée, Charles IX l'appela à Paris, pour le nommer grand-prévôt de l'hôtel (1). Cette charge devint alors très-importante, car « au lieu, dit de Thou, que sa jurisdiction ne s'étendoit
« auparavant que sur des gens de néant qui suivoient la
« Cour, on y soumit pour lors jusqu'aux personnes nobles,
« et commença à lui adjuger la connaissance des affaires
« qui, jusque-là, avoient été renvoyées devant les maré-
« chaux de France. Nicolas de Bauffremont est le premier
« qui ait pris le titre de grand-prévôt, au grand regret de

---

(1) Nicolas de Bauffremont conserva néanmoins ses fonctions de bailli des foires de Chalon, car nous avons trouvé, aux archives de Dijon, le compte de Denys Lambert, receveur du bailliage de Chalon, portant « les gages payés, en 1572, à messire Nicolas de Bauffremont, « baron de Sennecey et bailly de Chalon. »

« ceux qui comptoient qu'on ôtoit à leurs charges tout ce
« qu'on donnoit à la sienne. »

Nicolas de Bauffremont, admis dans les conseils de la couronne, en connut alors les secrets, et reçut la confidence des horribles projets qu'elle nourrissait contre Coligny et ses correligionnaires. Reniant alors tout un passé glorieux, il se prêta, avec un odieux servilisme, aux plus exécrables assassinats. Le massacre des protestants, on le sait, avait commencé à minuit, dans la fatale nuit de la Saint-Barthélemy, sur un ordre arraché à la faiblesse de Charles IX par sa mère. La cloche de Saint-Germain-l'Auxerrois en donna le signal, et on ne cessa de tuer et de piller tout le reste de la nuit. Pierre de la Place, premier président de la Cour des Aides, magistrat aussi illustre par sa sagesse et son intégrité que par ses lumières, s'était d'abord défendu de la fureur populaire par une grosse somme d'argent. « (1)
« Mais le dimanche, sur les dix heures du matin, un nommé
« le capitaine Michel, qui estoit harquebusier du roi, vint
« au logis d'icelui, où il eut entrée d'autant plus aisément
« qu'on avoit opinion que ce fût un des gardes écossois du
« roi, à cause que beaucoup d'entre eux lui estoient fort
« affectionnez et s'estoient plusieurs fois offerts à lui. Estant
« ainsi entré, ce capitaine Michel, armé d'uue harquebuse
« sur son épaule et d'une pistole à sa ceinture, et portant,
« pour signal qu'il estoit des massacreurs, une serviette à
« l'entour du bras gauche, les premières paroles qu'il tint
« furent que le sieur de Guise avoit été tué par le com-
« mandement du roi, l'amiral et plusieurs autres seigneurs
« huguenots, et d'autant que le reste des huguenots, de
« quelque qualité qu'ils fussent, estoient destinés à la mort,
« qu'il estoit venu au logis du dit sieur la Place pour

(1) *Estat de la France sous Charles IX*, tome I, p. 300.

« l'exempter de cette calamité, mais qu'il vouloit qu'on lui
« monstrât l'or et l'argent qui estoient au logis. Lors le dit
« sieur de la Place, fort étonné de l'outrecuidance de cet
« homme, lui demanda où il pensa estre, et s'il n'y avoit
« point de roi. Ce qu'ayant entendu, le sieur de la Place,
« se doutant qu'il y eût quelque grande sédition par la
« ville, il s'écoula par la porte de derrière de sa maison,
« pour se retirer chez quelque voisin. Cependant la plus-
« part de ses serviteurs s'esvanouit, et le capitaine ayant
« reçu environ mille escus, comme il se retiroit, fut prié
« par la dame des Marets, fille du dit sieur, de la conduire
« avec son mari chez quelque ami catholique, ce qu'il
« accorda et l'accomplit ainsi. Après cela, le sieur de la
« Place, ayant esté refusé à trois divers logis, fut con-
« trainct de rentrer dans le sien, où il trouva sa femme
« désolée et se tourmentant infiniment, tant pour ce qu'elle
« craignoit que ce capitaine menât son gendre et sa fille
« en la rivière, qu'aussi pour le péril tout certain où elle
« voyoit estre son mari et toute sa maison. Mais le dit
« sieur de la Place, fortifié de l'esprit de Dieu, avec une
« constance incroyable, la reprit assez rudement, lui re-
« monstrant combien doucement et comme de la main de
« Dieu il falloit recevoir telles afflictions, et, après avoir
« un peu discouru sur les promesses que Dieu fait aux
« siens, la rassura. Puis commanda que les serviteurs et les
« servantes qui estoient de reste dans la maison fussent
« appelez, lesquels estant venus en sa chambre, suivant
« qu'il estoit accoustumé de faire, tous les dimanches, une
« forme d'exhortation à sa famille, se mit à prier Dieu,
« puis commença un chapitre de Job, avec l'exposition ou
« sermon de M. Jean Calvin. Et ayant discouru sur la jus-
« tice et miséricorde de Dieu, lequel, disoit-il, comme
« bon père, exerce ses élus par divers chastiments, afin

« qu'ils ne s'arrêtent aux choses de ce monde, il leur re-
« monstra aussi combien les afflictions sont nécessaires au
« chrétien, et qu'il n'est en la puissance de Satan ni du
« monde de nous nuire et outrager autant que Dieu, par
« son bon plaisir, le leur permet. Puis il se remit à prier
« Dieu, préparant lui et toute sa famille à endurer plustost
« toutes sortes de tourments et la mort même que de faire
« chose qui fût contre l'honneur de Dieu.

« Ayant fini sa prière, on lui vint dire que le sieur de
« Senecey, prevost de l'Hôtel, avec plusieurs archers,
« estoit à la porte du logis, demandant qu'on eût à lui
« ouvrir la porte de la part du roi, en disant qu'il venoit
« pour conserver la personne du dit de la Place et empes-
« cher que le logis ne fut pillé par la populace. A cette
« occasion, le dit sieur de la Place commanda que la porte
« lui fût ouverte. Lequel estant entré, lui déclara le car-
« nage qui se faisoit des huguenots par toute la ville et par
« le commandement du roi, ajoustant même ces mots en
« latin, qu'il n'en demeureroit un seul *qui mingat ad parie-*
« *tem ;* toutefois, qu'il avoit exprès commandement de Sa
« Majesté d'empescher qu'il ne lui fust fait aucun tort et
« de l'amener au Louvre, parce qu'elle desiroit estre
« intruite par lui de plusieurs choses touchant les affaires
« de ceux de la religion dont il avoit eu le maniement. Le
« sieur de la Place respondit qu'il se sentiroit toujours fort
« heureux d'avoir le moyen, devant que de partir de ce
« monde, de rendre compte à Sa Majesté de toutes ses
« actions, mais que lors, pour les horribles massacres qui
« se commettoient par la ville, il lui seroit impossible de
« pouvoir aller jusqu'au Louvre, sans encourir un grand et
« évident danger de sa personne, laissant en son logis tel
« nombre d'archers que bon lui sembleroit, jusqu'à ce que
« la fureur du peuple fût apaisée. Senecey lui accorda cela,

« et lui laissa un de ses lieutenants, nommé Tourtevoie,
« avec quatre de ses archers.

« Peu après le despart de Senecey, le président Charron,
« pour lors prévost des marchands de Paris, arriva au logis,
« auquel, après avoir parlé quelque temps en secret, se
« retirant, il laissa quatre archers de la ville avec ceux de
« Senecey. Tout le reste du jour et la nuit suivante fut
« employé à boucher et remparer les avenues du logis,
« avec force bûches, et à faire provision de cailloux et de
« pavés sur les fenêtres, tellement que peu, par cette dili-
« gente garde, il y avoit quelque apparence que ces archers
« avoient été mis dans le logis pour préserver le sieur de
« la Place. Mais Senecey retourna le lendemain, sur les
« deux heures après dîner, et déclara au président qu'il
« avoit de rechef exprès commandement du roi de l'em-
« mener, et qu'il ne falloit plus reculer. La Place hésita
« encore, mais Senecey lui répondit qu'il lui bailleroit un
« capitaine, fort bien cogneu de tout le peuple, qui l'ac-
« compagneroit. Comme Senecey tenoit un tel langage, le
« surnommé Pizon, capitaine de Paris et des principaux
« séditieux, entra en la chambre de la Place, et s'offrit à le
« conduire. La Place les refusa fort instamment, disant à
« Senecey que c'estoit un des plus cruels et méchants
« hommes de la ville, et pourtant il le pria seulement de
« l'accompagner de sa personne, puisqu'il ne pouvoit plus
« reculer d'aller trouver le roi. A quoi Senecey répondit,
« que pour estre empesché à d'autres affaires, il ne pour-
« roit le conduire plus de cinquante pas.

« Sur quoy la femme du dit de la Place, encore que ce
« soit une dame à laquelle Dieu a départi beaucoup de ses
« grâces, toutefois l'amour grand qu'elle portoit à son
« mari la fit prosterner devant le dit Senecey, pour le sup-
« plier d'accompagner son dit mari. Mais sur cela le dit

« sieur de la Place, qui ne montra jamais aucun signe de
« courage abattu, commença à relever sa dite femme, la
« reprenant en lui enseignant que ce n'estoit au bras des
« hommes qu'il falloit avoir recours, mais à Dieu seul.
« Puis, se tournant, il apperçut au chapeau de son fils
« aîné une croix de papier, qu'il y avoit mise par infirmité,
« pensant se sauver par ce moyen, ce dont il le tança aigre-
« ment, lui commandant d'oster cette marque de sédition.
« Puis se voyant fort pressé par Senecey, tout resolu à la
« mort qu'il voyoit lui estre préparée, prit son manteau,
« embrassa sa femme et ainsi partit avec une assez grande
« allégresse. De là, estant arrivé jusques en la rue de la
« Verrerie, certains meurtriers, qui l'attendoient avec da-
« gues nues, depuis environ trois heures, le tuèrent
« comme un pauvre agneau, au milieu de dix ou douze
« archers du dit Senecey qui le conduisoient. Et fut son
« logis pillé par l'espace de cinq ou six jours continuels (1).
« Le corps du sieur de la Place dont l'asme estoit reçue au
« ciel, fut porté à l'hostel de ville, en une étable, où la
« face lui fut couverte de foin, et le lendemain matin fut
« jeté en la rivière (2). »

Mais tirons vite un voile sur ces horreurs et sur ce meurtre qui souillera à jamais la mémoire de Nicolas de Bauffremont (3).

---

(1) La femme et les enfants de la Place parvinrent à se sauver.

(2) Le roi donna ensuite la charge du président de la Place à Estienne de Nully, qui en avait fait les fonctions pendant la guerre, en l'absence de la Place. Ce Nully, homme sanguinaire, était un des plus exaltés du parti de la Cour, et on croit que ce fut lui qui soudoya les assassins.

(3) Le roi distribua des sommes considérables à ses trop fidèles serviteurs, entre autres au baron de Bauffremont, aux seigneurs de Condé, de Rochefort, de Dinteville, au grand prieur de Champagne. (Archives de Dijon).

Quoique retenu à la cour par sa charge de grand prévôt de l'hôtel, Nicolas de Bauffremont se vit nommer de nouveau, en 1576, par la ville de Chalon, bailli et maître de ses foires, dignité éminente qui n'était dévolue qu'aux plus nobles familles du pays. Mais la ville ayant voulu lui contester le droit d'ouvrir en personne ses foires avec le cérémonial d'usage, le baron de Sennecey dut avoir recours au Parlement, qui lui donna gain de cause.

A la fin de cette même année, Nicolas devint encore l'objet d'une grande distinction de la part de la noblesse du bailliage de Chalon.

Le roi, pour rendre un peu de calme à la France ensanglantée par ses longues guerres religieuses, ayant cru devoir convoquer les Etats-Généraux du royaume à Blois (1), la noblesse du Châlonnais élut le baron de Sennecey pour son député. Son fils Claude eut le même honneur. La chambre de la noblesse des Etats appréciant aussi les grands services que le baron pouvait rendre encore dans les graves circonstances où se trouvait alors la France, le désigna pour sa présidence. « Le discours qu'il fit en son nom, dit
« Perry, devant le Roy et les Estats, ne dura qu'un gros
« quart d'heure. — Chascun en dit du bien, dit un député
« qui l'entendit. » Courtépée avance aussi que « Nicolas
« de Bauffremont prit la parole avec la liberté d'un Gaulois
« et la dignité d'un grand seigneur ». Pendant la séance d'ouverture, le jeune Claude de Bauffremont eut un démêlé avec M. de Brion, frère du grand écuyer, pour la préséance ; mais le duc de Guise quitta son siège pour les accommoder.

---

(1) Nicolas et Claude, son fils, avaient été aussi élus, cette année, députés aux Etats Généraux de Bourgogne, qui se réunirent deux fois dans le cours de cette même année.

L'une des plus graves questions à résoudre par les Etats était celle du libre exercice de la religion réformée. La cour avait pensé que le baron de Sennecey, dont elle avait mis le zèle pour les catholiques à une si grande épreuve, serait contraire aux prétentions des religionnaires ; mais il persista dans son opinion jusqu'au moment où, à la sollicitation du roi, le duc de Nevers lui fit changer de sentiment.

Nicolas de Bauffremont, en se rendant à Blois, avait laissé Chalon assez calme ; la meilleure intelligence continua à régner entre les réformés et les catholiques, qui s'étaient mis sous une sauvegarde mutuelle. Le comte de Charny, lieutenant-général de la province, leur témoigna même sa satisfaction ; mais les réformés du reste de la province nourrissaient toujours des projets hostiles. Le comte de Charny, informé de leur intention de surprendre Chalon et Mâcon, en donna avis au roi. Celui-ci manda aussitôt le baron de Sennecey près de lui, ainsi que le député Julien Guillard, et les chargea de se rendre à Chalon pour remettre de sa part des lettres à la chambre de ville, et lui faire connaître qu'il s'était mis à la tête de la Ligue. Les registres de l'hôtel de ville de Chalon contiennent la relation minutieuse de la mission des deux envoyés du roi, et la copie de la lettre que le roi avait remise au baron pour le maire de Chalon ; elle est inédite,

« De par le roy....., chers et bien amés, depeschant en
« vostre pays de Bourgogne le sieur de Sennecey, grand
« prevost de l'hostel et conseiller en nostre conseil privé,
« nous lui avons donné charge de vous dire aulcunes
« choses, tant sur le faict de l'association de laquelle nous
« avons cy-devant escript à notre cher et bien aimé cousin
« le comte de Charny, grand escuyer de France, nôtre
« lieutenant-général au gouvernement de Bourgogne, que

« sur aultres affaires dont nous vous mandons de croire et
« lui adjouster foy comme à nous mesmes, — Donné à
« Blois, le 29e jour de janvier 1577. Signé : HENRY, et plus
« bas : BRULART. »

Sur le reçu de ces lettres, la ville de Chalon se mit sur la défensive et répara ses fortifications. Le baron de Sennecey retourna à Paris, et la chambre de ville y envoya aussi un de ses habitants, Palamède Bélie, pour y suivre ses affaires ; mais, pendant son séjour à Paris, celui-ci négligea de rendre visite au baron de Sennecey, qui se plaignit de cette incivilité. La chambre de ville de Chalon s'empressa aussitôt de décider « qu'il sera escript au sieul Bélie que le baron semble
« recepvoir quelque molestement de ce qu'il ne l'a reco-
« gneu, ni visité, ni employé aux affaires de la ville. »

Les troubles continuèrent. La guerre civile ravagea nos provinces, et, les forces des partis se balançant, on ne pouvait prévoir l'issue de ces luttes sanglantes. Mayenne arriva en ce moment à Chalon ; la ville lui fit un accueil magnifique. Le maire ordonna que « les habitants, aultres que
« ceux qui accompagneroient le maire, marcheront en
« armes sous leurs centeniers, avec morions et arquebuses,
« le mieux que faire se pourra, jusques au nombre de cinq
« ou six cents, pour la conduite desquels marchera devant
« Mgr le baron de Senecey fils (Claude de Bauffremont),
« élu capitaine de la ville, et, en cas d'absence, sera élu un
« *coronel* de la dite ville, pour la conduite des dites gens de
« pied, entre lesquels seront vingt-cinq rangs de picquiers,
« armés de corcelets et bourguignottes, brassards et aultres,
« pour le port de telles armes. »

Mayenne avait mis une grande armée sur pied, mais bientôt elle ne suffit plus pour contenir le pays. Le 25 septembre 1578, il demanda une nouvelle levée et chargea Nicolas de Bauffremont d'intimider, entre autres, la ville de Chalon, dont il était le bailli, et de lui enjoindre de fournir son contingent, « pour rompre, tailler et mettre en « pièces les compagnies qui, sans l'authorité du roy, rava-« geoient le pays. » Mais le conseil de ville s'y refusa « vu « qu'un grand nombre d'habitants se sont retirés, les uns « pour raison du mal de contagion, les aultres à cause de « la guerre. »

A ce moment, le gouvernement construisait à Chalon une vaste citadelle, malgré les énergiques doléances de la ville, « qui lui disputoit pied à pied les terrains qu'il lui enlevoit pour ces nouvelles fortifications (1). » Mais Mayenne, lassé de la résistance de la ville, ordonna au baron de Sennecey, comme bailli de Chalon, et à Claude de Bauffremont, son fils, comme capitaine de la ville, de s'emparer immédiatement de tous ces terrains. Le conseil, pour se rendre favorable ces derniers, résolut, en assemblée générale, « qu'il leur sera fourny des mémoires et donné par « présent quatre feuillettes de *vin doux blanc et deux de « clairet*. » Bauffremont accepta le cadeau, mais exécuta les ordres du gouvernement.

A partir de ce moment Nicolas de Bauffremont ne joue plus qu'un rôle secondaire dans les lugubres événements qui s'accomplissent à cette époque douloureuse de notre histoire ; cependant nous le retrouvons encore aux Etats de Bourgogne, où il siégea jusqu'à l'époque de sa mort. Sa vie acheva de s'écouler, soit au château de Sennecey, qu'il avait restauré et agrandi, soit à Chalon, dans son hôtel de la rue Saint-Georges. Les lettres charmèrent ses derniers

---

(1) Voir notre ouvrage sur « *les Fortifications anciennes et modernes de Chalon-sur-Saône.* » — Montalan, Chalon-sur-Saône, 1849.

Les fortifications de Chalon ont coûté des sommes énormes à la ville et à la province, et n'ont jamais été d'aucune utilité.

jours, et il trouva, dans les douces jouissances de la vie de famille, un bonheur qu'il n'avait su rencontrer, ni dans les agitations de sa vie politique, ni dans les grands honneurs dont il fut comblé.

IV. — La mort vint enfin frapper à sa porte, à Sennecey ; elle ne l'effraya pas. Il l'avait souvent vue de près sur les champs de bataille de Jarnac et de Moncontour, où il avait combattu en preux chevalier, en se jetant, tête baissée dans la mêlée, et d'où il ne sortit que criblé de blessures. Le 21 avril 1581, en prévision d'une fin prochaine, il avait déjà dicté, à Chalon, ses dernières dispositions au notaire Delau, de Sennecey, en présence de Gabriel de Bruny, sieur de L'Hospital, maître des ports, péages, passages, ponts, pour le roi au duché de Bourgogne, — de nobles et sages Me Mathurin Delissey, avocat, Jean Margeaud, Baptiste Mussard, docteurs en médecine, et François Jarry, apothicaire. Le 27 janvier 1582 il y ajouta un codicille pour donner un témoignage de son intérêt aux enfants pauvres de Sennecey et aux élèves du collége de Chalon. Il légua la moitié d'une somme « de huit vingt-six livres au *collège* qu'il avait fondé au dit Sennecey pour ayder à instruire de pauvres enfants et estre distribuée par les eschevins du dit lieu et employez où ils connaistront l'aumosne estre bien employée, selon leur advis et conscience — et l'autre moitié de ceste somme estre affectée au collège de Chalon (1). »

Par ce même codicille, il légua, à Jeanne de Ruffey, 25 écus « pour lui avoir une robe quand elle se marira, à Catherine de Bauffremont, dame d'Uxelles, sa fille, une coupe d'argent doré qu'il luy a longtemps promise (2). »

(1) Archives départementales de Mâcon. Delau, notaire.
(2) Idem.

La religion consola ses dernières heures et l'assista au suprême moment. Le 10 février 1582 il rendit son âme à Dieu, entre les bras de ses fils qui lui fermèrent les yeux. Ses funérailles furent splendides et comme elles convenaient à un homme de sa naissance et de sa grande position. Ses restes furent déposés dans le caveau de la chapelle de son château « qu'il avait amplifié d'un somptueux oratoire (1). »

On plaça ensuite sur son cercueil, couvert de velours noir, garni de lames d'argent, une table de bronze (2) sur laquelle avait été gravée son épitaphe qu'il s'était plu à composer, lui-même, dans ses derniers jours. Cette inscription est ainsi conçue :

	Nicolaus de Bauffremont, baro Senesceus
	Eques cocleatus, regi a consiliis Toparcha,
	Cabilonensis, obiit aetatis suæ 62 et
	Ab orbe redempto 1582, mense feb. die 10.
Job. 7.	Ecce nunc in pulvere dormio.
Job. 17.	Et exspecto donec veniat immutatio mea.
Psal. 33.	Redimet Dominus animas servorum suorum,
Rom. 8.	Et creatura liberabitur a servitude
	Corruptionis in libertate gloriæ filiorum Dei.
Job. 19.	Reposito est hæc spes mea in sinu meo.
Joach.	Hoc solum sed tibi queo viator.
Bellans	De me dicere me pium fuisse
de	Nec laesisse pios pius si et ipse es
se ipso.	Manes lædere tu meos caveto
	Cui potui, profui, nemini obfui optima quæ
	Que optavi ambitionem, luscrum, turbum, forum
	Aulam jamdudum valere jussi, quod si desipui
	Multis sapini modo paucis hisque bonis sat est.

(1) Archives du château de Sennecey.

(2) Cette table de bronze existe encore. Elle a été donnée par M. Labry, dernier régisseur de la terre de Sennecey, au colonel Max Niepce, ancien maire de Sennecey, et membre du Conseil général, *avant* 1870.

Celuy qui gyst icy espèra constament
Tout ce qu'il ne peut devoir que de l'entendement,
Et en se consolant aux escriptures saintes
La seulle patience accompagna ses plaintes

Quos anguis divus tristi mulcetudine pavit
Hos sanguis mirus Christi mulcedine lavit,
Virtutem comitatur, honos in honore Senesce (1).

---

(1) Il nous reste encore plusieurs portraits de Nicolas de Bauffremont. Le prince de Bauffremont-Courtenay, duc d'Atricos, possède à son château de Brienne (Aube) deux tableaux sur bois, achetés à Paris, en 1842, par le prince Théodore de Bauffremont-Courtenay. Le premier représente Nicolas de Bauffremont, à genoux, priant, et derrière lui se tiennent ses fils au nombre de *cinq*. Le deuxième représente Denise Patarin, sa femme, suivie de *huit* filles, dont *trois* religieuses et *deux* abbesses. (Note fournie par le prince de Bauffremont-Courtenay).

Il existe aussi au musée de Versailles, sous les numéros 3271 et 4102, deux autres portraits de Nicolas de Bauffremont. Le premier, de l'Ecole française, est haut de 30 centimètres et large de 20 centimètres sur bois. Le second, peinture moderne, semble exécuté d'après un vitrail. Nicolas est representé, à genoux, devant un prie-Dieu orné de ses armoiries. Il porte une armure et le collier de l'ordre de Saint-Michel. Derrière lui sont ses deux fils, Claude, baron de Sennecey, et Georges-Epaminondas, comte de Crusilles. Ils sont également à genoux ; le premier porte aussi une armure et le collier de Saint-Michel. Plus loin sont trois autres enfants debout, les mains jointes, et, dans le fond, saint Nicolas avec ses attributs. (Note du comte Adolphe de Salignac-Fénélon, gén. d'art.).

Nicolas de Bauffremont, pour perpétuer le souvenir de son père et de sa mère Charlotte d'Amboise, fit frapper en 1564 et en 1572 des médailles ou jetons aux armes des Bauffremont et des d'Amboise, mais portant sa propre devise, avec variantes, et celle que je crois être celle des d'Amboise : 1° *Face.* Armes des Bauffremont surmontées d'un casque fermé, avec cette devise : *In honore Senesce. Revers.* Armes des d'Amboise : *Stemata nil faciunt si desit virtus.* 1564. 2° *Face.* Armes des *Bauffremont* avec inscription : *Virtutem comitatur. Honos in honore Senesce. Revers.* Armes des *d'Amboise* avec cette inscription : *Stemmata nil prosunt si desit virtus.* 1572.

CLAUDE ET GEORGES DE BAUFFREMONT

BARONS DE SENNECEY

I. — Un homme de l'importance de Nicolas de Bauffremont ne descend et ne disparait pas dans la tombe sans que sa mort n'ait un grand retentissement dans le pays. Ses amis le regrettent vivement; ses ennemis se réjouissent presque et les ambitieux se jettent sur sa succession politique comme sur une proie attendue depuis longtemps, pour se la partager selon leurs forces et le degré de leur cupidité. Mais au décès de « Monseigneur de Sennecey « quand le beffroi de son chastel et son hérault d'armes » annoncèrent qu'il avait cessé de vivre, nul ne s'émut de sa disparution. L'oubli s'était fait déjà presque autour de lui ; le bruit de sa mort se perdit dans le bruit des agitations tumultueuses de son temps. La reine n'avait plus besoin de ses serviles complaisances, les Etats ou il avait brillé en partageaient plus ses vues et ses ennemis ne le rencontraient plus sur leur chemin. « *L'envie qui est vice plus particulier en Bourgogne* » comme disait Saint-Julien de Balleure, son confident et son ami, s'était tue même depuis longtemps et avait cessé de le poursuivre ; car depuis plusieurs années il avait déserté la scène politique. Mais il avait su s'y faire remplacer par ses deux fils, Claude et Georges de Bauffremont, qui s'y étaient rangés sous des drapeaux différents.

Ces deux frères s'étaient rencontrés cependant auprès du lit de mort de leur père ; ils lui avaient fermé les yeux, puis ils se quittèrent, pour ne plus se revoir que sur les champs de bataille, l'un, dans l'armée de la Ligue, l'autre dans le camp du roi.

D'après les dernières volontés de Nicolas de Bauffremont, son fils aîné, Claude de Bauffremont, eut en partage la baronnie de Sennecey, et Georges reçut la terre de Crusilles dans le Maconnais, laquelle n'était aussi qu'une baronnie et qui fut érigée plus tard en comté, en sa faveur. Du reste Nicolas de Bauffremont avait assuré déjà à son fils Claude, sa grande terre de Sennecey, le 8 mai 1571, par contrat de mariage. Ce jour, Claude de Bauffremont avait épousé à Nangis-le-Châtel, au bailliage de Moulins, devant Nicolas de Seigne, notaire à Nangis-le-Châtel, Marie de Brichanteau, fille de Nicolas de Brichanteau, et de Jeanne d'Aguerre, dame de Villers-sur-Torse, Volue-le-Mesnil, Massy, Labroute, Glaselle, Montboudor et Elise. Les témoins de ce mariage avaient été Charles de Malain, seigneur de Missery et de Montigny, chevalier de l'ordre du roi, capitaine et gouverneur de la citadelle de Chalon, et messire Jean de Moulhier, chevalier de l'ordre du roi, seigneur de Chilay, bailli de Bar-sur-Seine, seigneur de Vitray, Chamerre, Montholan et Rouvre-sur-Aube, tous deux parents et alliés de Claude de Bauffremont. Ce dernier était déjà alors gentilhomme de la chambre du roi et guidon de la compagnie du duc de Guise.

Marie de Brichanteau appartenait à une noble maison

très-affectionnée à la Ligue ; elle était troisième enfant de Nicolas de Brichanteau, connu sous le nom de Beauvais, né le 30 janvier 1510. Pendant plus de trente ans, il servit dans la compagnie des ordonnances du roi, sous la charge d'Antoine de Bourbon, duc de Vendomois, depuis roi de Navarre. Le 3 mai 1557 il avait été nommé gouverneur de Guise et avait fait frapper un jeton avec cette devise : *Quid semel assumpsit, nunquam demisit*, allusion à la ténacité de son caractère. En 1560, le roi le créa chevalier de son ordre et le 9 juillet 1562, gouverneur de Tours. Blessé dangereusement à la bataille de Dreux, il y fut fait prisonnier, puis, racheté au moyen d'une rançon de 3,000 livres. Il se retira à son château de Lamothe-Nangis, où il mourut en 1564, âgé de 54 ans.

Jeanne d'Aguerre, sa femme, était fille de Honoré d'Aguerre, chevalier, baron de Vienne, et de Jacquette de Lenoncourt.

Marie de Brichanteau, leur fille, était née le 28 février 1549, et reçut en dot la terre d'Amillies et une somme de 8,000 livres et 200 livres de rente. Sa sœur était Françoise de Brichanteau, épouse de Louis de L'Hospital, marquis de Vitry.

Georges de Bauffremont avait été marié aussi du vivant de son père. Il avait épousé Guillemette, fille d'Albert de la Marck, duc de Bouillon, prince de Sedan, maréchal de France. Deux fils étaient issus de cette union, mais ils étaient morts en bas âge. Plus tard, il épousa en secondes noces Renée-Angélique, fille d'Antoine d'Alègre, baron de Milhaud, dont il eut quatre fils. Trois moururent jeunes ; le quatrième, Christophe-Melchior (1), s'unit à Philiberte,

---

(1) Christophe-Melchior de Bauffremont ne conserva pas la terre de Crusilles ; elle fut vendue sur lui par expropriation, et acquise par mes-

fille de Gaspard-Armand, vicomte de Polignac, marquis de Chalançon, chevalier du Saint-Esprit.

Georges de Bauffremont, d'après un titre des archives de Dijon, avait reçu aussi le prénom d'Epaminondas (1). Son père en le mariant lui donna les terres de Crusilles et de Vareilles(2). Il était déjà chevalier des ordres du roi, et, en 1582, le roi en récompense de ses services érigea sa baronnie de Crusilles en comté. Cette terre lui venait du chef de sa mère. Elle est située dans une vallée solitaire et boisée du Maconnais, non loin de Lugny. Son antique château se dresse encore fièrement aujourd'hui sur un mamelon escarpé au fond de ce vallon, et semble montrer avec orgueil les

---

sire André de Grimaldi, comte souverain de Buet, baron de Massault et Anne de Saux, sa femme, au prix de 24,000 livres. (Arch. dép. de Mâcon, série E, n° 349.)

Ce château passa ensuite aux Montrevel qui le restaurèrent entièrement dans le milieu du dernier siècle, et construisirent ses vastes terrasses. Il appartient aujourd'hui à un simple particulier.

(1) Georges Epaminondas, comte de Crusilles, seigneur de Vareilles, chevalier de l'ordre du roi, chambellan du duc d'Anjou, gouverneur de Mâcon, marié le 5 août 1579, 1° à Guillemette de la Marck, morte en 1592, veuve de Jean de Luxembourg, comte de Brienne et de Roncy, fille de Robert de la Marck, duc de Bouillon, prince de Sedan, maréchal de France, et de Françoise de Brezé, comtesse de Maulévrier, fille de la célèbre Diane de Poitiers, duchesse de Valentinois; et 2° à Renée Angélique d'Alègre, veuve, lorsqu'elle testa le 28 décembre 1618.

Du premier lit issurent : François-Hercules de B. et Henri-Alexandre de B., tous deux morts jeunes. (D'après une généalogie de d'Hozier et les archives de la maison de Bauffremont.)

Du deuxième lit naquirent : Henri-Alexandre de B., Gaspard-René de B., Michel de B., morts jeunes à Crusilles, et Christophe-Melchior, comte de Crusilles, mort sans postérité, en 1630; marié, en 1626, à Philiberte de Polignac, fille de Gaspard-Armand de Polignac, vicomte de Polignac, et de Claudine-Françoise de Tournon. (*Les Pairs de France* et Notes du prince de Bauffremont.)

(2) Vareilles, terre dans le Brionnais, a appartenu aussi aux marquis de Drée. (Courtépée, t. III, p. 143.)

glorieuses cicatrices de ses murs troués par les canons des ligueurs. Nous aurons à en parler souvent dans le cours de ce récit.

Claude de Bauffremont, héritier du nom et des armes de son père, dût, d'après les lois du temps, reprendre de fief dès après son avénement, la terre et seigneurie de Sennecey « mouvante du roy, avec toute justice. » C'est ainsi que nous le voyons donner le 20 février 1582, le dénombrement « de sa terre et baronnie de Senecey et de ses dé-
« pendances, situées tant au bourg dudit Senecey, Vieilmou-
« lin, Laives, Saint-Cyr, Chasault, Nully, Marnay, que
« aultres ès finages et paroisses desdits lieux et de Saint-
« Julien lui appartenant par son contrat de mariage (1). »

Claude de Bauffremont, plus connu dans l'histoire sous le nom de baron de Sennecey, s'éleva, comme son père, par son mérite comme par sa haute naissance, aux plus grandes charges. Ses premières années ne nous sont pas connues. Nous savons seulement qu'il fut élevé sous les yeux de son père, avec son frère Georges, dans les hôtels de Dijon et de Châlon et au château de Sennecey, et son éducation, comme celle de tous les jeunes gentilshommes de son temps, fut faite en vue de la carrière des armes, la seule presque à laquelle la noblesse se consacrait alors. Aima-t-il les lettres et les arts comme son père ? nous ne le savons. Il n'a laissé aucun écrit, aucun traité comme son père ; il ne figure pas parmi les auteurs châlonnais illustres et on n'a conservé de lui que quelques fragments de discours prononcés dans les assemblées politiques. Ses contemporains ne nous le montrent pas, comme son père,

---

(1) Claude de Bauffremont en faisant cette reprise de fief y joignit un extrait de son contrat de mariage tiré de la Cour de la Chancellerie du bailliage de Châlon. (Archives de Dijon).

« renfermé dans la belle et grande librairie du château de
« Sennecey, toute remplie des livres les plus beaux et les
« plus rares et y devisant avec des lettrés, » mais nous savons qu'il acheva la restauration du château de Sennecey,
commencée par son père et qu'il inscrivit même son nom
sur l'une des portes des dépendances de ce château avec la
date de sa construction. Un seul fait pourrait nous faire
supposer qu'il partagea les goûts de Nicolas de Bauffremont
pour les monuments de l'antiquité qu'on étudiait de son
temps, après un si long oubli ou dédain, c'est que le cachet
avec lequel il scellait sa correspondance était formé par une
pierre antique représentant l'amour décochant une flèche.
L'empreinte de ce cachet se voit encore sur plusieurs de ses
lettres conservées aux archives municipales de Dijon. Son
caractère nous est plus connu (1). Le cardinal Du Perron le
dépeint ainsi : « Son père estoit un homme d'un bon es-
« prit ; le fils a si bonne façon ; il a la physionomie d'un
« homme fort doux qui a néanmoins de la finesse et de la
« vertu. » Ce portrait nous semble vrai ; car si on étudie
Claude de Bauffremont par ses actes et par sa correspondance, on voit qu'il manqua de cette grave et sombre énergie qui caractérisa si particulièrement son père ; — que doué
d'un caractère plus doux, mais aussi plus faible, il ne sut

---

(1) Une grande sensibilité parait avoir été aussi l'une de ses qualités.
Dans sa correspondance on le voit sans cesse préoccupé du sort des
malheureux, de la souffrance et de la misère du peuple écrasé par les
maux de la guerre. Ainsi nous lisons dans ses lettres, tantôt « les hos-
« tilités peuvent se nommer plustot *voleries* que actes de guerre ; la
« ruyne et desolation du peuple s'en suivront ; » tantôt « le peuple
« vous donnera mainte benediction s'il peut semer et faire vendange ; »
ou bien encore « le pauvre peuple va patir encore de la guerre, il est
« bien las de cette guerre et voudrait qu'un bon ange du ciel lui apportat
« la paix. » (Correspondance de Sennecey. Archives de Dijon, Mâcon,
Autun, Lyon.)

pas lutter contre les événements et la mauvaise fortune avec ce mâle courage que déploya souvent Nicolas de Bauffremont, qui eut rugi comme un lion enchaîné si, comme son fils, il se fût vu trahi, arrêté et enfermé sous les verroux de la prison d'Etat de Pierre-Scise de Lyon; tandis que Claude, abattu par l'adversité, n'y poussa que des gémissements et ne sut que protester faiblement quand, après sa mise en liberté, on garda ses enfants comme otages dans ce sombre donjon « où un Calabre donnait à ces innocentes créatures « infinis mauvais exemples, comme des blasphèmes, paillar- « dises et toutes autres ordures. » Nicolas de Bauffremont n'eût pas écrit de longues requêtes aux Etats Généraux pour obtenir la délivrance de ses enfants qu'un geôlier corrompait; il eut armé ses gens, se serait glissé la nuit jusqu'aux portes de Pierre-Scise, eût surpris et égorgé ses sentinelles et eut arraché de vive force ses fils aux bourreaux qui tuaient leur âme. On peut donc dire que la douceur de son caractère lui enleva toute énergie et qu'il ne sut jamais, comme son père l'avait fait souvent, « parler et agir avec « la liberté d'un Gaulois et la dignité d'un grand seigneur. » Le cardinal Du Perron lui a reconnu de la finesse, mais cette finesse n'allât-elle pas jusqu'à la ruse et la duplicité. Comment qualifier, en effet, les actes de Claude de Bauffremont à l'égard du marquis de Saint-Sorlin, frère de Nemours, lorsque, comme nous le verrons plus loin, il lui enleva sournoisement et sans mot dire, après le combat de Givors, le colonel Alphonse d'Ornano, fait prisonnier dans ce combat ? Ne lui enleva-t-il même pas cette prise importante dans l'unique vue d'un sordide intérêt, pour toucher seul le prix de son importante rançon ? Et dans ses relations avec le Conseil de l'Union et la Chambre de Ville de Dijon quelle fut sa constante attitude ? Revêtu de tous les pouvoirs de Mayenne, qui agissait en vrai souverain, au lieu de parler souvent haut et ferme comme ce dernier, on le voit parfois descendre jusqu'à la prière avec ces deux corps politiques, ne pas oser prendre de résolution décisive, même lorsqu'il s'agissait de leur arracher d'illustres prisonniers qu'il eût pu sauver de la mort par une plus grande énergie. Enfin, cette finesse que le cardinal lui donne, n'a-t-elle pas fait défaut aussi à Claude de Bauffremont lorsque Nemours vint descendre chez lui, dans son hôtel à Dijon, la veille du jour où son frère Saint-Sorlin l'arrêtait sur le chemin de Saint-Jean-le-Priche et « que lors, l'embrassant et lui parlant « de la prise de d'Ornano, il discourait trois ou quatre « heures avec luy ? » Dans ces entretiens, il ne sut jamais voir la duplicité de Nemours qui le joua et l'endormit pour mieux lui cacher les sinistres projets de son frère.

Son zèle pour la Ligue n'égala jamais non plus celui dont Nicolas de Bauffremont donna tant de preuves. Le P. Perry a dit à cet égard : « Le baron de Sennecey estoit un sei- « gneur très-sage et très-bon catholique, et qui ne s'enga- « gea dans la Ligue que par pur zèle de religion. Aussi la « quitta-t-il d'abord qu'il seut que le roy avoit haultement « fait abjuration de l'hérésie, et rentrant dans son debvoir, « il y ramena par le même moyen la ville et le chasteau « d'Auxonne. »

Cette molesse de caractère trouve du reste une excuse toute naturelle dans l'état de santé ordinaire du baron de Sennecey. Affligé de la goutte, il en souffrait très-souvent et cruellement. Cette infirmité le clouait fréquemment sur son lit et le rendait comme impotent. Ces continuelles atteintes sont révélées, à maintes pages, dans sa correspondance, où on le voit tantôt mander au vicomte Maïeur de Dijon « que sa goutte, qui le tient encore très-fort, l'em- « pêche de monter à cheval, » tantôt il raconte qu'il « s'est « acheminé avec son train ordinaire et en carosse, pour son

« indisposition habituelle de la goutte. » La souffrance physique agissait donc souvent sur le baron et de là nécessairement les défaillances qu'on peut lui reprocher. L'historien impartial doit se demander aussi si le manque d'énergie qui semble faire le fond du caractère de Claude de Bauffremont n'a pas aussi sa cause dans la défiance qu'il avait pu concevoir sur la pureté et le désintéressement des vues des princes de Lorraine ? Entré dans la Ligue par conviction religieuse et sans doute d'après l'impérieuse volonté de son père, alors qu'il était encore fort jeune, qui sait, lorsqu'il fut en contact journalier avec ces princes, s'il ne reconnut pas en eux seulement de grands ambitieux, cherchant moins l'intérêt de la religion, qui n'était qu'un masque pour eux, que le leur propre ? Qui peut dire que s'il ne les abandonna pas de suite, il se borna seulement à les servir mollement et juste assez pour ne pas aider, par sa retraite, les huguenots à devenir les maîtres de la couronne dont la conservation fut son principal souci ? Cette supposition nous semble parfaitement permise, surtout en vue de ce passage où l'on voit la vraie pensée du baron de Sennecey, « qu'il
« travailla autant que nul autre seigneur de Bourgogne
« pour la réconciliation du duc de Mayenne avec le roy, »
c'est-à-dire que n'ayant en vue que la conservation de la religion et de la couronne, il n'agit que dans ce but et ne prêta jamais la main aux projets ambitieux des princes.

Nous n'essaierons pas de dépeindre le caractère de son frère Georges, connu, plus généralement, dans l'histoire, sous le nom de comte de Crusilles. Il ne nous reste de lui pas même une seule de ses lettres, et c'est en vain que nous avons cherché au château de Crusilles et à Lugny des documents le concernant. Les archives du château de Crusilles n'existent plus et les archives publiques de la Bourgogne et de Lyon ne renferment pas trace de sa correspondance. Mais à le juger par ses actes, on voit que ce fut un chevaleresque gentilhomme plein de courage et d'audace, ennemi acharné des ligueurs, leur livrant de terribles combats où il est toujours au premier rang, ambitieux, recherchant les honneurs, vindicatif même quand on l'en a dépouillé, entêté, autoritaire, plein de rage quand il tombe au pouvoir de ses ennemis, qui le gardent aussi sous les verroux du château de Pierre-Scise. Fier de sa race, il ne s'allie pas, comme son père ou son frère aîné, à des filles de vulgaire naissance, comme Denyse Patarin, ou à des filles de petits gentilshommes, comme Marie de Brichanteau. Lui, comte de Crusilles, descendant « des premiers « barons chrestiens, princes, ducs et pairs, » il ne consent à ne recevoir dans sa couche que la fille de Albert de la Marck, duc de Bouillon, prince de Sedan, maréchal de France et de la grande maison de Turenne. Aimant aussi les honneurs, il tient à ce que les ordres du roi brillent sur sa cuirasse et ne veut pas être un simple baron dans une vulgaire baronnie, mais comte dans un comté important et dans un vaste château dont les hautes tours dominent les tours des châteaux de sa contrée.

II. — Claude de Bauffremont était déjà au moment de son mariage, le 8 mai 1571, gentilhomme de la chambre du roi et guidon de la compagnie du duc de Guise. Son père l'avait produit à la cour, où il siégeait dans ses conseils, et le duc de Guise, qui recherchait les gentilshommes de grande maison pour les attacher à sa cause, l'avait admis avec empressement dans sa compagnie et lui en avait confié le guidon. Nous avons déjà raconté les événements qui s'accomplissaient alors. Rome, qui représentait le catholicisme extérieur, s'efforçait de maintenir l'alliance de la France et de l'Espagne. Les Guise, chefs des catholiques à l'intérieur, travaillaient dans le même sens. Ils avaient été contraires à la paix de 1570. En 1571, au mois de mai, ils quittèrent la cour, pour témoigner leur désappointement des avances faites aux protestants. Le cardinal deLorraine, longtemps ménagé par Catherine de Médicis, à cause de l'influence qu'il exerçait sur le clergé, se vit tenu à l'écart, et si bien éloigné des affaires « qu'on ne lui en donna pas une cuillerée en tout. » Il se retira dans son archevêché de Reims, sans cesser pour cela d'entretenir des relations suivies avec Alava, l'ambassadeur espagnol. La maison de Guise n'avait plus seulement à sa tête le cardinal de Lorraine et le duc d'Aumale; à ces princes, se joignaient leurs deux neveux, Henri de Guise et Mayenne, qui s'étaient fait connaître à Poitiers. Henri de Guise, avec une bravoure à toute épreuve, une volonté de fer et une ambition sans limites, était déjà l'un des princes les plus brillants de son temps. Claude de Bauffremont, attaché par ses fonctions au duc de Guise, ne le quittait pas. Cette circonstance explique que souvent il passa des mois entiers loin de Sennecey et de Chalon ; mais s'il était auprès des Guise ne participa-t-il pas au massacre de la Saint-Barthélemy ? car les Guise avaient inspiré ce forfait à la reine, et même le duc de Guise jouait avec Charles IX au jeu de paume du Louvre, lors du premier attentat contre Coligny, la veille de son égorgement. L'histoire ne nous le dit pas.

En 1577, la ville de Chalon, désireuse de se concilier les bonnes grâces de Nicolas de Bauffremont, qui vivait encore alors, et dont le crédit était considérable, choisit Claude de Bauffremont pour son capitaine. C'était une fonction très-importante. Dans les premiers temps, les gouverneurs et capitaines de la ville étaient à la nomination du roi et des ducs de Bourgogne ; les comtes de Chalon et les sénéchaux remplissaient cette charge ; elle était révocable à la volonté du souverain, toutefois le titulaire ne pouvait être destitué que pour cause de malversation. Plus tard, cette place devint temporaire et il fut permis aux habitants d'élire eux-mêmes leur capitaine ; toutefois, la provision, l'institution et la confirmation appartenaient au roi. Le gouverneur était élu seulement pour le temps de la guerre ; ses fonctions expiraient après la paix. Il partageait son autorité avec les quatre échevins, qui étaient tout à la fois *conjuges* en la chatellenie royale et *con-capitaines* de la ville. Ils avaient la garde des clefs de la ville (1) et pourvoyaient à sa défense. Le premier capitaine nommé par la ville fut Girard de Bourbon, en 1422. Quand le capitaine élu avait reçu ses lettres de commission, il était tenu de prêter trois serments : au souverain, à la commune et à l'Eglise. Les souverains n'avaient jamais contesté ce privilége à la ville et elle y tenait comme à toutes ses autres franchises. En 1577, quand Chalon eut élu Claude de Bauffremont, le roi méconnut ce droit et donna directement des lettres de provision au baron de Rully, issu d'une de nos meilleures maisons de Bourgogne (2). Devons-nous voir dans ce fait un acte de mécontentement du roi envers la ville, ou était-ce un signe de l'affaiblissement du crédit de Nicolas de Bauffremont à la cour ? Quoi qu'il en soit, la ville protesta, en appela au Conseil d'Etat (3), et le roi se vit obligé d'agréer le jeune Claude de Bauffremont. Les habitants reçurent leur capitaine avec beaucoup

---

(1) D'après un édit royal « les capitaines de Chalon devaient estre « des plus illustres Maisons et expérimentés aux armes. »

(2) On compte parmi les capitaines de Chalon les Brancion, Lugny, Damas de Marcilly, Rully, Monconis, Bauffremont.

(3) Arrêt du 7 avril 1576, donné à La Ferté-Alix.

de distinction (1). « Vingt bourgeois allèrent au-devant de
« luy, à cheval, jusques à Deroux, pour l'accompagner en
« *sa* ville, avec les *enfants* de la ville, en armes, enseignes
« déployées. Claude Rostan, avocat, porta la parole pour
« luy faire entendre que les habitants étoient joyeux de sa
« venue. Le maire et les eschevins l'attendirent à la porte
« de la ville pour le saluer, et luy portèrent le vin de luxe.
« Arrivé à l'hostel de ville, le baron presta serment d'estre
« bon et loyal au roy, de garder la ville et cité, les citoyens
« et habitants, en l'obéissance dudit seigneur, d'employer
« pour sa garde et seureté son corps et ses biens, et de ne
« rien faire de contraire aux franchises de la ville (2). »

Le P. Perry ajoute que « ce seigneur qui estoit des plus
« courtois et des plus civils qu'on pût voir de sa condition
« fit offre de ses services au général et au particulier de
« la ville et la remercia de l'honneur qu'elle venoit de luy
« faire. »

Mais des devoirs non moins importants l'appelèrent bientôt à Blois. La situation était alors des plus graves. Le roi avait cru calmer les huguenots, en signant avec eux le traité de Beaulieu ; mais ils s'y conformaient mal, et les catholiques s'en autorisaient pour ajourner l'exécution de plusieurs articles de ce traité. On laissait la bourgeoisie catholique de Paris et dans les grandes villes s'opposer à la liberté des prêches, et, quand les calvinistes s'en plaignaient, on les renvoyait aux Etats généraux. Les ligues ou confédérations provinciales s'étaient formées alors dans

---

(1) Registres de l'Hôtel-de-Ville de Chalon.
(2) Plus tard la charge de capitaine de Chalon devint perpétuelle.
« Noste capitaine, dit Durand, *civium nostrorum patientia et favore*, a esté
« rendu perpétuel tellement que pendant sa vie ou jusques à sa démis-
« sion volontaire, il est honoré et recogneu et respecté lors mesme qu'il
« ne fait sa residence à Chalon, soit en temps de paix ou de guerre. »

toute la France ; c'était exactement la contre-partie de l'association protestante. La masse des catholiques avait pensé qu'une ligue défensive tiendrait les huguenots en échec. — arrêterait leurs progrès constatés par le dernier traité, et que, pour le moment, elle exercerait une grande influence sur l'élection des députés aux Etats généraux, dont la convocation était annoncée pour le mois de novembre, et sur les délibérations de ces Etats. La Ligue était partout active, surveillante et en quelque sorte sous les armes. Une admirable hiérarchie d'évêques et de religieux, de paroisses appuyait cette grande impulsion ; des prières publiques avaient lieu dans toutes les églises pour favoriser les élections. Le conseil du roi, loin de céder à l'opinion publique qui s'égarait par son exaltation, cherchait, au contraire, à faire dominer dans les Etats des idées modérées en rapport avec le dernier édit de pacification, et les ordres envoyés aux baillis étaient dans ce sens ; mais il avait été débordé. Les élections furent toutes catholiques, hors une seule, et la populace s'opposa au départ des élus. Les députés arrivèrent à Blois avec les grandes instructions des Ligues provinciales, portant toutes sur un point « qu'il n'y « eut qu'une seule foy, qu'une religion unique en ce « royaume. » Les catholiques étaient même si animés que ceux de l'assemblée préparatoire de Provins avaient déclaré que si le roi faisait un nouvel édit en faveur des huguenots, « ils s'y opposeroient et protestoient de luy faire « la guerre, en tout et partout, jusqu'à ce qu'il fût rompu « et révoqué. »

Les députés se réunirent à Blois au nombre de 140 pour le clergé, 72 pour la noblesse et 150 pour le tiers. Tous les princes et les grands officiers de la couronne assistèrent à l'assemblée, excepté le roi de Navarre, Condé et Damville, mais ils avaient à Blois des agents pour les avertir de ce qui

se passerait à l'assemblée. Nicolas de Bauffremont avait été encore élu député par le bailliage de Chalon, et son fils, Claude de Bauffremont, s'était vu accorder le même honneur par la chambre de noblesse du même bailliage. L'un et l'autre, chose étrange ! ne partageaient pas l'opinion exaltée de la majorité des députés. Un grand changement s'était produit dans l'esprit de Nicolas. S'il avait été l'un des promoteurs et des acteurs du lugubre drame de la Saint-Barthélemy, dans lequel il avait cru que calvinisme serait noyé pour toujours dans les flots de sang, il avait pu voir, depuis ces affreux massacres, que le martyr fait des prosélytes, et que les réformés, plus exaltés et plus dangereux, étaient devenus une force redoutable avec laquelle la couronne devait compter, si elle ne voulait pas succomber. Nicolas de Bauffremont et son fils étaient donc venus à Blois avec l'intention bien arrêtée de demander le libre exercice de la nouvelle religion. Le roi en fut vivement contrarié : il avait espéré que le baron de Sennecey serait aussi exalté que lors de Saint-Barthélemy, et que son fils ne serait pas du nombre des modérés. Il chargea le duc de Nevers de faire tous ses efforts pour s'assurer du concours des deux barons de Sennecey et pour agir sur la majorité des députés. Le duc de Nevers le rapporte lui-même dans ses Mémoires : « le mercredy 12 décembre, le roy me
« dit que le baron de Sennecey, élu par la noblesse pour
« porter la parole, ne vouloit pas conclure à ce qu'il n'y
« eust qu'une religion, disant qu'il ne falloit point entrer en
« guerre, et qu'il falloit essayer tous moyens pour le ga-
« gner et le faire résoudre par *amitié* ou *autrement*, ce qu'il
« trouva bon de faire. Le 14 décembre fut dressé par la
« Reyne la forme des propos que le baron de Senecey
« devoit dire touchant la religion, et le roy, à la messe, le
« vit et y corrigea ces mots : *la plus saine et meilleure partie*

« *du royaume, c'est-à-dire ceux de la religion romaine.* Je ga-
« gnai ensuite les députés du Lyonnais. »

Nous avons déjà dit plus haut que Nicolas de Bauffremont porta ensuite la parole comme président de la noblesse. « Le discours qu'il fit devant le roy ne dura qu'un
« gros quart d'heure, chascun en dit du bien ; il parla avec
« la liberté d'un Gaulois et la dignité d'un grand seigneur. »

Le résultat des Etats de Blois fut le signature de la Ligue
par le roi. La Ligue était la grande association nationale,
le roi en prit la direction et s'en constitua le chef. Elle
avait formé déjà les cadres d'une armée de 26,000 hommes
et de 5,000 cavaliers. Le roi s'en croyait le chef, mais en
réalité c'était le duc de Guise, et peu avant l'ouverture des
Etats de Blois on avait trouvé les papiers d'un ligueur for-
céné par lesquels on vit que l'intention de la Ligue était de
mettre les Guise sur le trône et d'enfermer Charles IX dans
un monastère, comme les derniers Mérovengiens.

III. — Claude de Bauffremont embrassa aussi la Ligue et
revint à son gouvernement de Châlon pour y recevoir le
duc de Mayenne. Ce dernier avait aussi quitté Blois pour se
rendre à Lyon et y était devenu le chef de l'Union catholique. Après la mort de Mandelot, Charles-Emmanuel de
Savoie, premier duc de Nemours, avait été nommé gouverneur du Lyonnais ; c'était un jeune homme avantageux, en-
treprenant, très-ambitieux, qui avait accepté avec empressement la succession du maréchal de Saint-André. Mayenne,
après s'être rendu compte de l'état du Lyonnais, en vue de
ses projets ultérieurs, voulut voir par lui-même les dispositions de la Bourgogne à son égard. Il projeta de se rendre
d'abord à Chalon. Le Conseil de ville informé de ce projet
avait ordonné « que les habitants aultres que ceux qui ac-
« compagneroient le maire, marcheroient en armes souls

« leurs centeniers avec morrions et arquebuzes, le mieux
« que faire se pourra, jusques au nombre de 5 ou 600
« hommes, pour la conduicte desquels marchera devant
« M. le baron de Senescey, fils, élu capitaine de la ville,
« et en cas d'absence, sera élu un coronel de ladite ville,
« pour la conduite desdits gens de pied, entre lesquels se-
« ront 25 rangs de picquiers armés de corcelets et bour-
« guignottes et brassards. » Mais ces préparatifs furent faits
en pure perte. Mayenne avait dû ajourner son voyage.
Claude de Bauffremont utilisa cependant son séjour à Chalon pour presser les travaux des fortifications et de la citadelle, que le roi tenait à voir terminer « *pour tenir les habitants en cervelle.* » La ville ne cessait pas néanmoins de protester contre la construction de ces forts et de cette citadelle
qui étaient une menace pour ses antiques franchises dont
elle était si jalouse, et si ruineuse pour ses ressources.

L'année précédente, la ville, dans l'espoir de se rendre
favorable Nicolas de Bauffremont qui l'avait pressée de se
soumettre aux ordres de la cour et de l'amener à persuader
le roi à renoncer à cette citadelle, lui avait « fait don de
« quatre feuillettes de vin doux blanc et de deux de clairet. »
En 1579, le conseil de ville pensa être plus heureux auprès
de son fils. On lit en effet dans les registres de la Mairie :

« Ledit sieur Busillet, maire, a remonstré que dès que le
« sieur de Senecey, fils, avoit esté créé capitaine de la ville,
« il s'étoit de tout son pouvoir et volontairement employé
« pour ses affaires. — Que, cejourd'hui encore, il avoit
« esté député pour sa fortification, sans que toutefois la
« ville eust usé devers lui d'aucune reconnaissance. Pour
« raison de quoy, il met en délibéracion qu'il seroit expé-
« dient de luy faire quelque présent honneste, jusques à la
« somme de cent écus sol. »

« Sur ce, de l'advis et opinion de tous les susnommés, a

« esté dit que pour récompenser des peines qu'a prises et
« prend de jour à autre le sieur de Senecey, luy sera fait
« présent d'*une coupe d'argent doré*, et deux *salières* aussi
« *dorées*, estant entre les mains de Philibert Bataille, les-
« quelles avoient esté acheptées pour en faire présent à
« Mme de Mayenne, la quelle n'a eust effet.

« Et depuis, ledit sieur Bataille a mis en main audit sieur
« maire ladite *coupe d'argent doré, enlevée en bosse, avec per-*
« *sonnage, avec son couvercle fermant et ouvrant à visse, garni*
« *de son estui de cuir, couvert de velours rouge et de velours vert,*
« *plus une autre coupe d'argent doré, garnie de son couvercle et*
« *deux salières d'argent doré.* »

Toutefois la remise de ce cadeau ne put se faire que le
4 décembre 1581. « Ledit jour, suivant la résolution cy-
« dessus, en présence des sieurs Vadot, Perrussot, Malard,
« éschevins et du procureur-syndic, ledit maire a fait pré-
« sent audit baron de Senecey, fils, estant en ce lieu de
« Chalon, de la coupe d'argent dorée et gravée ; ensemble
« les deux sallières d'argent dorées et gravées ; et quant à
« l'autre coupe aussi d'argent enlevé en bosse, de plusieurs
« sortes de personnages, avec son estui, elle est demeurée
« ès mains du sieur maire pour la garder jusques à ce que
« l'occasion se présentera d'en faire don à qui il appartien-
« dra, selon qu'il en sera délibéré. » Les Chalonnais étaient
économes et prévoyants.

Claude de Bauffremont eut bientôt la douleur de perdre
son père. Nicolas de Bauffremont s'éteignit à son château
de Sennecey le 10 février 1582. Nous avons déjà raconté sa
mort.

Le traité signé avec les calvinistes en 1577 avait rendu un
peu de calme à la France et cette paix intérieure dura sept
ans. Toutefois, on ne pouvait se dissimuler que l'Etat menaçait ruine, que le roi était tenu en peu d'estime, que le

désordre était extrême, que le remède serait dans la réunion des Etats généraux, mais que ces Etats inspiraient une invincible défiance. Les fonctionnaires publics craignaient d'être recherchés pour les abus régnants, les ventes d'offices se multipliaient à l'infini, l'administration était corrompue, l'ordre judiciaire et les parlements étaient gravement compromis. C'est ainsi que jugeait de l'état de la France, l'ambassadeur vénitien, Crinli, observateur fin et exercé comme les diplomates ses compatriotes.

En 1583 le roi parut vouloir des réformes ; dans ce but, sans oser recourir aux Etats généraux, il réunit une assemblée de notables à Saint-Germain. Elle exprima des vœux auxquels Henri III s'empressa de satisfaire, mais ces réformes partielles ne contentèrent pas l'opinion publique. Le duc d'Anjou voulut alors se faire chef de parti, mais la reine parvint à le réconcilier avec son frère ; et il mourut bientôt par suite de ses excès. Henri III n'ayant pas d'enfants et sa santé déclinant aussi, on dut songer à la question de succession au trône. L'héritier du sang était Henri de Navarre, mais il était hérétique, les catholiques le repoussaient et songeaient au vieux cardinal de Bourbon. Les Guise aspiraient à la couronne, mais ils savaient qu'ils ne pouvaient y être appelés que par les Etats généraux, et gardaient encore une prudente réserve. Henri III, tout en leur faisant des avances, engageait Henri de Navare à se convertir, mais ce prince, réservé et défiant, ne se livrait à personne et surtout au roi. Pendant ce temps, l'Espagne renouvelait ses intrigues en France, elle cherchait à lui déclarer la guerre et à se faire, en France, un auxiliaire des Guise contre Henri III. Ces princes, d'abord très-circonspects et craignant d'être traités de rebelles par le roi, cédèrent enfin aux instances des agents de l'Espagne et signèrent avec eux un traité dans leur château de Joinville. A partir de ce jour, il y eut en

France deux gouvernements, celui du roi et celui de la Ligue. Le roi traita avec les Pays-Bas, l'Angleterre agréa ce traité, mais quand il s'agit de déclarer la guerre à l'Espagne il recula et ne sut que mécontenter les Hollandais, les Espagnols, les huguenots et les catholiques.

La Ligue, à partir de ce jour, s'étendit avec une extrême rapidité et il se fit une énorme réaction contre le calvinisme même en Allemagne et dans les Pays-Bas; les libelles injurieux redoublèrent contre Henri III et sa cour; on les accusait d'impuissance et de trahison, et il se forma alors à Paris le fameux comité dit des Seize, qui s'empara du mouvement et le dirigea.

Les Guise, appelés par le roi, déclarèrent que le moment était venu pour lui de désigner un successeur dans un sens qui donnât des garanties aux catholiques. Le roi, ne sachant pas prendre un parti, Guise (1) se démasqua et se saisit de Châlons-sur-Marne ; Mayenne (2) occupa Dijon. De son

---

(1)·Henri de Lorraine, duc de Guise, dit le Balafré, fils aîné de François de Guise, né en 1550, fut témoin du meurtre de son père, assassiné devant Orléans, d'un coup de pistolet par Poltrot de Méré, gentilhomme protestant. Il voua dès ce moment une haine implacable aux huguenots. Après s'être couvert de gloire à Poitiers, contre Coligny, en 1569, il se déshonora en prenant part aux massacres de la Saint-Barthélemy. En 1575, il défit près de Dornans (Marne) un corps d'Allemands alliés des réformés, et reçut une blessure qui lui valut le surnom de Balafré. Il fut assassiné à Blois, le 23 décembre 1588, par ordre du roi et à la porte de son cabinet.

(2) Mayenne (Charles de Lorraine, duc de), deuxième fils du duc de Guise (François), né en 1554, se distingua d'abord dans les guerres de religion, à Poitiers, au siège de La Rochelle, à Moncontour.

A la nouvelle du meurtre de ses deux frères, le duc de Guise et le cardinal de Lorraine, il se déclara chef de la Ligue, prit le titre de lieutenant-général de la couronne de France, et fit la guerre à Henri III et à Henri IV, mais il fut battu par ce dernier à Arques et à Ivry. A la mort de Henri III, il proclama un fantôme de roi, en la personne du

côté, le cardinal de Bourbon publia le manifeste de la Ligue à Péronne et le signa seul. Le roi répondit au manifeste par une déclaration vague qui, loin de désarmer les passions, les enflamma. Le roi céda enfin et signa, le 5 juillet 1585, à Nemours, avec les Guise, un traité qui assurait aux catholiques les mêmes avantages que les réformés avaient obtenu par les traités précédents. Par ce traité, dit l'Estoile, « le « roi était à pied, et la Ligue à cheval. » Le roi de Navarre, froissé par le traité de Nemours, s'en plaignit au roi au nom des calvinistes, et en présence de leur attitude menaçante, qui allait aboutir à une guerre ouverte, il répondit au prévôt des marchands de Paris, « j'ai bien peur qu'en pensant « détruire le prêche, nous mettions la messe en grand dan- « ger. »

La guerre commença dans le Poitou. Condé y fut attaqué par Mercœur et bientôt menacé par Mayenne (septembre 1585), mais les réformés succombèrent et Condé fugitif dût fuir en Angleterre. Les affaires du roi se rétablirent un peu, l'année suivante il vint lui-même à Lyon d'où il voulait observer Lesdiguières, qui obtenait de continuels succès dans le Dauphiné ; quelques mois après il remporta sur les calvinistes la victoire d'Auneau, traita avec les Allemands qui étaient venus au secours de leurs corréligionnaires et fit son entrée triomphale à Paris le 23 décembre. Mais on marchait à une catastrophe. Guise arriva à la cour au mépris de ses ordres. Le peuple de Paris fléchit le genou

---

vieux cardinal de Bourbon, sous le nom de Charles X. Ce prince étant mort en 1590, il convoqua les Etats Généraux à Paris, dans l'espoir de se faire élire roi, mais il ne put y réussir. Il finit par négocier avec Henri IV, fit sa paix avec lui en 1596, et fut nommé gouverneur de l'Isle de France. Il mourut en 1611. Son fils, Henri, duc de Mayenne, périt en 1621, au siége de Montauban, sans héritiers. (*Biographie universelle.*)

sur son passage et baisa le bord de son manteau. Le roi terrifié fit entrer des troupes dans la ville, laquelle, sur l'ordre des Seize, se couvrit de barricades; le roi n'eut que le temps de se sauver et Guise resta le maître de la capitale. L'émotion fut grande dans toute la France. Le parti catholique se divisa; « la journée des barricades, prétend d'Au-« bigné, mi-partit le royaume, la cour, toute province, « toute ville, toute famille et bien souvent la cervelle d'un « chacun. »

IV. — Pendant ces événements, Claude de Bauffremont s'était tenu à l'écart, ou du moins rien ne nous indique qu'il y ait pris une grande part. C'est à Auxonne que nous allons le retrouver. Cette ville munie de bonnes fortifications était alors frontière et formait un point stratégique important. Elle était demeurée dans l'obéissance du roi, malgré le mauvais exemple donné par la majorité des provinces. Le vicomte de Tavannes, maître de son château fort, bâti par Louis XI après la réunion de la Bourgogne à la couronne, maintenait cette ville avec le secours d'une garnison fidèle, mais le 11 août 1585 les Echevins prévinrent le gouverneur des intelligences de Mayenne, gouverneur de la province, avec la maison de Guise. Le vicomte les remercia de cet avis et jura de rester fidèle à la cour. Sa mère, la douairière, veuve du maréchal, arriva à ce moment à Auxonne; elle engagea aussi son fils à rester « dans la bonne voye et « ces bonnes dispositions. » Mais, tout en protestant de sa fidélité au roi, Tavannes fit fortifier, en secret, le château d'Auxonne, y amena l'artillerie de la ville et introduisit de nuit, dans la place, un certain nombre d'hommes. Ces précautions prises, il alla rejoindre les princes qui venaient de déclarer la guerre au roi, sous le commandement de Mayenne. Après la conclusion de la paix, il revint à

Auxonne, envoya son lieutenant à la cour de Savoie et fit courir le bruit que la ville était destinée pour être réunie au comté de Bourgogne, qui appartenait alors au roi d'Espagne.

Le marquis de Pluvau vint à passer à ce moment à Auxonne ; il conseilla aux habitants de s'assurer de la personne du vicomte de Tavannes, en les assurant que ce serait rendre un service au roi et qu'il leur viendrait en aide. Les habitants goûtèrent les avis du marquis et il fut convenu que Tavannes, attiré à l'église, y serait arrêté par dix bourgeois armés de poignards et de pistolets. Cette arrestation eut lieu le jour de la Toussaint 1585. Jean Mol, maire de la ville, aidé de quelques bourgeois (trois, selon Courtépée) arrêtèrent le vicomte à l'église, dans la chapelle Sainte-Anne. Le château se rendit sans résistance au marquis de Pluveau. Tavannes fut d'abord détenu à Auxonne, et il avoua que trois jours après celui où il fut arrêté, il devait mettre une garnison espagnole dans la ville. Après une détention de quatre mois, on le transféra à Pagny, sous la garde de Chabot, qui en était seigneur. Ayant recouvré sa liberté, il fut pris une seconde fois à Tanlay et délivré au val Suzon par son frère Guillaume. Dès qu'il fut libre, il fit deux tentatives sur Auxonne, y échoua et fut enfin remplacé dans son gouvernement par le baron de Sennecey, mais les habitants protestèrent contre cette nomination. Henri III, malgré leurs doléances, passa outre, en donnant des lettres de jussion le 5 juillet et le 7 août 1586, pour les contraindre par la force des armes. Des dispositions furent prises en conséquence. Le comte de Charny se présenta à l'une des portes, mais on la lui ferma. Cependant le président Jeannin put pénétrer dans Auxonne, qui se rendit le 15 août. Guise y arriva le même jour, la population l'assura de son dévouement au roi. Le duc, après avoir installé Claude de Bauffre-

7

mont dans le château, quitta la ville, « sans y boire ni manger. » Les habitants furent très-satisfaits de leur nouveau gouverneur et du règlement qu'il leur donna et le roi leur témoigna aussi sa satisfaction par une lettre (1).

Le baron de Sennecey, à partir de ce jour, fit sa principale résidence d'Auxonne. Quoique investi plus tard des fonctions de lieutenant de Mayenne au gouvernement de Bourgogne ou du commandement de corps d'armée, il séjournera presque toujours dans cette place forte. Ce ne sera pas par caprice ou dans un intérêt stratégique, mais pour mieux conserver son indépendance et se soustraire au pouvoir parfois tyrannique et envahisseur du conseil de l'Union de Dijon, qui rêvait de concentrer dans ses mains tous les pouvoirs.

Georges de Bauffremont, depuis la mort de son père, s'était retiré dans son château de Crusilles, dans le Mâconnais, et avait repoussé toutes les propositions d'entrer dans la Ligue; fidèle au roi, il ne voyait dans les princes de Lorraine que des ambitieux qui ne tendaient à rien moins qu'au démembrement du royaume. Toutefois, Georges de Bauffremont n'était pas resté étranger aux événements. Il avait acheté du roi la charge de gouverneur de Mâcon (2) et la

---

(1) « Chers et bien amés, nous avons veu par votre lettre la volonté
« en laquelle vous estes de vous conformer en notre intention. C'est ce
« que Dieu et votre debvoir vous commandent. En ce faisant, vous
« pourrez vous asseurer que je vous seray toujours bon Roy.
« Donné à Bourbon, ce XIX jour d'aoust 1586. Signé Henry. »

(2) Georges de Bauffremont avait acheté cette charge du sieur de Saint-Gondras, mais les habitants s'opposèrent formellement à la prise de possession et ne cédèrent que sur un ordre du roi. Le comte voulut alors se faire livrer les clefs de la ville, mais les habitants protestèrent encore contre cette remise. (Arch. m. de Mâcon).

Antoine de Semur, seigneur de Tremont, était gouverneur de Mâcon en 1569. — Girard de Fougères en 1573. — La même année, Gilbert

remplissait avec un soin jaloux. Cette ville, comme Lyon et Chalon, avait dû construire une citadelle, mais la population s'était toujours montrée hostile contre cette construction à laquelle le gouvernement attachait un grand prix afin d'être mieux assuré de la fidélité de la ville. Georges de Bauffremont était demeuré toujours sourd à ces incessantes récriminations; mais en 1585, on passa des murmures aux menaces, et le gouverneur rompit toute relation avec les Mâconnais. Le récit de cette brouille est relaté en entier sur les registres de l'hôtel-de-ville de Mâcon, en ces termes : « La ville ayant été engagée à se distraire hors de l'obéissance du roy, elle avait appelé à son ayde le comte de Charny, lieutenant-général au gouvernement de Bourgogne, avec la noblesse du pays, et le sieur Mandelot (1), gouver-

---

de Serpens, seigneur de Saint-Gondras, fut nommé gouverneur par ordre de Charles IX, qui exigea qu'on lui remit les clefs du pont. (Idem.)

(1) En 1585, le comte de Crusilles donna lieu à de grandes plaintes et exigea les clefs de la ville. Mayenne arriva et dut céder aux vœux des habitants. En ce moment, l'armée protestante menaçait Mâcon : les seigneurs voisins vinrent au secours de la ville ; l'abbé de Cluny fournit 100 arquebusiers, et Lyon envoya 300 arquebusiers avec 40 *salades*. Bientôt, on acquit la preuve que le comte avait des intelligences avec l'ennemi; les habitants irrités préparèrent un soulèvement, mais le comte de Chabot-Charny accourut, Crusilles fut contraint de quitter Mâcon et la citadelle fut démolie. Son emplacement et ses matériaux furent donnés par le roi au comte de Charny. (Archives municipales de Mâcon.)

Les Etats du Mâconnais, en reconnaissance du secours que leur avait donné le comte de Charny, lui firent don de cinquante livres de confitures. (Archives départementales de Mâcon, série C, n° 469, p. 96.)

Les Etats du Mâconnais, quoique très-irrités aussi contre le comte de Crusilles, lui accordèrent cependant 4,000 livres pour l'indemniser de la perte de son gouvernement. (Archives départementales de Mâcon, série C, n° 469.)

La citadelle de Mâcon avait été un vrai fléau pour le pays. « Les sol-« dats, dit la requête des doléances des Etats, vont çà et là, prenant les

neur du Lyonnais, leur avoit prêté telle assistance qu'ils avoient été préservés de tout danger. Pour mieux se garder, les défenseurs avoient bâti la citadelle, mais le roy pensant que cette citadelle ne fût un danger pour le pays, si l'on s'en emparoit, avoit ordonné sa démolition. Les habitants, que la citadelle effrayoit aussi, s'étoient hâtés de la démolir; mais le roy, s'étant ravisé, avoit donné contre-ordre. On passa outre néanmoins, mais le comte de Crusilles accusa les habitants de désobéissance. Les habitants, tenant à se disculper, crurent devoir alors envoyer près du roy, à Paris, des députez pour disculper la ville des calomnies dont le comte de Crusilles l'avoit accablée et pour se justifier de la démolition de leur citadelle, bâtie en 1572 et démolie en 1585, peu de jours après que le comte de Crusilles en fut sorti. » Ces députés, à leur retour de Paris, rendirent compte à l'assemblée de ville du résultat de leur message. Ils rapportèrent entr'autres « que Sa Majesté avoit advisé et approuvé tout ce qui s'étoit passé en ladite ville de Mâcon, que cela avoit esté faict pour son service et que la démolition lui avoit esté très-agréable. Le roy leur avoit même accordé, sur leur demande, des lettres de protection et de sauvegarde par lesquelles Sa Majesté défendoit au comte de Crusilles de mener et conduyre par le pays aucunes troupes de gens de pied et de cheval, à peine d'en répondre en son propre et privé nom. » Ces lettres portent la date du 30 octobre 1585.

Dans la même séance, la Chambre de ville de Mâcon délibéra sur le moyen de rembourser au comte le prix

---

« poules, tuent icelles à coups d'arquebuse, prennent les lards et emportent tout ce qui est la nourriture des pauvres paysans, les contraignent à faire infinis charrois, et qu'ils sont obligez de s'en aller en Bresse. » (Idem.)

d'achat du gouvernement de la ville et citadelle de Mâcon.

Georges de Bauffremont ne pardonna pas au Mâconnais ; il regrettait vivement la perte de ce beau commandement qui lui donnait une grande importance dans le pays, et se promit d'en tirer vengeance. Mais les Mâconnais lui gardaient aussi rancune des sévérités qu'il avait exercées à leur égard. Pour le perdre, ils firent croire au Consulat de Lyon qu'ils associèrent à leur haine, que le comte fomentait des troubles dans leur ville, ce qui était probablement vrai. Les échevins de Lyon ordonnèrent son arrestation, et il fut enfermé au château de Pierre-Scize, où son frère, Claude de Bauffremont, allait peu d'années après expier, comme lui, la ruse et la dissimulation dont il avait usé envers le marquis de Saint-Sorlin.

La nouvelle de l'arrestation du comte parvint à son frère, Claude de Bauffremont, à Auxonne, où il séjournait encore (1). Il s'empressa d'intervenir en faveur de son frère auprès des gens de Mâcon, et écrivit une lettre à M. de Marbé (2), capitaine de la ville, à qui le Consulat de Lyon

---

(1) Voici la lettre que le baron adressa au gouverneur de Mâcon : « A Monsieur de Marbey, capitaine de Mâcon. Monsieur de Marbey, « j'ai sçeu que mon frère de Bauffremont a esté arresté à Lyon, à la « requête de quelques habitants de Mascon. Je ne puis penser le sub- « ject et encore moins l'occasion n'y ayant aucun particulier à la ville... Enfin Claude de Bauffremont prie le capitaine de Marbey « d'inter- « venir auprès des habitants pour que tout se passe doucement, et « proteste de son dévouement aux habitants de Mâcon. D'Aussonne, « le 11 mars 1589. Signé Senecey. » (Archives de l'Hôtel-de-Ville de Mâcon.)

(2) M. de Marbé est qualifié « bourgeois de Mâcon » dans les actes du Consulat de Lyon. Son vrai nom de famille est Bernard, auquel on a ajouté celui de Marbé qui est celui d'un fief près Mâcon, lequel passa aux de Meaux en 1600. Cette maison est originaire de Mâcon et remonte à Nicolas Bernard, mort en 1430. Saint-Julien de Balleure a dit d'elle dans ses *Antiquitez de Mascon* : « Je ne puis passer sous silence l'aorne-

avait annoncé la séquestration du comte « dans l'intérêt,
« disaient-ils, de leur conservation. » Les échevins de
Mâcon, quoique très-irrités contre le comte, cédèrent cependant à la sollicitation du baron de Sennecey, alors déjà très-puissant, et en référèrent au Consulat de Lyon. Le baron avait agi en même temps auprès de Charles de Neuville-Villeroy, nommé par Mayenne lieutenant au gouvernement de Lyon. Neuville-Villeroy (1), plus connu sous le nom de marquis de Halincourt, écrivit de son côté, le 15 mars 1589, au Consulat de Lyon : « Messieurs, M. de *Senessé* envoye
« ce gentilhomme qui estoit maréchal des logis de la com-
« pagnie de feu M. de Guise, pour voir M. le comte de
« Crusilles, son frère, ce que je vous prie humblement lui
« permettre. — Quant à ce qu'il desire son eslargissement,
« je lui ai dit que je ne pensois pas que vous le fissiez, sans
« que vous seussiez les volontés de nos seigneurs du Maine

« ment et singulier lustre que les seigneurs de Marbé (hommes nourris
« à la vertu) donnent à leur Mascon. » *Indicateur héraldique du Mâconnais*. M. Arcelin, p. 37.)

En 1577 Bernard de Marbé était déjà capitaine de Mâcon. Il offrit alors sa démission, mais la ville la refusa et les échevins lui rapportèrent les clefs de la ville. Les gens de Mâcon faisaient mal leur service de guerre ; le capitaine Marbé avait dû se plaindre de leur négligence à faire guet et garde. La garnison se composait alors de 130 arquebusiers. (Archives municipales de Mâcon.)

Nous aurons encore à parler plus loin de M. de Marbé et de son généreux dévouement pour sa ville.

(1) Charles de Neuville-Villeroy, plus connu sous le nom de marquis de Halincourt, était gendre du célèbre M. de Maudelot, gouverneur de Lyon depuis 1571. En donnant sa fille, Marguerite, au jeune marquis, il avait obtenu pour ce dernier la survivance de son gouvernement. Mayenne croyant être agréable à la ville l'avait nommé son lieutenant au gouvernement du Lyonnais, mais ce gentilhomme devint tellement suspect au peuple que le Consulat se vit obligé de demander son éloignement de Lyon. (Actes consulaires de Lyon.)

« (Mayenne) et de Nemours que j'espere voir à Chalon.
« De Tournus, ce 15 mars 1589. »

Rien ne nous indique si le Consulat de Lyon prit sur lui la mise en liberté du comte ou s'il en réfera à Mayenne. Toutefois, nous voyons dans les actes consulaires de cette ville que le 20 mars les consuls écrivirent à Mme de Crusilles « pour l'asseurer que passant par eau à Lyon, avec ses « gens, il ne luy sera donné aucun empeschement. » Mme de Crusilles fuyait, sans doute, le Mâconnais, où il n'y avait plus de sûreté pour elle dans son château environné d'ennemis et exposé à leurs courses. Nous verrons même plus loin que ce château subit plusieurs siéges meurtriers.

Le baron de Sennecey quoique investi d'un grand commandement se vit obligé de le quitter momentanément. Le roi venait d'être contraint de fuir Paris à la suite de l'affront qu'il avait reçu du duc de Guise à la journée des Barricades, et croyait, en convoquant les Etats généraux à Blois, recouvrir l'autorité qu'il avait perdue par sa faiblesse, par la lâcheté de ses derniers ministres et par la dernière révolte des Parisiens. La Cour qui, du reste, ne reculait devant aucun moyen violent, espérait trouver à Blois l'occasion de se défaire du duc de Guise. Celui-ci, de son côté, comptait tellement y abaisser la royauté qu'il lui arracherait le commandement général de l'armée, la libre direction de la guerre contre les protestants et peut-être même la couronne. Villeroi cependant ne voyait « pas dans la convocation des « Etats généraux le temps d'apporter un si foible remede à « un mal aussi grand. »

V. — Dès que les lettres du roi ordonnant la convocation des Etats généraux furent arrivées à Chalon, l'assemblée générale de la ville et des villes du ressort du bailliage qui avaient droit de donner leurs voix pour l'élection des députés, fut convoquée pour le 10 août 1588, à l'hôtel-de-ville. Le clergé et la noblesse se réunirent dans un autre local. Pontus de Thiard, évêque de Chalon, fut élu par ceux de son ordre, et le baron de Sennecey par les gentilshommes du pays. « Toutes choses se passèrent fort doucement dans leurs chambres et il n'y eust aucun bruit touchant leur élection ; mais il y en eust beaucoup au sujet des sieurs de Thesut, conseiller au bailliage, et Clerguet, bailly de l'évesché, qui furent nommés par le Tiers Etat. Le sieur Bernardon, lieutenant général criminel au bailliage de Chalon, attaqua leur élection sous le prétexte que ces élus appartenant, l'un, à la noblesse, et l'autre, au clergé par ses fonctions, ne représentoient véritablement pas le Tiers Ordre. La contestation fut portée devant le sieur de Montholon, lieutenant général au bailliage, mais les élus déclinèrent sa compétence, par le motif que cette contestation était une affaire d'Etats et conclurent à son renvoi devant le duc de Mayenne, gouverneur de la province. Ce prince les renvoya devant la Chambre du Tiers Etat de l'assemblée des Etats de la province, pour juger le differend. En arrivant à Dijon ils allèrent au logis de l'évêque et du baron de Senneçey, qui leur promirent de parler au duc de Mayenne en leur faveur. Mais la Chambre du Tiers Etat n'ayant pas voulu se mêler de l'affaire, la députation des sieurs de Thésut et Clerguet subsista, et ils assistèrent aux Etats de Blois. »

Leur ouverture se fit le 16 octobre 1588, dans la grande salle du château qui avait été préparée, onze ans auparavant, pour ces sortes d'assemblées. Le roi alla s'asseoir sur son trône, ayant à sa droite la reine mère, la reine régnante à sa gauche, et au-dessous d'elles les cardinaux de Bourbon et de Vendôme, François de Bourbon, prince de Conti, Charles de Bourbon, comte de Soissons, son frère, François de Bourbon, duc de Montpensier, les cardinaux de Guise, de Lenoncourt et de Gondy, Charles de Savoie, duc de Nemours, Louis de Gonzague, Albert de Gondy, duc de Retz, et plusieurs seigneurs et conseillers d'Etat. Le duc de Guise faisait, ce jour-là, sa charge de grand-maître de la maison du roi, et, en cette qualité, il était assis au pied du trône, sur un placet, tenant à la main un long bâton semé de fleurs de lys d'or qui était la marque de sa dignité, et ayant un air et une contenance qui attiraient sur lui tous les regards de ceux de son parti qui étaient en grand nombre dans cette assemblée et que le roi ne voyait pas avec plaisir.

Quoique le dernier édit eut accordé une amnistie générale pour tout le passé, le roi fut cependant bien aise de faire connaître aux Etats que s'il avait pardonné aux coupables, ce n'était qu'à condition que cette Assemblée se servirait de toute son autorité pour remettre dans son premier lustre la majesté royale obscurcie par tant d'outrages et rétablir sa puissance sur les ruines du pouvoir usurpé par le duc de Guise. Aussi, en parlant aux Etats il se servit d'expressions choisies, pour leur faire entendre que s'il ne conservait plus aucun ressentiment du passé, il n'en était pas moins disposé à mettre tout en usage pour recouvrer l'autorité qu'il avait perdue dans les troubles dont le royaume était agité (1).

Le garde des sceaux Montholon et le cardinal de Bourges prirent ensuite la parole. Enfin, Claude de Bauffremont (2),

---

(1) De Thou.
(2) La nomination du baron de Sennecey ne se fit cependant pas sans quelque opposition de la partie d'une fraction des membres de la Chambre de Noblesse. Voici comment ce fait est rapporté par un auteur contemporain :
« En la Chambre des Nobles il y eust de la contention pour savoir

qui avait été nommé président des Etats, fit le discours suivant (1) :

« Sire, la noblesse de vostre royaume m'a chargé de remercier Vostre Majesté très-humblement de l'heur et honneur qu'elle reçoit d'estre, par vos commandements, convoquée et assemblée sous le nom d'Estats généraux, en vostre présence, pour entendre vos sainctes et salutaires intentions desquelles nous vous asseurons les effects estre aussi prompts et aultant certains qu'il est naturel à Vostre Majesté d'estre roy véritable, reconnoissant à Elle seule appartenir de les rendre tels.

« Nous espérons aussi de vos promesses sacrées le restablissement de l'honneur de Dieu, religion catholique, apostolique et romaine, et des aultres choses utiles à Vostre Estat et nécessaires, où de nostre part, Sire, nous protestons tous d'y apporter la fidélité, zèle et affection et

---

« qui porteroit la parole de ce qui seroit conclud et arresté entre eux.
« Et se faisoient les brigues pour mendier les voix et faire qu'un gentil-
« homme de Normandie qui affectoit cet honneur en eust la charge
« pour le contentement du duc de Guise qui desiroit cestuy là sur tous
« les autres. Mais, comme les hommes sont de diverses opinions et de
« difficile convention, encore qu'ils soyent pratiquez de longue main,
« ce gentilhomme fut frustré de son intention et la charge donnée au
« baron de Senescey, en quoi le duc de Guise ne perdit rien, car le
« baron est de ses serviteurs. »

(1) *Journal du duc de Nevers.*

D'Aubigné prête au baron de Sennecey un autre langage. Le discours qu'il met dans la bouche de Claude de Bauffremont nous semble apocryphe. Nous n'y retrouvons pas le style habituel du baron et tout nous porte à croire que c'est une œuvre de fantaisie de l'écrivain. On en jugera en le lisant. Voir aux pièces justificatives.

Le prince de Bauffremont possède dans sa bibliothèque, à Brienne, une brochure intitulée : *Remerciment fait au nom de la noblesse de France aux Etats de Blois*, par Claude de Bauffremont. Édition originale, avec les armes et le collier de Saint-Michel gravé sur le titre. (Notes du prince de Bauffremont.)

générosité qui toujours a esté naturelle aux gentilshommes françois, en l'endroict de leurs roys et princes souverains.

« En cetre même dévotion, Sire, nous offrons à Vostre Majesté le très-humble et très-fidèle service de nos armes, vies et personnes, pour icelle faire obéir, honorer, redoubter, respecter et recognoistre par tous, — aussi que les droits divins et humains l'ordonnent, et pour remettre et restablir vostre royaume purgé d'hérésies, source de division, en sa premiere dignité et splendeur.

« A quoy nous exposerons franchement, librement et généreusement soubs vostre autorité, jusques à la dernière goutte de notre sang. »

Ce discours (1) « fut fait de si bonne grâce et avec une hardiesse si modeste que le roi en fut ravi et emporta l'applaudissement d'une si illustre et si célèbre compagnie. » Dom Plancher en fait aussi l'éloge : « Le baron de Sennecey, dit cet auteur, parla avec tous les égards et le respect qui étaient dûs à Sa Majesté. Ses remontrances n'annoncèrent que le desir de voir reformer des abus qui s'étaient introduits dans le ministère, mais on ne voit rien dans son discours qui sente l'esprit de cabale (2). »

Le langage du roi avait vivement choqué le duc de Guise et ses principaux partisans. Ils en portèrent plainte à la reine-mère, mais cette princesse, selon son habitude, se contenta de les amuser (3). L'archevêque de Lyon (4)

---

(1) Perry, *Histoire de Chalon.*

(2) Les opinions de Bauffremont s'étaient modifiées singulièrement depuis les premiers Etats de Blois ; à ces Etats, il avait demandé avec son père le libre exercice de la religion réformée dans tout le royaume ; aux seconds Etats « il désiroit voir le royaume purgé d'hérésies, source « de division. »

(3) De Thou.

(4) Pierre d'Epinac, archevêque de Lyon, se mêla beaucoup aux évé-

alla droit au roi pour lui faire ses doléances, et, comme il n'en obtenait rien, il en vint aux menaces. Le roi, piqué au vif de l'arrogance du prélat, dissimula cependant, mais, dès ce moment, la perte des Guise fut résolue. Toutefois, avant de l'ordonner, Henri III crut devoir prendre l'avis de plusieurs seigneurs, entre autres d'Antoine de Brichanteau (1), dont le baron de Sennecey avait épousé la nièce. Le conseil ayant reconnu la nécessité de se défaire des princes lorrains, on en trouva bientôt l'occasion, et le duc de Guise fut poignardé dans le château de Blois, au moment où il se rendait, sans gardes, malgré les avis qu'il avait reçus, à la chambre du roi. Son frère, le cardinal, fut assassiné le lendemain dans la maison où il avait été enfermé avec l'archevêque de Lyon.

Il restait un troisième Guise, frère de ceux qui venaient de périr de la main des assassins, et dont le roi tenait aussi à se défaire ; c'était Charles de Lorraine, duc du Maine ou de Mayenne, né en 1554, aussi ambitieux que ses frères, et qui séjournait à Lyon, en vue de ses projets d'usurpation de la couronne. Un courrier, expédié par l'ambassade d'Espagne, lui apporta la nouvelle du coup d'Etat de Blois ;

---

nements de son temps ; après avoir montré quelques tendances à embrasser le protestantisme, il ambitionna le chapeau de cardinal. Henri III après le meurtre des Guise, le fit enfermer dans le château d'Amboise, et exigea de lui une rançon de 30,000 écus. Le Consulat de Lyon considérant de quelle importance était sa liberté pour la cause de l'union des catholiques, promit de contribuer à cette rançon jusqu'à la somme de 6,000 écus. Le 5 mai 1589, le Consulat accepta la seigneurie d'Arbouse pour caution de l'archevêque. (Actes consulaires de Lyon.)

(1) Antoine de Brichanteau, seigneur de Nangis, amiral de France, colonel des gardes françaises, avait accompagné Henri III en Pologne et contribué à la fuite de ce prince de Pologne, en faisant sauter un pont qui séparait cette province de la Moravie. Le roi le qualifiait son cher et bien-aimé cousin. (P. Anselme.)

c'était le 25 décembre 1588. Effrayé par la mort sanglante de ses deux frères, Charles de Lorraine prévit le sort que le roi lui réservait aussi. Que fera-t-il ? Pouvait-il compter sur le dévouement des Lyonnais ? Seraient-ils assez forts pour le protéger ? Sa perplexité était extrême. Il passa la nuit à délibérer sur le parti qu'il avait à prendre. Le lendemain matin, de très-bonne heure, il se rendit à l'église Saint-Nizier, fit appeler quelques bourgeois notables, entre autres Guillaume de Gadagne, seigneur de Bothéon (1), lieutenant du gouverneur, leur communiqua la fatale nouvelle et demanda s'il pouvait demeurer à Lyon. Peu rassuré par la réponse qu'il reçut, ce prince se hâta de se rendre dans son gouvernement de Bourgogne.

Il n'y avait pas un moment à perdre. Alphonse d'Ornano arrivait avec une mission sanglante sans doute de la part du roi. Il ne manqua Mayenne que de quelques heures. Henri III tenait extrêmement à conserver Lyon sous son autorité : il écrivit lettres sur lettres au consulat pour l'exhorter à demeurer fidèle.

Mayenne s'arrêta d'abord à Chalon, c'était l'une des villes les plus zélées pour la Ligue et où il avait le plus de

---

(1) Le château de Bothéon est un des plus beaux du Forez. La vue en est admirable. Il est situé dans la plaine, sur les bords de la Loire, et fut bâti par Mathieu, bâtard de Jean II de Bourbon. Les Gadagne l'achetèrent ensuite.

La maison de Gadagne est originaire de Florence. Au commencement du XVIe siècle deux frères de cette maison vinrent se fixer à Lyon pour y faire le commerce. Leur richesse passa en proverbe. Guillaume de Gadagne épousa une fille de la maison de Sugny, en Forez, fut sénéchal de Lyon, lieutenant du roi en la province, et chevalier du Saint-Esprit, en 1597. L'une de ses filles épousa Antoine d'Hostun de La Baume, originaire du Dauphiné. La maison d'Hostun était alliée à celle de Claude de Bauffremont par le mariage de sa sœur Elisabeth avec Charles d'Hostun de la Baume.

crédit. Pour en être le maître absolu, il se retira dans la citadelle qui lui fut livrée par les magistrats qui ignoraient encore les intentions du roi à son égard. La nuit qui suivit son installation à la citadelle (1), il y fit entrer un corps de cinq cents hommes. Devenu ainsi maître de la place et de la ville, il nomma un sieur de L'Artusie (2) commandant supérieur et choisit pour échevins les hommes les plus dévoués à sa cause. Chalon devint alors, en quelque sorte, le point central de la Ligue, en Bourgogne. C'est là qu'il prépara la campagne si hardie qu'il allait entreprendre contre son roi, mais en se ménageant Chalon comme un asile en cas de revers.

Pendant que Mayenne dressait ses plans à Chalon, il se fit précéder à Dijon par le baron de Lux, le confident de ses projets, pour s'assurer le concours de cette ville et du Parlement. Le 5 janvier 1589, le baron fit assembler cette grande compagnie et lui annonça que « si le duc de Mayenne
« était troublé comme gouverneur à son entrée en la ville,
« le roy en auroit un grand mécontentement, voulant qu'il
« fut maintenu en son commandement de Bourgogne, tout
« ainsi que si la mort du duc de Guise n'était point arrivée. »
Mais c'était un mensonge et ce fut ainsi et à l'aide de ce

---

(1) Mayenne confia d'abord le commandement de la citadelle de Chalon à Guy de Saint-Julien de Balleure, frère de l'historien de ce nom, puis à de L'Artusie, qui avait toute sa confiance. Il s'empara ensuite de Beaune, de Dijon, de Troyes, et se rendit enfin à Paris où il arriva le 12 février; il y rencontra son frère utérin Charles-Emmanuel, duc de Nemours. (*Histoire de Tournus*, Juénin, p. 276.)

(2) Antoine Guillermy, seigneur de l'Artusie. « On ne peut exprimer, dit Courtépée, les maux que cet avare et rusé Béarnais fit souffrir aux Chalonnais. L'Artusie qui detestoit aussi l'évêque Pontus de Thiard, pilla son château de Champforgeuil et ravagea ses terres. Le baron de Lux, Edme de Malain, dont nous parlerons plus loin, avait livré la citadelle de Chalon à Mayenne.

moyen déloyal que Mayenne, arrivé à la suite de son envoyé, fit son entrée à Dijon au milieu d'une pompe qui ressemblait à un triomphe et qu'on n'avait jamais vu déployer à l'entrée des gouverneurs de la province. Mayenne, fort de la sympathie de la population qui était toute catholique, voulut faire sentir sans retard sa puissance au Parlement qui hésitait à se déclarer pour lui, et il fit arrêter deux de ses membres qui avaient été assez hardis pour se plaindre de la ruse dont Mayenne avait usé à l'égard de la ville et de la Compagnie. La ville, toute sympathique à ces violences, arrêta, de son côté, d'autres membres de la Cour soupçonnés de désaffection. Par ces mesures arbitraires l'action du Parlement était anéantie. Mayenne, certain de la consolidation de son pouvoir à Dijon, quitta ensuite cette ville pour aller combattre l'armée du roi réunie à Troyes et laissa le sieur de Fervaque comme gouverneur.

VI. — Mais revenons à Lyon et à Alphonse d'Ornano, le messager du roi, et dont nous aurons à parler souvent plus loin, en ce qui concerne ses rapports avec Claude de Bauffremont. Alphonse d'Ornano était Corse d'origine, et fils du trop fameux Sampietro. Il prit le nom de d'Ornano

(1) Sanpietro ou Sampietro, célèbre capitaine corse commandant les troupes italiennes au service de la France, sous François Ier et Henri II, naquit vers 1501, de parents obscurs, à Bastelica, bourg des environs d'Ajaccio. Il fut élevé par charité, dans la maison d'Hippolyte de Médicis, neveu du pape Clément VII, et fit ses premières armes sous Jean de Médicis, fameux chef des bandes noires, et entra de bonne heure au service de France où il se distingua de la manière la plus brillante dans les nombreuses campagnes de l'époque. En 1544, le roi le nomma colonel-général de l'infanterie corse au service de France; mais à la mort de François Ier, il retourna en Corse et y forma une ligue avec les principales familles du pays pour délivrer sa patrie du joug des Génois. Il épousa alors Vanina Ornano, héritière de la plus illustre et de la plus

qui était celui de sa mère, laquelle appartenait à l'une des familles descendues des souverains de la Corse. Elevé à la cour de Henri II, comme enfant d'honneur des princes de France, il était naturel qu'il se prévalût de l'éclat ancien de sa race maternelle plutôt que de la célébrité odieuse de son père, guerrier intrépide, mais sans naissance et implacable dans sa cruauté. Lorsque Sampietro périt dans une embuscade que lui dressèrent les Génois, Alphonse d'Ornano, âgé de 18 ans, et nouvellement arrivé de France avec quelques hommes et de faibles munitions, se vit proclamer général par ses compatriotes, malgré son extrême jeunesse, et soutint quelque temps la lutte que son père avait engagée contre Gênes qui asservissait la Corse. En 1568 les Génois accordèrent une amnistie aux Corses insurgés. Alphonse bénéficia de cette faveur et obtint la faculté de quitter la Corse avec ses amis sans que leurs biens fussent confisqués.

riche famille de l'île. Pendant plusieurs années il lutta contre les Génois, soit en Corse, soit en Italie, tomba même entre leurs mains, et il allait être mis à mort lorsque l'intervention énergique de Henri II lui sauva la vie. Mais la paix ayant été faite, il fut obligé de quitter la Corse et se rendit en Turquie pour susciter des ennemis à la république de Gênes, se brouilla avec son neveu qu'il avait amené avec lui à Constantinople, et le tua dans un duel. Peu après, il apprit que sa femme retirée à Marseille avait eu la pensée d'aller à Gênes implorer sa grâce ; un de ses parents l'avait surprise en route et ramenée. L'idée seule d'une pareille démarche auprès de ses plus cruels ennemis mit Sanpietro au désespoir et le remplit de rage. Il arrive en toute hâte de Constantinople, trouve Vanina à Aix, et lui annonce froidement qu'ayant eu la pensée de le déshonorer en allant demander sa grâce au Sénat de Gênes, elle avait à se préparer à mourir..... Subissant avec courage cet arrêt de mort, elle demanda pour toute grâce que, n'ayant été touchée par aucun autre homme que son mari, elle mourut de sa main..... et il l'étrangla. Cet acte atroce le rendit odieux à toute l'Europe et la France lui retira le commandement des troupes italiennes. Le 1er janvier 1567 il fut poignardé par un émissaire des Génois. Il ne laissa qu'un fils, Alphonse Ornano.

Il rentra en France, mit ses 800 Corses à la disposition de Charles IX qui lui fit l'accueil le plus gracieux. Il s'attacha ensuite à Henri III (1) et ce prince lui ayant, un jour, témoigné ses inquiétudes sur les projets du duc de Guise, d'Ornano lui offrit d'apporter à ses pieds la tête de ce sujet rebelle ! Cette offre fit nécessairement choisir d'Ornano pour aller à Lyon s'emparer du duc de Mayenne.

Lyon apprit avec une vive indignation la mort violente des princes de Lorraine, et ne tarda pas à se déclarer ouvertement contre le gouvernement du roi (1). Guillaume de Gadagne y commandait en qualité de sénéchal depuis la mort de Mandelot; c'était un fidèle serviteur, mais de peu de capacité et de résolution. Les magistrats du Consulat appartenaient tous à l'association catholique ; ils eurent peu de peine à organiser leur conspiration, tout le monde voulait en être. A l'heure convenue (24 février 1589) une foule de bourgeois courut aux armes ; on tendit des chaînes, on barricada les rues ; une assemblée générale d'échevins et de notables eut lieu à l'hôtel-de-ville (3) ; on accusa le roi

---

(1) *Journal de Henri III*, t. II, p. 96.

(2) Lyon adhéra au parti de la Ligue surtout par cet esprit d'indépendance qui caractérise cette ville et qui, à toutes les époques, lui a fait supporter difficilement le joug de l'autorité royale. Lyon trouva plus tard, dans la mort du roi, une occasion pour s'affranchir de cette tutelle; et si ensuite il arrêta et emprisonna le duc de Nemours, qu'il avait appelé à sa défense le jour de sa révolte contre le pouvoir du roi, c'est qu'il reconnut que ce prince avait formé, depuis longtemps, le projet de faire de Lyon la capitale d'un état indépendant dont il serait le souverain, sous la protection du roi d'Espagne, et il avait dans le marquis de Saint-Sorlin, son frère, un lieutenant habile et dévoué. (*Histoire de Lyon*, Monfalcon, t. II, p. 149.)

(3) Le soulèvement de Lyon contre l'autorité royale est mentionné de la manière suivante dans les actes consulaires de la ville :

« Fault icy noter que le 24 du présent mois, la ville print le party de
« l'Union des catholiques de France, pour raison de quoy MM. les

avec une grande véhémence et on déclara que Lyon adhérait à la Ligue (1). La ville, désertant l'autorité royale, se mit sous la protection de son gouverneur, le duc de Nemours.

L'archevêque de Lyon, Pierre d'Epinac, avait, de son côté, acheté sa liberté au prix de 30,000 écus, donnés au roi.

Claude de Rubys (2) devint l'âme de son parti et fut nommé échevin ; ferme, résolu, même après les plus grands échecs, habile à trouver des ressources quand la situation paraissait désespérée, toujours prêt à servir la Ligue de sa parole, de sa plume et de son bien, il fut l'un des principaux auteurs de la rébellion (3) et l'adversaire le plus redouté de l'autorité du roi (4).

« Consuls et Eschevins d'icelle ville appelèrent pour un certain temps, « en leur conseil, certains notables, tant des ecclesiastiques, magistrats, « séculiers et aultres, soubs lesquels ont été faites certaines ordon- « nances. » (Archives de l'Hôtel-de-Ville).

Ce soulèvement n'eut pas lieu cependant sans quelques actes de violences ; on emprisonna plusieurs notables dans le château de Pierre-Scize et dans le couvent des Célestins, d'autres furent expulsés de la ville.

(1) Le 26 février « deux Eschevins à cheval, accompagnés de Benoît « du Troncy, secrétaire de la ville, proclamèrent de penonage en peno- « nage le serment de la Ligue, et firent lever la main au peuple pour le « jurer. » (*Histoire de Lyon*, Rubys, p. 441.)

(2) Claude de Rubys était oncle de Claude de Bauffremont.

(3) Lyon, tout en se donnant un maître, fit cependant des réserves pour ses anciennes franchises, car on lit dans les Actes consulaires, sous la date du 23 mars 1589: « Les consuls et échevins, assemblés en « corps, ont porté les clefs des portes de la ville et des chaînes de la « rivière à Monseigneur de Nemours, et les luy ont présentées comme « au Gouverneur, en luy faisant neanmoins entendre qu'ils les ont tou- « jours tenues en foy et hommage du roy, qui est un privilege spécial « de la ville qu'ils desirent leur estre maintenu et conservé. » A quoy S. E. a répondu « *qu'il n'a jamais pensé* méconnaître les priviléges de « la ville, et qu'il exposera sa vie pour le bien et repos de ladite ville. »

(4) *Histoire de Lyon*, Monfalcon, t. II.

Le duc de Nemours (1), informé de ce soulèvement, se hâta de se rendre à Lyon, où il fit son entrée le 22 mars, par la porte de *Veize*, à 4 heures du soir. « Au devant de lui al-
« lèrent, en robe, les consuls échevins, une grande com-
« pagnie d'habitants bravement montés et bien armés, tous
« portant casaques fort riches de diverses couleurs, et en cet
« ordre fut conduit en grande acclamation du peuple criant :
« Vive le prince catholique, jusques à l'église Saint-Jean,
« où le *Te Deum* fut solennellement chanté, et de là mené
« au logis de l'archevêque, qui lui avoit été préparé par la
« ville. »

Mais Nemours ne put pas rester longtemps à Lyon, sa présence était nécessaire à Paris, et il laissa le gouvernement de la ville à son jeune frère, le marquis de Saint-Sorlin. Un conseil d'Etat, institué par les Ligueurs, fut chargé de l'administration de la ville, sous la présidence du gouverneur, qui s'était emparé de tous les pouvoirs.

Dès le lendemain de son soulèvement, Lyon avait cherché à établir une confédération avec toutes les villes voisines, Mâcon (2), Villefranche, Belleville, Le Puy et d'au-

---

(1) Le duc de Nemours ne put pas cependant arriver à Lyon aussi rapidement qu'il le désirait et que la ville, qui était sans maître, le souhaitait aussi. Le 13 mars 1589, il manda d'Avallon au consulat de Lyon : « Je me suis acheminé pour aller vous trouver, mais estant
« arrivé en ce pays de Bourgogne j'ai trouvé les affaires de cette pro-
« vince en tel estat qu'il m'a semblé nécessaire d'y faire séjour trois ou
« quatre jours pour y donner ordre... » (Actes consulaires.)

(2) Dès le 27 février, le consulat manda entre autres aux échevins de Mâcon : « Nous avons bien voulu vous donner advis de ce qui s'est
« succedé en ceste ville depuis vendredy dernier, qui est qu'ayant eu
« plusieurs advertissements que nos politiques de Lyon vouloient intro-
« duire en icelle ville les regiments du Dauphiné pour nous donner la
« loi à leur volonté, nous les avons prévenus. Nous nous sommes saisis
« de la ville et de leurs personnes, sans toutefois leur faire aucun mal
« ou deplaisir.... Nous vous prions de vous *unir* à nous et d'advertir

tres entrèrent dans cette Ligne, et cette alliance prit encore plus de forces après l'assassinat du roi.

Les réformés, malgré cette confédération des villes, ne déposèrent cependant pas les armes. Le 9 mars déjà quelques régiments avaient fait des ravages dans le Mâconnais et apporté leur butin dans les Dombes. 150 soldats avaient été envoyés de Lyon par le Consulat, sous la conduite de M. de La Grange, plusieurs des chefs avaient été faits prisonniers, mais le principal, le capitaine Chappon, avait pu s'échapper. Le Dauphiné s'était agité aussi sous Lesdiguières et les barons de la Roche et du Passage, ce qui n'avait pas laissé les Lyonnais de s'inquiéter beaucoup. Ils étaient comme embarrassés de leur victoire (1).

Henri de Bourbon (2) s'était réconcilié avec Henri III. Il avait déclaré « qu'en sa qualité de premier prince du sang, « il était obligé par la loi et le devoir de défendre le roi, et « avait défié les Ligueurs comme des perturbateurs du re- « pos public et des ennemis de la couronne et de l'Etat. » Peu de jours après il avait amené son armée au roi et tous deux marchèrent sur Paris où Mayenne ne disposait que de forces numériquement inférieures de plus de moitié.

Déjà les tranchées étaient poussées jusqu'au pied des murs et l'assaut commandé pour le 2 août. Mayenne se croyait perdu et disait : « Nous mourrons en gens de bien, ou si

---

« ceux de *Tournus* et de *Chalon* de ce que nous vous écrivons et de les
« prier de *s'unir à nous* et à *vous* et de nous donner advis de jour à
« autre de ce qui arrivera. » (Actes consulaires.)

(1) Actes consulaires, 9 mars.

(2) « De toute sa troupe, dit Cayet, nul n'avoit de manteau et de
« panache que lui. Tous avoient l'écharpe blanche et lui, vêtu en
« soldat, le pourpoint tout usé sur les épaules et au coté de porter la
« cuirasse, le haut de chausses de velours feuille morte, le manteau
« d'écarlate, le chapeau gris avec un grand panache blanc où il y avoit
« une très-belle médaille. »

« nous réchappons, nous nous réservons à quelque meil-
« leure fortune. »

Mais l'assassinat du roi changea tout à coup et pour long-temps la face des choses ; on touchait à la paix, et la guerre civile avec toutes ses horreurs devait recommencer le lendemain.

Un religieux jacobin, Jacques Clément (1) avait obtenu un sauf conduit pour sortir de Paris et porter, à Saint-Cloud, à Henri III, des lettres du comte de Brienne, prisonnier de la Ligue. Conduit au procureur-général Laguesle (2), il fut ajourné au lendemain, 1er août. Ce jour-là, le roi voulut recevoir lui-même les lettres dont le moine se disait chargé et ordonna qu'on l'introduisît dans sa cham-

---

(1) Jacques Clément était né à *Serbonnes*, en Bourgogne. Marguerite de Bronze, femme de Mathieu de Brunel, seigneur de *Serbonnes*, fut, dit-on, la maîtresse de Henri III. La jalousie que Brunel en conçut contribua beaucoup à entretenir dans le pays l'esprit de la Ligue et à exalter Jacques Clément.

(2) Voici comment Laguesle a raconté cet assassinat dans une lettre adressée à l'un de ses amis : « Le roy ayant fait approcher le moyne
« pour entendre de luy ce qu'il avoit à dire, lequel approché, m'estant
« mis entre le roy et luy, et de l'autre costé estant Monseigneur le
« grand écuyer, il luy dit qu'il venoit de la part du président pour luy
« dire chose d'importance lesquelles il ne pouvoit dire qu'à luy seul ;
« sur quoy, je pris la parole luy disant qu'il eust à parler haut et qu'il
« n'y avoit dans la chambre que serviteurs fidèles ; — mais le roy, sui-
« vant sa bénignité et facilité accoutumées, le fit approcher et luy tendit
« l'oreille, nous deux reculés. Nous fumes tout étonnez quand nous le
« vîmes s'écrier, en disant . « Ah ! malheureux que t'avais-je donc fait
« pour m'assassiner ainsi ! et se leva. Le sang luy sortoit du ventre
« duquel il tira le cousteau qui incontinent fut suivi des boyaux, — et
« d'icelui frappa ce malheureux assassin sur le front, — lequel se tenant
« ferme vis à vis de luy, j'eus crainte qu'il eut encore d'autres armes et
« dessin d'offenser le roy, — ce qui me le fit pousser et jeter dans la
« ruelle. Sur ce bruit arrivèrent les ordinaires desquels l'un tirant l'as-
« sassin de la ruelle incontinent fut tué par les autres, nonobstant que
« je leur criasse de ne le point tuer. »

bre. Il était à peine vêtu et n'avait près de lui que le procureur-général et un des gentilshommes de sa garde. Pendant qu'il lisait ces lettres, Jacques Clément lui plongea dans le ventre un couteau caché sous sa manche. Le roi arracha le couteau de sa plaie et en frappa l'assassin en criant « qu'on le tue, » ce qui fut exécuté sur le champ. Le roi expira quelques heures après.

« Aultant, dit un auteur contemporain, il y eust d'éton-
« nement et de tristesse et de lamentation en l'armée royale,
« par la mort du roy (1), aultant on vit d'assurance, de joye
« et de contenance allègre ès Ligueurs, surtout dedans Paris.
« On dressa des festins, mascarades, passe-temps où le dé-
« funt roy fut couvert de malédictions et imprécations hor-
« ribles. » Qui ne reconnaît la population de Paris dans ces ignobles saturnales ?... Lyon garda plus de pudeur dans la manifestation de sa joie de ce lugubre événement, car la mort du roi était un crime. Dijon était entièrement au pouvoir de Mayenne, qui y exerçait déjà une autorité absolue depuis le mois de mars précédent; car alors le roi Henri III déclarait, dans un édit donné à Tours, « le duc de Mayenne
« s'est saisi injustement de notre ville de Dijon et de plu-
« sieurs autres pays, il a fait mettre au château aucuns de
« nos conseillers de notre Cour de Parlement de ceux qu'il
« reconnaissait les plus affectionnés à notre service et la

---

(1) Voici comment un poète du temps décrivit l'assassinat du roi :

> *L'an mil cinq cent quatre vingt neuf*
> *Fut mis à mort d'un couteau neuf*
> *Henry de Valois, roi de France,*
> *Par un jacobin qui, exprès*
> *Fut à Saint-Cloud, pour de bien près*
> *Luy tirer ce coup dans la panse*

Telle vie, telle fin. (*Mémoire de la Ligue.*)

« plupart ont été contraints à se retirer et à se cacher. »
Par suite de ces violences exercées contre cette haute magistrature, le roi avait transféré le Parlement à Flavigny.

VII. — Claude de Bauffremont, nommé par Mayenne son lieutenant en Bourgogne, s'était associé à ces actes regrettables, et un auteur moderne, M. de La Cuisine, avance « que le baron de Sennecey, loin de mettre un frein à ces « violences, en avait donné lui-même l'exemple en ruinant « deux maisons du roi en Bourgogne et le château de Gilly, « appartenant aux moines de Citeaux, après qu'il eut épuisé « le pays d'argent sous prétexte de faire la guerre à son « souverain. » Mais, d'après le même auteur, Sennecey n'aurait pas conservé longtemps la confiance de Mayenne, car il ajoute, plus loin, que « le prince conféra au vicomte « de Tavannes le titre de lieutenant-général en Bourgogne, « à la place du baron de Sennecey, retiré à Auxonne et « dont la fidélité à la Ligue était devenue suspecte. » Mais nous pensons que ces allégations ne sont pas exactes; nous croyons même, d'après des titres de l'époque, que Claude de Bauffremont n'a pas commis des exactions, car dans toutes ses lettres aux divers commandants des troupes il recommande toujours de « ménager le pauvre peuple, » et à ce moment sa fidélité à la Ligue ne pouvait pas être encore suspectée. Il lui était attaché par conviction et non par passion, et quand il la déserta elle n'avait plus de partisans ni en France, ni même à Rome, et les projets des princes étaient percés à jour.

Le roi comptait alors en Bourgogne un fidèle serviteur, le président Frémiot, un des plus grands caractères de son temps et qu'aujourd'hui, à notre époque dégénérée, on ne retrouverait plus; il avait accepté la présidence de la partie du Parlement qui s'était retirée à Flavigny, et dès qu'il eut appris la mort de Henri, il s'était rendu à cheval au siége de Duesme (1), où commandait le comte de Tavannes, pour lui faire jurer de demeurer fidèle à la cause du roi. Déjà il avait appelé à ses côtés Chantal, Meilleron, Chissey, Nivernais et Georges de Bauffremont, comte de Crusilles, qui s'étaient empressés de le rejoindre avec leurs hommes. Mayenne, Jeannin et Claude de Bauffremont, avaient tenté en vain d'amener le président Frémiot à leur parti. Ils lui avaient adressé les lettres les plus flatteuses en lui offrant de payer les 300,000 livres de dettes qu'il avait contractées pour le service du roi, et la place d'Arpont comme garantie. Frémiot avait tout refusé.

Claude de Bauffremont apprit, à Auxonne, dont il était gouverneur la mort du roi, et y entendit aussi l'immense cri de vengeance qui s'éleva de toute l'armée royale à la nouvelle de ce forfait. Des émissaires lui annoncèrent en même temps l'avénement à la couronne du prince de Navarre sous le nom de Henri IV. Mais à ce moment il était atteint de son infirmité habituelle, un accès de goutte le retenait au lit.

Mayenne (2) à qui il importait de faire reconnaître par-

(1) Duesme, petite ville dans le Chatillonnais. Les ducs de Bourgogne y avaient bâti une des forteresses les plus considérables de la province, que démantela Henri IV et que le seigneur engagiste du lieu acheva de raser en 1776. Les ligueurs s'en étant emparés, le comte de Tavannes l'assiégeait, lorsque le président Fremiot, averti par Jean des Francs, son gendre, alors à Saint-Cloud, de la mort tragique de Henri III, y accourut pour faire prêter serment de fidélité à Henri IV par Tavannes, les nobles et les soldats. Ce grand magistrat écrivant un matin aux seigneurs absents, une balle de mousquet perça la caisse de tambour qui lui servait de table. Le fort fut pris et confié à Ragni. (Courtépée, t. IV, p. 218.)

(2) Mayenne refusa de traiter avec Henri IV. Il déclara demeurer fidèle à la tradition des princes de sa maison qui était de n'admettre aucun pacte avec l'hérésie. Ses partisans l'y encourageaient. « Vous ne « devez en façon quelconque, lui disaient-ils, vous départir du chemin « qu'ils vous ont tracé ; car c'est la plus belle rose de votre chapeau. » (Dareste, *Histoire de France*, t. IV.)

tout le nouveau roi proclamé par la Ligue, le vieux cardinal de Bourbon, sous le nom de Charles X, envoyait alors des émissaires à tous les commandants des châteaux en Bourgogne. Etienne Bernard, avocat, échevin de Dijon, Francesse, capitaine du château de Dijon, et le sieur [de Champlecy, furent chargés de se rendre à Auxonne auprès du baron de Sennecey. Ces députés déclarèrent « à leur retour,
« à la mairie de Dijon, qu'ils ont negocié avec M. le baron
« de Senecey, en presence du peuple, devant lequel il
« a fait la declaration de garder la place soubs l'autorité et
« obéissance du roy Charles, dixième du nom, ne voulant
« recognoistre le roy de Navarre, parce qu'il estoit here-
« tique et chef des heretiques. » Les députés annoncèrent, en outre, que le baron avait désarmé la ville, en attendant l'arrivée d'une compagnie. Mayenne rassuré sur la fidélité du baron de Sennecey lui conféra alors le titre de lieutenant-général au gouvernement de Bourgogne, et lui-même s'était déféré celui de lieutenant général de la Couronne de France.

Mais les affaires de la Ligue allaient fort mal en ce moment. Laissons le baron en dépeindre lui-même la triste situation, en lui empruntant un passage d'une requête qu'il adressa plus tard aux Etats généraux du royaume. « Le
« baron de Sennecey peut dire que lorsqu'il fut requis par
« Monsieur de Mayenne d'accepter la lieutenance générale
« en Bourgogne, les choses y estoient tellement confuses
« que s'il n'y eust mis la main de la sorte qu'il fist, c'est,
« sans doute, que le tout s'en alloit en ruyne, au grand
« destriment de ceste cause et advantage du party con-
« traire, par l'authorité que plusieurs s'estoient attribuée et
« les divisions qui regnoient entre ceux de la Ligue, mais
« par l'establissement qu'il donna aux affaires, on y eust
« incontinent des effets très contraires aux precedents. En
« peu de jours il nettoya, à la barbe des ennemis, son gou-

« vernement de plusieurs chasteaux de grande importance
« où l'ennemi s'estoit parqué, le tout néanmoins sans
« ravage pour le peuple ny aucune dépense pour le pays,
« tellement qu'il sembloit que la paix fust de retour. »

Aux désastres de la guerre civile se joignaient aussi les ravages de la peste si fréquente alors dans nos pays. L'on peut en juger par ce seul fait. Le roi ayant prescrit à la ville de Macon de fournir vingt-sept pionniers avec un capitaine et leur équipement, pour l'armée du Dauphiné, la ville ne put le faire, « car, c'est tout notoire, disait-elle, que ce
« pays de Mascon est tellement affligé de peste que toutes
« les villes et villages sont *abandonnez*, n'y ayant auprès des
« villes autres choses que *cabannes*, — et les villages estant
« décimés de la contagion, se treuvent, la plus grande part
« des d. villages *destitués d'hommes*, — de sorte que le bes-
« tail estant à l'abandon et sans conduicte, gaste tout, et
« ont gasté les produits avant qu'ils soient venus à maturité.
« On ne peut lever une compagnie sans la faire de *gens*
« *caducs et infects* (1). »

Pendant que Claude de Bauffremont *nettoyait* les environs de Dijon, Georges de Bauffremont, son frère, ne restait pas inactif non plus. Dès après l'assassinat du roi, nous l'avons vu plus haut, le comte de Crusilles s'était hâté d'accourir avec d'autres gentilshommes fidèles à la cause du roi, à Duesme, où le président Fremiot les avait convoqués, pour prêter ensemble, avec Tavannes, serment d'obéissance au nouveau roi Henri IV, quoique hérétique. Après s'être promis un mutuel concours, chacun avait réuni ses hommes et Georges de Bauffremont était venu camper avec son monde aux environs de Tournus. Les habitants de cette ville qui ne tenaient pas pour la Ligue, ne tardèrent pas de

(1) Archives de l'Hôtel-de-Ville de Mâcon.

l'appeler à leur aide, contre les moines de l'abbaye qui s'y étaient fortifiés, et pour s'emparer des députés (1) de Mâcon qui sollicitaient le maire de Tournus de demeurer dans l'Union catholique. « Le comte, ennemi de MM. de Mâcon
« qui, quatre ans auparavant lui avaient fait ôter le gouver-
« nement de leur ville et de leur citadelle, fit aussitôt arrê-
« ter les députés, et avec eux, de Glandris, gentilhomme
« de M. de Varennes, et Philibert Chretien, notaire, que
« MM. de Macon envoyaient à M. de Nemours, cela obli-
« gea les moines et les habitants à s'armer et à se barrica-
« der les uns contre les autres (2). »

Dès que M. de Varennes (3), gouverneur de Mâcon, apprit ces troubles, il demanda du secours à Lyon ; on lui envoya cent arquebusiers, auxquels il en joignit soixante autres de sa garnison, sous le commandement du sieur de Champerny. La troupe partit le 12 juin avec quatre mille pains d'une livre, deux bœufs, quatre tonneaux de vin, un quintal et demi de poudre, un quintal de balles, un quintal de mèches, deux douzaines de pioches et autant de pelles. Les moines se sentant assez forts dans leur abbaye qui était entourée de solides murailles flanquées de bonnes tours, ne gardèrent que quelques munitions et renvoyèrent presque tous les arquebusiers. Mais ceux-ci ayant voulu se détour-

---

(1) Ces députés étaient les sieurs de Saint-Julien, chanoine de Saint-Pierre de Mâcon, frère puîné de l'historien de ce nom, et Philibert Foillard. (Juénin, *Histoire de Tournus*, p. 277.)

(2) (*Histoire de Tournus*, Juénin.)

(3) Varennes était un fief de la paroisse de Quincié, dans le Beaujolais. La maison de Nagu en jouit pendant plus de trois siècles. Le marquis de Varennes a été sénéchal de Lyon, lieutenant-général des armées du roi et commandant dans les évêchés de Toul, Metz et Verdun. En 1573, M. de Varennes-Nagu, gouverneur de Mâcon, acquit du duc de Montpensier la justice des paroisses de Quincié et de Marchamp. (Lambert d'Herb.)

ner dans les villages furent surpris par les troupes du comte de Crusilles et un grand nombre resta prisonnier.

La nuit suivante les moines firent une sortie, enfoncèrent les barricades et intimidèrent tellement les gens du comte de Crusilles qu'il se vit obligé de se retirer dans son château, laissant à la merci de la garnison de l'abbaye les habitants rebelles. La ville fut pillée et saccagée tout le reste de la nuit. Ce fut pis le lendemain. Nemours étant survenu avec trois cents hommes, le sac de la ville continua et les députés de Mâcon furent délivrés (1).

Georges de Bauffremont, après son échec à Tournus, s'était replié sur son château de Crusilles qui par ses solides fortifications formait pour lui une excellente base d'opérations pour prendre en flanc et tenir en échec les troupes de Mayenne et de Nemours qui circulaient entre Lyon et Dijon. C'est ainsi qu'il s'était emparé de la maison du prieuré du Villars (2), propriété des moines de Tournus, située à peu de distance de cette ville, au bord de la grande route, et du château d'Uchizy (3). Les habitants s'étaient barricadés sur une place, au centre du village, et s'y étaient énergiquement défendus. En 1591, ces mêmes habitants,

---

(1) Jean-Baptiste Galand, seigneur de Vernières, était alors capitaine de Tournus; il avait été nommé par Mayenne en 1575. (Guichenon, *Histoire de Bresse*, p. 123.)

(2) Villars à 4 kilomètres de Tournus. Prieuré réuni, en 1640, à l'abbaye de Tournus, afin de soustraire les religieux aux mauvais traitements des gens de guerre

(3) Uchizy, à 9 kilomètres de Tournus. On croit que c'est une ancienne colonie de Sarrasins; c'était un bourg entièrement ceint de murailles et de fossés pleins d'eau vive et muni d'un château dont il ne subsiste plus de vestiges, mais il existait encore en 1596, car le connétable Henri de Montmorency ordonna alors que les sieurs de Crusilles et de Saint-Sorlins videraient tous les châteaux et places qu'ils tenaient, excepté le château d'Uchizy. (Notes de Juénin, *Histoire de Tournus*.)

lorsque le maréchal d'Aumont se présenta avec l'armée du roi, se retirèrent dans une île de la Saône, s'y fortifièrent, coulèrent bas plusieurs bateaux des assaillants et opposèrent la plus vive résistance (1).

Ces excursions de Georges de Bauffremont donnaient les plus vives inquiétudes aux Mâconnais. Vers la fin du mois de juillet, M. de Varennes-Nagu, le gouverneur, proposa au conseil de ville de faire attaquer le comte dans son château même de Crusilles, et d'empêcher par là les ravages qu'il faisait dans le Mâconnais. On devait y employer les régiments de Saint-Vidal, Conflans, Diximieux et la Grange. « Le 2 août, MM. de Mâcon firent amener, au pont de Fleurville, le pain, le vin, l'artillerie et les munitions de guerre dont ils étaient convenus avec le sieur de Saint-Vidal, pour faire le siége. Mais lui, soit par intelligence avec le comte de Crusilles ou autrement, ne voulut point l'entreprendre et refusa absolument à M. de Varennes qui, sur cet avis, était venu à Fleurville, de se présenter seulement devant le prieuré de Villars et le château d'Uchizy. Ainsi, après plusieurs discours où Saint-Vidal fit connaître que son refus était fondé sur ce qu'on ne lui promettait aucune récompense pour son expédition, il partit avec ses troupes, et M. de Varennes retourna à Mâcon avec l'artillerie, au grand regret des habitants qui espéroient obliger le comte de Crusilles, par la prise de son château, à quitter le pays (2). »

---

(1) *Annuaire de Saône-et-Loire*, 1859.

(2) *Histoire de Tournus*, p. 279. Juénin ne paraît pas avoir connu le vrai motif de la retraite de M. de Vidal. Si celui-ci retourna à Lyon, avec ses troupes, c'est que sa présence y était plus nécessaire que dans le Mâconnais, et nous lisons dans les actes consulaires de Lyon ces lignes : « On répondra à Monseigneur de Savoye que le consulat a « exprès dépêché son secrétaire en Bourgogne pour faire *rebrousser*

Deux jours après, le comte abandonna volontairement le château d'Uchizy, et 200 hommes sortis de Mâcon le démantelèrent ; mais le comte de Crusilles ne cessa de tenir la campagne. La compagnie de cavalerie et le régiment de la Grange le surveillèrent, mais MM. de Mâcon, ne pouvant pas subvenir à leur solde, la Grange saccagea Uchizy, emporta par eau tout son butin et rentra à Lyon, laissant les Mâconnais en face du comte de Cruzilles, leur mortel ennemi. Comme ils durent regretter alors de s'être brouillés avec le comte ! Il usait à leur égard des plus terribles représailles. Toutefois, leur courage et leur tenacité ne furent pas ébranlés. Le 24 septembre suivant, M. de Varennes, ayant reçu un secours de troupes, alla rejoindre le sieur Guyonnelle, député par le conseil de l'Union de Dijon, qui lui avait mandé qu'après s'être emparé de Verdun sur la Saône, il venait dans le Mâconnais assiéger tous les châteaux que tenait encore Georges de Bauffremont, le seul des gentilshommes bourguignons qui osait braver, dans la basse Bourgogne, la puissance de la Ligue. Le jour même de la jonction des troupes, le château de Crusilles fut investi. Ce château, de construction fort ancienne, se composait d'un carré de bâtiments flanqués aux angles de quatre grosses tours rondes bâties en pierre de grand appareil, formant le château proprement dit, et d'une basse cour également fortifiée. Il occupait une vaste plate-forme qui s'avance comme un promontoire dans la riante vallée dont

---

« *chemin* aux regiments Lagrange, Diximieux et Conflans, afin *les lui*
« *envoyer* pour le *secours que Son Altesse avait requis.*
   « Le consulat de Lyon arrêta, en même temps, que pour fournir la
« ville de Lyon des munitions de guerre, on ferait faire, en Bourgogne,
« 6,000 boulets de divers calibres, tant pour pièces de batterie, coule-
« levrines, pièces de campagne et autres. » (Archives de l'Hôtel-de-
Ville.)

le village de Crusilles occupe l'un des côtés. L'accès du château était difficile de trois côtés, à cause de leur escarpement, mais au nord, du côté de la basse-cour, les approches étaient plus aisées. Dès le lendemain, on somma les assiégés de se rendre. Ils répondirent qu'ils ne le feraient que sur l'ordre de Claude de Bauffremont ou de M. de Crusilles, — et on se mit en devoir de les forcer. La Grange attaqua la basse-cour et y fut tué ; le 26, on mit du canon en batterie vers l'église du village et on fit deux brèches dans les flancs du château, au levant; quand elles furent praticables, l'assaut fut donné, mais on ne trouva que 45 ou 50 soldats à demi-morts, qui furent tous massacrés, ainsi qu'un riche paysan de Montbellet, que Georges de Bauffremont tenait prisonnier pour en tirer une grosse rançon. Le capitaine Prin, qui commandait dans le château, ayant été pris dans un bois des environs où il s'était caché, fut amené à Guyonnelle, qui le fit tuer d'un coup d'arquebuse.

VIII. — Georges de Bauffremont, ayant perdu son centre d'opération dans le Mâconnais, était allé rejoindre l'armée royale qui, dès après l'assassinat du roi, s'était mise en campagne. Tavannes, après avoir refusé la trêve que le baron de Brouillars lui avait offerte, avait attaqué Nuits, qui résista, pris Verdun, Louhans, et, après avoir traversé la Saône entre Chalon et Tournus, s'était saisi de Charolles et de Paray. Tout ce qui était tombé sous sa main avait été passé au fil de l'épée : c'était une guerre d'extermination.

Après cette courte et heureuse campagne, il était rentré dans l'Auxois pour se préparer à une nouvelle expédition. Son inactivité enhardit le conseil de l'Union à Dijon, qui tenait à montrer qu'il n'avait pas été intimidé par les succès de Tavannes. Des troupes furent envoyées devant Verdun, que commandait le baron de Viteaux ; la ville se rendit après un siège de trois jours. Le comte de Crusilles, qui avait refusé de se joindre à Tavannes, tenait, pendant ce temps-là, campagne avec ses propres gens, mais Guyonnelle le surprit près de Couches et lui fit payer cher sa présomption de lutter isolément contre l'armée de l'Union.

L'hiver suspendit les hostilités. Claude de Bauffremont était demeuré à Auxonne et y dirigeait les affaires du gouvernement en l'absence de Mayenne, mais ce prince le rappela à Dijon dès les premiers jours de janvier 1590, pour y recevoir un envoyé de la cour de Rome, le cardinal *a latere* Caietano. Rome avait approuvé le but de la Ligue, mais sans lui donner jusque-là d'encouragements positifs. Sixte Quint avait eu des ménagements pour Henri III, quoiqu'il n'eut cessé d'exiger de lui la liberté des prélats emprisonnés, une rupture avec les huguenots et une réparation pour l'assassinat du cardinal de Guise. Mayenne le pressa d'agir et de se déclarer. Sixte Quint, trop politique et trop habile pour se laisser guider par des passions exclusives, persista d'abord dans sa prudente réserve. L'arrivée à Rome du duc de Luxembourg, chargé de lui expliquer les sentiments des catholiques français qui avaient reconnu Henri IV, le confirma dans ces dispositions. Cependant il résolut d'envoyer un légat extraordinaire en France, lui recommanda de s'éclairer sur les lieux mêmes, et de chercher surtout à maintenir la noblesse et les princes de sang dans leur attachement à la cause catholique. Caietano, arrivé en France en octobre 1589, se vit aussitôt sollicité par les deux partis. Le duc de Nevers l'engageait à se tenir dans la neutralité, mais, après mûre réflexion, il se prononça en faveur de la Ligue.

L'appui du légat et du Pape donnait une grande force à Mayenne, et il tint à lui faire un accueil splendide pour

montrer aux populations que la cour de Rome approuvait la Sainte-Union. Le légat fut reçu à Dijon (1) avec de merveilleux honneurs, et « on n'oublia rien pour luy tesmoi-
« gner le respect que la ville avoit pour l'Union. » Les armes de Claude de Bauffremont avaient été placées au-dessus de la porte de la ville à côté de celles du légat, du roi Charles X et de Mayenne. Le 18 décembre, le baron assista avec sa suite et le légat au serment que M. de Fervaque prêta d'observer les articles que Mayenne avait mis pour condition de sa liberté. Fervaque était gouverneur de Dijon. Il avait été arrêté sur un simple soupçon de félonie et avait été obligé de donner 20,000 livres de caution. Le baron de Sennecey avait partagé ce soupçon, car le 26 février 1589, il lui avait adressé la lettre suivante, pleine de reproche et de hauteur :

« Monsieur, j'ay veu une lettre qu'avez escripte aux
« officiers maire et eschevins de ceste ville (Auxonne) par
« laquelle leur ordonnez de se treuver dans le sixième du
« mois prochain à Dijon. — Et parce que je me suis chargé
« de la response, je vous diray qu'ils n'en feront rien, —
« et que je n'ai treuvé moins estrange que nouveau, ce
« commandement, ne sachant en quelle qualité vous l'en-
« treprenez, n'ayant creu, ny ne croiray que aulcung ait
« puissance de commander ny ordonner en l'absence de

---

(1) Les ligueurs de Lyon avaient reçu aussi avec transports le légat de la cour de Rome ; on publia alors une brochure ayant ce titre : « Allegresse et réjouissance publique des vrais et zélés catholiques fran-
« çois, sur l'heureuse venue de Mgr l'illustrissime cardinal Caietan,
« legat du Saint-Siége, » par Loys Tantillon. Dans cette brochure, l'auteur s'adressant aux ligueurs qu'il adjura de repousser Henri IV, leur dit entre autres : « Voulez-vous commettre le renard à vos poules ?
« Voulez-vous introduire ce *monstre* béarnais en vos villes ? » Bibliothèque de Lyon, 25201.)

« M. de Mayenne et de M. le comte de Charny, que moy.
« Aussy, croyez que vous avez seulement voulu faire cet
« essay pour recognoistre si je savais mon mestier..... »

M. de Fervaque, arrêté sur l'ordre du maire de Dijon, avait été détenu un an au château de cette ville (1). Le baron de Sennecey accompagna le légat dans toute la province, ainsi que sa suite dans laquelle se trouvaient Bellarmin, Panigarole et d'autres docteurs célèbres. Le baron a raconté lui-même cette exhibition, dans une requête qu'il adressa, plus tard, aux Etats généraux pour demander la liberté de ses enfants retenus comme otages à Lyon. « Senecey, dit-il, a accompagné le légat par toute la pro-
« vince à la barbe des ennemys assemblez pour lui barrer le
« passage. En peu de temps, il nettoya son gouvernement
« de quelques chasteaux d'importance ou l'ennemy s'estoit
« parqué avec apparence de s'y establir plus fermement. Le
« tout neanmoins sans ravage sur le peuple ni aulcune des-
« pense, tellement il sembloit que la paix fut de retour. »
La guerre continuait cependant toujours. MM. de Mâcon, entre autres, avaient à leur solde de nombreuses troupes, qui occupaient Tournus, et les châteaux de Crusilles et de Dulphey. Ce dernier, bâti vers 1550, était situé non loin de

---

(1) Mayenne et le Parlement avaient vainement demandé à la mairie de Dijon l'élargissement de Fervaque. Il ne fallut rien moins que l'intervention du Légat, la plus grande puissance alors pour obtenir de la ville un retour à des sentiments plus traitables. Le cardinal de Caietan se rendit au château de Dijon le 15 décembre 1590, où il fit mettre en liberté Fervaques, après lui avoir fait jurer, *sur le salut de son âme*, les articles de sa délivrance ; mais la commune ne se contenta pas de sa parole et exigea, outre les cautions, la remise du château de Grancey, où elle mit garnison. Quelques années après, Fervaques devint l'un des partisans les plus zélés de Henri IV, et se battit bravement à la bataille de Fontaine-Française. (De La Cuisine, *Histoire du Parlement de Bourgogne*, t. I, p. 26.)

Tournus, sur la route du Charollais, et formait un poste important dont on fera bientôt le siége. M. de Varennes battait aussi la campagne et fit prisonniers, le 13 février, les sieurs de la Plaine et de Dulphey, qui avaient servi de conseil à Claude de Bauffremont. Tournus s'agitait aussi ; M. de Varennes y découvrit un complot et fit arrêter les plus notables de la ville. Le comte de Tavannes, de son côté, était retourné dans l'Auxois, y avait pris quelques châteaux et assiégé Montbard, mais il avait été obligé de lever le siége de cette place parce que les reîtres, les lansquenets et les troupes de Champagne qui y étaient employés avaient dû rejoindre le roi un peu avant la bataille d'Ivry que le roi gagna le 14 mars 1590.

Claude de Bauffremont profita de l'absence de Tavannes et de son armée (1) pour s'emparer, en trois jours, du château d'Argilly, près Dijon, que Tavannes essaya en vain de secourir avec sa cavalerie et la compagnie du sieur de Mirebeau. Dijon, malgré la terreur qu'y faisait régner le conseil de l'Union, tenta, à ce moment, un mouvement en faveur du roi. Un grand nombre de personnes fut arrêté et le conseil tenait à les faire exécuter sans retard (2), et après un

---

(1) Le 11 mars, le Conseil de l'Union avait chargé Claude de Beauffremont « de nettoyer les bicocques et chasteaux qui servoient de refuge « aux voleurs, aux environs de Dijon. » (Archives de Dijon.)

(2) Le maire de Dijon, déjà investi de la police et de l'administration, prétendit encore avoir la justice souveraine, c'est-à-dire le droit de faire exécuter ses sentences sans appel. Le maire La Verne et le capitaine Gaux, convaincus de haute trahison, eurent la tête tranchée malgré l'appel qu'ils firent au Parlement auquel Mayenne avait *interdit d'en connaître*. Mayenne obtint cependant plus tard la mise en liberté des membres du Parlement que le maire Fleutelot, simple procureur à ce siège, avait osé faire arrêter comme complices de la trahison de La Verne, mais le chanoine Gagne, jugé par la justice de la ville, fut, bientôt après, pendu en effigie avec ses habits sacerdotaux, malgré sa dignité ecclésiastique. Ce même Fleutelot prépara plus tard la reddition de

semblant de jugement. Toutefois il hésita et crut devoir prendre l'avis du baron de Sennecey, que les affaires de la guerre avaient conduit jusqu'à Lyon. Mais le baron, toujours très-circonspect et manquant de courage vis-à-vis d'un pouvoir révolutionnaire qui avait même usurpé les prérogatives de la justice, ne répondit que très-évasivement: « Vous desirez faire justice, écrivait-il, de ceux qui par des « pratiques secretes ont taché de faire du remuement. Vous « estimez que cela trainera en longueur si c'est déféré aux « appellations ordinaires et vous desirez passer outre à la « punition de ceux qui sont en vos prisons desquels je n'ay « reçu le role ny les noms. Vous le pourrez faire selon la « puissance que vous dites en avoir de Monseigneur de « Mayenne au prejudice de laquelle je ne voudrois rien « ordonner. » — Cependant le baron espérant peut-être sauver ces malheureux par des délais, ajouta « sinon les « gardant soigneusement jusqu'à nostre retour qui sera en « brief. Vous cognoisterez que par la peine qui en sera « retardée jusqu'alors, elle n'en sera partant diminuée et « que j'en ferai faire tel chastiment qui serviront d'exemple « par cy-apres à ceux qui seront de pareille étoffe comme « eux... » Le corps de ville dictait alors la loi à Dijon et ne respecta même pas son chef, le vicomte Maieur Jacques Lavergne. Arrêté avec le capitaine Gault, sur le simple soupçon de remettre la ville à Henri IV, « ils eurent la tete « tranchée (1) comme principaux conducteurs de l'affaire, « et puis le duc de Mayenne même revint en Bourgogne, « passa à Beaune ou sa premiere besogne fut de raser les

---

Dijon à Henri IV, et obtint des lettres de noblesse enterinées le 1er septembre 1595. (*Histoire du Parlement de Dijon*, De La Cuisine, t. I, p. 25.)

(1) D'Aubigné.

« faubourgs ; après il désigna plusieurs fortifications, et
« plusieurs habitants furent ruinés. »

IX. — A ce moment, une armée royale se formait sur la Loire et menaçait la Bourgogne et le Lyonnais ; un camp d'observation fut créé à la Clayette. Le baron s'y rendit pour parer aux événements. Pendant son absence, la ville de Dijon songea à échanger le bourg de Corberon (1) contre Montmoyen (2), mais elle crut devoir aussi, dans cette circonstance, prendre l'avis préalable de Claude de Bauffremont, que cet échange pouvait peut-être contrarier dans ses plans de campagne. Sennecey approuva ce projet, qui permettait la libre communication de Dijon avec Verdun et Seurre, et Montmoyen n'avait aucune importance pour lui comme position stratégique. « Je vous prie de croire,
« ajoutait Sennecey (3), du camp de la Clayette, que je n'ay
« rien plus en considération que le bien public et la sureté
« des villes catholiques, que je préfère toujours à ce qui
« concerne le particulier, selon que vous pourrez voir en

---

(1) Corberon (Côte-d'Or), arrondissement de Beaune, près Seurre, 520 habitants.

(2) Montmoyen (Côte-d'Or), arrondissement de Châtillon, 418 habitants.

(3) En se rendant à la Clayette, le baron s'arrêta à Chalon et y trouva des députés de la ville d'Autun qui venaient se plaindre de ce que leur ville était écrasée par les subsides qu'on exigeait d'elle, et par les garnisons qu'on était obligé d'entretenir, « mais le baron « tint bon, » en ajoutant « que le peuple ne scavoit ce qu'il falloit et qu'il falloit « mettre ses compagnies à couvert. » Les députés insistèrent en protestant de leur fidélité à l'Union et en faisant valoir surtout « que « l'ennemy avait tourné le dos. » Le baron fut inflexible ; la ville d'Autun dut payer encore 1,700 écus au baron de Viteaux et 800 au baron de Rouvray, qui commandait les compagnies de Poilly, Maillot et de L'Armème, ce qui finit par débarrasser Autun de la présence ruineuse de Rouvray et de ses gens.

« toutes mes actions lesquelles je conformeray au desir et
« volonté de vous, Dieu aydant. »

Sennecey séjourna peu au camp de la Clayette, Lyon était alors sérieusement menacé par une armée royale, dans laquelle Alphonse d'Ornano avait un commandement important, et qu'il avait rejointe, en toute hâte, après avoir manqué Mayenne à Lyon. Il y avait été envoyé, nous l'avons déjà dit, par Henri III après le meurtre des Guise, à Blois, pour faire subir le même sort à Mayenne. Lyon s'étant soulevé contre l'autorité souveraine, Ornano avait dû fuir cette ville qui ne lui offrait plus de sûreté, et sa fuite avait été si prompte qu'il avait dû y laisser ses chevaux et ses hardes (1). Cette armée se groupait, d'un côté, au midi, à trois lieues au-delà de Vienne, et de l'autre, à l'ouest, sur les bords de la Loire, près de Roanne. Dès les premiers jours de mars 1589, le consulat avait cru devoir informer le gouverneur et les échevins de Vienne « qu'on
« brassoit une entreprise sur leur ville et les engager à
« prendre garde que, soubs l'ombre d'une trêve ou à l'ap-
« proche des festes (c'est lors que se font les bons coups)
« ils ne soyent pas surpris (2). »

M. de Saint-Marc écrivait aussi, le 18 mars, au consulat qui l'avait chargé de surveiller, près de Vienne, l'armée royale. « Pour le regard de M. le comte de Maugiron,
« nous prenons garde à ses actions. Le dit comte a une
« grande querelle sur les bras contre le seigneur Alphonse.»
Saint-Marc, ajoute dans sa lettre, « les regiments qui es-
« toient auprès de nous, estant arrivés auprès de Saint-

---

(1) Le 8 mars 1589, il écrivit de Grenoble, où il s'était réfugié, au consulat de Lyon, pour le prier de remettre ses chevaux et ses hardes à l'un de ses gentilshommes, M. de Saint-Julien. (Actes consulaires.)
(2) Idem.

« Vallier, firent quelque outrage à un seigneur catholique,
« lequel rassembla douze ou quinze gentilshommes et ses
« amis, avec le corps de cuirasse à cheval : ils donnèrent
« sur la queue des régiments et tuèrent douze ou quinze
« soldats et deux lieutenants. J'ay bien pourvu à la garde
« de votre tour de Sainte-Colombe (1). »

Cette tour formait la place la plus sûre pour Lyon du côté du midi ; c'était comme une sentinelle avancée qui surveillait de loin l'ennemi qui cernait Vienne et tenait tous les environs. Le duc de Nemours y attachait tant d'importance qu'il en remit, peu après, le commandement à M. de Saint-Marc.

La garnison de la Tour-Sainte-Colombe donna cependant quelques craintes au Consulat : elle était indisciplinée, et la compagnie de M. de Vaux qui avait été envoyée pour la renforcer se livrait aussi à de nombreux déportements (2). L'ennemi menaçait cependant Lyon de bien près. M. de Halincourt mandait de son côté au Consulat « que les régi-
« ments du Dauphiné voulaient franchir le Rhône et il
« avait offert ses services avec deux cents chevaux pour
« empescher ce passage inquiétant pour le repos du pays, »
mais la ville qui suspectait sa fidélité refusa ses offres (3).

---

(1) La tour Sainte-Colombe est encore située dans le faubourg de Vienne, de ce nom, sur la rive droite du Rhône. Philippe de Valois, voulant mettre fin aux conflits incessants entre les églises de Lyon et de Vienne, au sujet de la propriété de ce faubourg, s'empara de Sainte-Colombe, l'entoura de murailles et fit bâtir, à l'entrée du pont, la tour à l'aide de laquelle il tint en respect l'archevêque de Lyon et la ville de Vienne, en 1334. — Cette tour est remarquable en ce qu'elle donne une idée exacte d'une forteresse ou donjon au moyen-âge ; porte d'entrée bien élevée au-dessus du sol, meurtrières étroites, galerie à machicoulis, tourelles angulaires, murs épais, voûtes solides, plateforme crénelée couronnant le tout, à une hauteur de près de cent pieds. (Baron Raverat.)

(2) Archives de Lyon. (Actes consulaires.)
(3) Idem.

Le colonel Alphonse d'Ornano éprouva cependant un échec. M. d'Albigny l'expulsa de Grenoble « il y etoit « contre le repos de la Sainte Union » et cette ville resta au pouvoir de la Ligue. Mais ce pouvoir né d'une insurrection tremblait au moindre bruit et n'osait se fier à personne. La garde de Lyon même lui était suspecte. Alors chaque quartier de la ville était commandé par un capitaine *penon*; plusieurs de ces officiers semblaient incliner vers le parti du roi. Le 5 mai, le Consulat les convoqua à une de ses assemblées présidée par M. de Chaponay, sieur de l'Isle. « Dans cette réunion, ils ont été exhortés à toute union, « concorde, intelligence avec le corps de ville, aux fins de « faire cesser les bruits qu'il y a quelque montre des capi-« taines qui se sont distraits ou qui ont volonté de se dis-« traire de la Sainte Union. Remontrances leur ont été « faites que la desunion des citoyens est l'entière ruine des « villes. Sur quoy leur a été représenté la fable que l'histo-« rien Tite Live rapporte que Mennenius Agrippa exposa « sur semblable occasion au peuple romain qui s'étoit re-« volté contre le Senat (1). »

Le 20 mai le danger augmenta encore. Le sieur d'Albigny annonçait qu'il ne pouvait plus tenir à Grenoble et demandait du secours contre d'Ornano qui le serrait de près; mais le Consulat manda aux échevins de Grenoble qui réclamaient aussi l'appui des troupes de Lyon « qu'ils « sont bien marrys que les moyens leur manquent de les « secourir et qu'ils ont tellement épuisé leurs bourses par-« ticulières qu'ils ne savent plus où donner de la tête. »

Le Mâconnais était également menacé par les troupes royales. M. de Varennes-Nagu demanda, de son côté, « qu'on lui envoyât des troupes et des mnnitions de guerre

---

(1) Archiv. de Lyon. (Actes cons.)

« pour expurger quelques maisons-fortes ès quelles les
« ennemys de la Sainte Union font leur retraite, et de là
« courent les champs et troublent le commerce de la
« Saône. » Parmi ces ennemis si redoutables pour le gouverneur de Mâcon se trouvait Georges de Bauffremont, et le château de Crusilles était une de ces maisons fortes qui servaient de refuge aux troupes royales. Le Consulat ordonna alors « qu'il sera enlevé de l'arsenal 200 boulets,
« 2 milliers de poudre à canon qui seront envoyés à M. de
« Varennes par le sieur Alexandre, garde general de l'artillerie
« et munitions de France. » On livra aussi deux pétards du poids de quatre-vingt dix-neuf livres que le sieur de Vaux avait libéralement prêtés, et le 31 juillet la ville livra encore 2 milliers de poudre et 150 boulets. Ces munitions servirent au siége de Crusilles que nous avons raconté plus haut.

Dans l'intérieur de Lyon le parti du roi ne se lassait pas, non plus, d'agir, malgré l'active surveillance du Consulat ; on y ourdit même une conspiration qui faillit faire tomber la ville au pouvoir de Henri IV. Ce complot avait pour chef le sieur de Bothéon et d'autres gens notables, mais il fut découvert et le 15 mars 1590 « furent exécutés sur la place
« Confort, Benoist Mestier, capitaine penon de la rue Gentil
« et le sieur Bertrand, son sergent, Antoine-François, dit la
« Plume, huissier au siége présidial, François Guyonnet,
« concierge du sieur de Bothéon, et le sieur Laplace, capi-
« taine de la ville, condamnés à mort comme traîtres, pro-
« diteurs de la patrie et criminels de lèze-majesté. » Le 19 du même mois, le capitaine Montgriffon fut aussi exécuté sur le pont de Saône. La découverte de cette conspiration (1)

---

(1) On voit, par les Actes consulaires, que les conspirateurs devaient « faire ouverture de la porte du pont du Rhône au colonel Alphonse « d'Ornano qui se présenteroit au jour assigné, et qu'on se jetteroit

donna au Consulat la triste certitude qu'il ne pouvait plus avoir confiance même dans la garde de la ville, — et il se vit obligé de prier le roi d'Espagne de lui envoyer un secours de trois cents chevaux « payez pour quatre mois et conduits « par quelque bon chef et bien aguerri capitaine (1). »

L'armée royale s'avançait toujours au midi de Lyon. Elle s'était même emparée de Vienne. Le Consulat y avait expédié, en toute hâte, un certain nombre de troupes sur cinq grands bateaux avec un ponton, pour essayer de reprendre la ville, mais ces troupes avaient dû rentrer à cause de leur insuffisance comme nombre. Le péril grandissait de jour en jour. Le Consulat voyant « que l'ennemy commençait
« même déjà à courir jusques bien près des murs de Lyon,
« arrêta que le sieur de Saint-Christophe, gentilhomme
« très affectionné au party de la Sainte Union, et qui est
« présentement en ceste ville, sera envoyé vers M. le baron
« de Senecey, pour le prier d'amener, luy mesme, ses
« forces en ceste ville de Lyon, — et l'asseurer qu'elles
« seront soudoyées et les chefs d'icelle bien reçus. — De
« plus, on arrêta d'escrire à cet effet au dit sieur de Senecey et aux capitaines et chefs qui sont à sa suite, les
« barons de Thianges (2), de Lux (3), de Viteaux et de

« dans l'arsenal avec partie de ses gens pour se saisir de l'artillerie... » (Actes consulaires, AA. 42.)

(1) Actes consulaires, AA, 42.

(2) De Thianges, de la célèbre maison de Damas, originaire de la Bourgogne. Nous en reparlerons plus loin.

(3) Le baron de Lux, Edme de Malain, parent de Claude de Beauffremont, fut du nombre des gentilshommes qui, après l'avènement de Henri IV, conspirèrent contre lui avec le maréchal de Biron. Ce dernier paya son crime de sa tête; le baron de Lux eut sa grâce, après avoir révélé les noms de ses complices. Le maréchal n'avait fait aucun aveu.

« Bissy (1), et on enverra des commissaires auprès d'eux
« pour accelerer leur réponse. Le capitaine Allard est spe-
« cialement depesché vers M. le baron de Sennecey (2). »
Le baron était alors au camp de la Clayette (3).

En même temps, le Consulat nommait des commissaires pour prier les propriétaires ou inquilins des maisons qui avaient été marquées par le maréchal-des-logis de la ville pour loger les gentilshommes de Bourgogne qui venaient au secours de la ville, de mettre ces maisons à leur disposition. D'autres commissaires furent chargés de faire les provisions de vivres et de munitions pour recevoir aux faubourgs de Vaise et de Saint-Just les troupes venant de Bourgogne.

Le 11 avril 1590, M. de Sennecey arriva enfin à Lyon avec ses troupes, 2,000 hommes tant de pied que de cheval. Le Consulat s'engagea à payer 18,000 écus par mois pour l'entretien et solde de ces troupes, et leur en fit payer de suite 10,000. En outre, le Consulat défraya tous les officiers durant leur séjour à Lyon. La dépense de ceux qui logèrent à l'hôtellerie de la *Pomme-Rouge* s'éleva à 585 écus, — au logis de la *Tête-Noire* à 568 écus, — ailleurs 218 écus, — plus 200 écus (4). Une compagnie de 300 Suisses fai-

---

(1) De Bissy, de la maison de Thiard de Bissy, originaire de la Bourgogne.

(2) Le consulat envoya aussi le sieur de Saint-Christophe vers le baron de Sennecey; néanmoins, celui-ci ne se décida à amener son armée au secours de Lyon qu'après avoir prié le Consulat d'en conférer avec le baron de Lux qu'il lui envoya porteur d'une lettre dans laquelle Sennecey disait : « Vous conférerez avec le baron de Lux avec toute
« liberté et confiance, et attendant ce qu'il me rapportera de vostre
« part, je m'achemineray ainsi qu'il vous le dira, pour, à son retour,
« me resoudre selon ce que j'apprendray par luy. » (Correspondance de Sennecey. Archives de Lyon, AA. 42.)

(3) Actes consulaires.

(4) Idem.

sait partie de l'armée du baron de Sennecey. Le Consulat fit payer 100 écus au capitaine « pour le faire suivre avec « sa compagnie ladite armée. » L'artillerie de Claude de Bauffremont était sous les ordres du capitaine Philippe Forestier « capitaine de charroy de l'artillerie de Bourgogne, « sous la charge de M. de Senecey. » Il reçut 150 écus » pour quatre journées de la fourniture et entretennement « de 80 chevaulx et 3 charriots. — En outre, on promit « de payer au dit capitaine 50 écus par jour pour la dite « artillerie (1). »

Dans cette petite armée se trouvaient aussi des pionniers que les Etats du Mâconnais (2) avaient été obligés de lever et d'équiper — prix faits, 30 sols pour chaque « habillement « complet (casaque, pourpoint, gourgasque (haussecol) et « bas de chausses dont les Etats devront fournir seulement « la toile. — 8 sols la paire de souliers, 20 sols pour chaque « chapeau *rouge* garni d'un cordon. A 50 livres pour tous « les outils. »

X. — Dès que Claude de Bauffremont fut à Lyon, on acheva les préparatifs pour le siége de Vienne qui inquiétait tant le Consulat et de diverses autres places dont la prise avait été jugée nécessaire. Ainsi, le 18 avril, on conduit devant Vienne « un *bateau* de *feu artificiel* pour rompre le pont de « Vienne pendant que l'armée serait à Sainte-Colombe, » mais ce bateau ne put être utilisé à cause des grands vents qui empêchèrent sa descente. « Il ne put pas descendre plus « de trois lieues et on le ramena. » Il en coûta 100 écus pour les charpentiers. La ville entretenait aussi, à ce moment, sur ses deux rivières, une flotille de bateaux armés

---

(1) Actes consulaires.
(2) Archives départementales de Mâcon, série C. n. 467, p. 95.

qu'on appelait frégates. Enfin pour faciliter les communications entre les localités où l'armée devait agir, on établit des postes (1) bien pourvues de chevaux ; l'une fut établie à Vernaison (2) et une seconde à l'Arbresle (3), points intermédiaires entre Vienne et Charlieu (4), les principaux objectifs des armées qui allaient être mises en mouvement.

Le Consulat, en appelant Claude de Bauffremont à Lyon avec son armée, avait songé d'abord à lui confier le commandement de toutes les forces dont la ville pouvait disposer ; mais les gentilshommes lyonnais furent, sans doute, jaloux de voir un étranger à leur province investi de ce grand pouvoir — et la division se mit parmi les chefs. Pour tout concilier, le Consulat confia ce commandement au marquis de Saint-Sorlin, frère du duc de Nemours, qui avait été appelé à Paris par Mayenne; on lit en effet, dans les Actes consulaires, ce qui suit : « Parce que les héréti-

(1) Le gouvernement entretenait des postes dans un grand nombre de localités pour le service des *chevaucheurs*. Antoine Jacquet était « che- « vaucheur du roy » à Lyon. Le consulat lui donne un mandement de « 40 écus pour être distribués aux chevaucheurs tenant les postes de « la Tour, Tarare et l'Arbresle, à cause des frais qu'ils ont à suppor- « ter à l'entretien des postes qui naguères ont été dressées pour le service « du roy et commodité de l'armée que le sieur colonel d'Ornano a con- « duite pour ledit service au pays des Dombes. » (Registre consulaire.)

(2) Vernaison (*Veridus locus*), joli village sur les bords du Rhône, fondé par des moines dont le couvent a disparu depuis longtemps. Ce fut un fief de l'abbaye d'Ainay, et on y voyait un château où était le grand décimateur ; il remontait au XIIIe siècle; il n'en reste que des ruines.

(3) L'Arbresle (Rhône), sur la route de Roanne. Son château, fondé sur un oppidum romain, date du XIe siècle. La ville a été fondée par l'abbé Dalmatius et devint le principal domaine de l'abbaye de Savigny, à 5 kilomètres de l'Arbresle. (Baron Raverat.)

(4) On ne fut pas plus heureux avec les bateaux qui portèrent l'artillerie à Givors ; ces bateaux ayant été déchargés à Givors, l'ennemi s'en empara. Le consulat paya pour l'un 70 écus, et pour l'autre 45 écus ; plus encore 300 écus. (Archives de Lyon).

ques ennemys jurés de la Sainte Union des catholiques, se se sont naguère saisis de la ville de Vienne, par le moyen de M. de Maugiron et autres leurs facteurs, qui se disent catholiques — que depuis, ils ont impunément courru jusques aux portes de Lyon — ravagé et pillé les villages voisins et pris quelques chasteaux et autres places fortes par les quelles ils pourront grandement fatiguer cette ville et la bloquer. — Outre les intelligences qu'ils ont d'ailleurs, on avait resolu pour arrester leurs desseings et empescher leurs courses et ravages, de prier M. de Senecey de se mettre en campagne, — mais le 14 avril sur ce que la présence de Monsieur le marquis de Saint-Sorlin *est plus que nécessaire* pour la conduicte de l'armée que l'on dresse contre les villes de Vienne, Charlieu et aultres — pour prévenir et *rompre les divisions et mescontentement des chefs et capitaines* de la d. armée, composée des troupes de *divers* gouvernements qui ne *voudroient recevoir les ordres et commandements les uns des autres*, le dit seigneur marquis a esté prié de s'en rendre *le chef et conducteur* — ce qu'ayant liberalement accepté, on arrêta que, pour luy donner le moyen de la despense extraordinaire qu'il fera, de lui payer 100 écus. » — Mais le marquis de Saint-Sorlin était un jeune homme sans expérience, et aussi étranger à l'art de la guerre qu'à la direction des affaires civiles et politiques. Le Consulat qui ne l'ignorait pas avait même déjà, le jour où le duc de Nemours avait nommé son frère gouverneur de Lyon, supplié « Monseigneur de Nemours d'escrire à Madame de Nemours, sa mère, Anne d'Este (1), veuve en

---

(1) La maison d'*Este* a pris son nom de la petite ville d'*Este*, près de Padoue, et a regné sur Este, Padoue, Ferrare et Reggio, et s'est alliée à plusieurs maisons souveraines, entr'autres celle d'Angleterre.
Alphonse II régna à Ferrare et à Modène de 1559 à 1597. Il avait

premières noces de François de Lorraine, grand duc de Guise, et en secondes noces de Jacques de Savoie, premier duc de Nemours. »

En appelant Anne d'Este (1), le Consulat avait en même temps organisé une sorte de conseil d'Etat pour la direction des affaires du gouvernement de la ville et de la province du Lyonnais. Ce conseil se composait :

1. De deux membres du clergé ;

2. De trois ou six gentilshommes des trois provinces du Lyonnais, Forez et Beaujolais ;

3. De quatre échevins de la ville ;

4. De deux hommes de robe longue et de deux financiers ;

5. D'un procureur syndic pour faire les remontrances (2).

Ce conseil devait être présidé par le jeune marquis de Saint-Sorlin, « lequel disposera des affaires du gouvernement

---

passé sa jeunesse à la cour de France et en rapporta le goût des fêtes et des tournois. Sa cour réunissait les premiers peintres et les hommes les plus célèbres de l'Italie, entr'autres le Tasse. (Bouillet, 579.)

(1) Le Consulat tenait beaucoup à la présence, à Lyon, d'Anne d'Este, et le 23 mars il lui avait déjà adressé la lettre suivante :

« Madame, nous vous supplions de croire que nous n'avons jamais reçu un plus grand ayse et contentement que celuy que nous a apporté l'heureuse arrivée en ceste ville de Mgr de Nemours, vostre fils, lequel fut reçu, hier, avec tant de joye et applaudissements d'un chascun qu'il n'est possible de plus. — Et, vous dirons davantage, Madame, que combien nostre allegresse en ait esté, elle fust encore esté plus, si Vostre Excellence eust esté de la partye, laquelle, pour ce, nous supplions très humblement de nous favoriser et honorer de sa présence, la pouvant asseurer qu'elle ne pourra aller en lieu où elle soit plus désirée et vue de meilleur oiel, ny reçue de meilleure affection qu'elle ne le sera icy, dont elle aura un vray et asseuré temoignage quand il luy plaira de satisfaire, en ce, nostre sincère désir ; cependant, nous lui baiserons très humblement les mains, priant Dieu, etc... » (Actes consulaires.)

(2) Actes consulaires.

par la deliberation et resolution qui sera prise en conseil presidé de la personne du dit marquis (1). »

Anne d'Este ne pouvant suivre son fils à la guerre où l'aider de ses conseils dans les camps, le Consulat se réserva le droit de diriger lui-même les mouvements de l'armée en campagne. Ce n'est pas qu'il se crut plus apte que les généraux à faire de la stratégie militaire, mais il était jaloux, à l'excès, de son pouvoir usurpé révolutionnairement. — Né d'une émeute, composé d'ambitieux qui avaient toujours rêvé d'escalader le pouvoir pour s'y faire une place grassement payée, il se méfiait de tous ceux dont il était obligé de se servir et ne voyait en eux que des hommes de son essence, prêts à le trahir. Dans cette pensée, il nomma des *commissaires près des armées* chargés de surveiller et d'espionner sans cesse les chefs militaires dans tous leurs actes et de lui adresser journellement des rapports secrets.

Dans la séance du 12 avril, « les sieurs Prost et Charbonnier furent commis comme eschevins pour suivre M. le marquis — assister à son conseil — *voir et entendre tout ce qui s'y fera, pour toujours tenir le Consulat averti* des occurrences et exploits qui seront faits par ladite armée.

« MM. Prost et Charbonnier estant à l'armée se tiendront toujours près la personne de M. le marquis, l'exhorteront et *l'encourageront, attendu que c'est son premier voyage* et sa *première entreprise*, de tascher en rapporter honneur pour sa personne et contentement pour les habitants de ceste ville et de son gouvernement qui ont toute espérance sur luy.

« — Se souvenir que les ennemys ne s'attachent seulement à ceulx de ceste ville et au pays, mais en particulier à Messeigneurs, ses frères, et à luy, leur voulant *voler* le gou-

---

(1) Actes consulaires.

vernement que *Dieu*, *Nature* et le *feu Roy* et le *commun consentement* de tout le pays leur a déféré ce qui doit le rendre d'autant plus jaloux de la conserver.

« — Se présenteront à tous les conseils qui se tiendront — y prendront le rang et séance comme eschevins et députez de la ville capitale de ce gouvernement, — et parce qu'ils savent, particulierement, ceux de la noblesse, des finances ou du Tiers Etat dont l'on doit *se fier ou défier ne leur sera dit aultre chose de particulier*, mais seulement, ils seront advertis *d'observer leurs actions, leurs conseils ou leurs avis*, — et empescher que par des expediens, *à leur accoustumée*, ils ne rompent les desseings et propositions qui se feront pour le bien commun de la province.

« — Ordonneront, en outre, que la commission qui a été expédiée au capitaine Fontenay, pour Montagny (1), soit exécutée de façon qu'il ne faille plus y revenir.

« — A Sainte-Colombe, verront faire rompre le pont, prendre la Tour, l'avitailler et y laisser homme de commandement duquel l'on puisse s'asseurer, avec le nombre requis de soldats.

« — A *Condrieu* (2), feront démenteler la ville et seule-

---

(1) Montagny était jadis une forteresse considérable. Ses seigneurs, qui se qualifiaient de premiers barons du Lyonnais, étendaient leur pouvoir sur tous les environs. Ses ruines subsistent encore et sont considérables. Des tours rondes et carrées, renforçant les angles du rempart du château, défendaient aussi les deux portes du village. Une partie de ce rempart, à l'ouest, porte encore le nom de la Brèche. Cette brèche fut ouverte par le canon du baron des Adrets, tour à tour huguenot et catholique. Le village est situé sur un cône qui domine la vallée près Givors (Rhône). (*Autour de Lyon*, baron Raverat.)

(2) *Condrieu* est situé à l'extrémité du département de l'Isère, sur les deux ruisseaux le Vernon et la Boucharde. En l'an 1000, Godemard, l'un des plus puissants seigneurs du pays, en fit hommage aux archevêques de Lyon. L'archevêque Renaud II l'entoura de remparts et bâtit

ment mettre garde dans le chasteau commandé par d'aultres que les Des Villars qui ont trahi le dit chasteau et fait leurs affaires.

« — Feront miner *Ampuis* (1) qui appartient aux Maugiron — et si l'on pouvait pousser jusqu'à *Annonay* (2) et qu'on le put emporter, ce seroit un grand bien pour nous.

« — Après, venans en *Forez* tiendront la main que *Riverie* (3) soit démantelé, la maison de la *Liergue* (4) ruinée (et qu'on la put emporter) pour lui oster sa retraite en ce gouvernement, et le renvoyer en Vivarais, puisqu'il nous a manqué de foy et parole.

« — Procureront de faire miner le chasteau de *Fougerolles* appartenant à *Amberieu*, la maison du sieur de *Chenevaille*, celle du capitaine *Fanchette* et le château de *Bothéon* (5). Si l'on pouvoit enmener à Lyon *la femme et les filles* du dit sieur de Bothéon, ce seroit le vray moyen de rompre la violence de ses moyens.

---

un château sur la montagne. En 1562, la ville fut prise d'assaut par les protestants et ruinée de fond en comble. Zélée catholique, elle embrassa plus tard le parti de la Ligue, puis se soumit à Henri IV.

(1) *Ampuis*, situé sur les bords du Rhône, date de l'époque gallo-romaine. Archambaud, premier maître connu de la terre d'Ampuis, était maire du palais au VIIe siècle. Au XIe elle appartint à Girard, puis à Foulques et à Oger. Elle passa ensuite aux Maugiron, puis aux Harenc de la Condamine. Le château était autrefois dans le village. (*Autour de Lyon*, baron Raverat.)

(2) *Annonay* (Ardèche), ancien marquisat et bailliage, au confluent des rivières de Tanches et de Deumes.

(3) *Riverie* (Rhône), canton de Mornant. Pris et saccagé par les ligueurs, en août 1590. — Ancienne baronnie aux Riverie, Roussillon, Thoire-Villars, Laurencin, Camus et Bothéon, à 8 kilomètres de Lyon.

(4) *Liergues* (Rhône), arrondissement de Villefranche, près Anse.

(5) *Bothéon*, château appartenant à la famille de Gadagne.

« — Puis, l'armée passant à *Charlieu* (1) procureront que le chasteau de *Saillans* (2) ne soit oublié.

« — Et, en tout ce que dessus *seront roides*, et ne se laisseront gagner aux persuasions de ceux lesquels préféreront leur intérêt particulier, l'intelligence qu'ils peuvent avoir avec l'ennemy, et la parcelle ou le degré de la parcelle au général, viendront empescher ce que dessus.

« — Et donneront souvent avis au consulat du succès de

---

(1) *Charlieu* (Loire), arrondissement de Roanne; ancienne place forte, prieuré, couvents, restes très-beaux de son ancienne église romane.

(2) Saillans était un gentilhomme étranger, dont le nom était Pierre Bagliani, ennemi de la Ligue. Il fut arrêté, par ordre du consulat, au moment de la révolte de Lyon contre le roi, et enfermé au château de Pierre-Scize ; mais il parvint à s'en évader et se retira à son château de Saillans. Il s'empressa d'informer M. de la Guiche de son évasion et de lui faire connaître la situation précaire de la Ligue, à Lyon, en lui indiquant les moyens pour s'en saisir et faire rentrer la ville sous l'autorité royale ; mais la lettre fut interceptée par le consulat, lequel ordonna, le 26 avril 1589, « qu'elle serait enregistrée à perpétuelle mémoire de la mauvaise volonté du sieur Bagliani contre la ville. »
Saillans n'ignorait pas les projets du consulat sur son château, car il mandait a M. de la Guiche : « Je suis tous les jours menacé que l'on
« veut venir me pétarder, toutefois je suis bien résolu à me défendre,
« mais je n'ose rien remuer jusqu'a ce que j'aye tiré de prison M. de
« Jons, mon beau-père, et ma femme ; cela fait, disposez de moy. »
M. de Jons avait été enfermé à Pierre-Scize avec MM. de Servières et du Soleil. Mme de Saillans resta prisonnière dans sa maison, mais tous ses meubles furent saisis et vendus par le consulat. (Actes consulaires.)

Le baron de Sennecey, en quittant Lyon, alla s'établir d'abord à Saint-Genis-Laval, à 9 kilomètres de Lyon. Il y écrivit, le 17 avril, au consulat, pour le prier « de ne pas oublier de faire suivre les munitions
« et d'envoyer la poudre pour les harquebuzes et des balles à mous-
« quets. » « Vous aurez souvenance aussy, ajoutait-il, de faire sortir
« les Suisses qui doibvent venir en toute diligence, afin que ceux de
« Bourgogne que j'ay amenés se joignent à eux. » (Actes consulaires.)
On sait que Sennecey avait 300 Suisses dans son armée.

leur voyage et des difficultés qui se présenteront aux fins qu'on puisse les résoudre. »

Ces instructions, comme on le voit, étaient des plus complètes. Elles renfermaient d'abord, tout un plan de campagne ; on prescrit au jeune et inexpérimenté marquis d'opérer, en commençant, au midi de Lyon, contre Vienne et Sainte-Colombe, de pousser ensuite plus loin jusqu'à Ampuis et Annonay, en lui désignant les places qu'il doit prendre et démanteler. — Après ce mouvement, il doit revenir le long du Vivarais et se rendre sur la Loire, où Charlieu sera son principal objectif. Les échevins députés devaient, en outre, ne pas perdre de vue le marquis, — épier ses paroles et ses actes, — se défier de son entourage en l'entourant d'un véritable espionnage, et adresser de fréquents rapports.

Tous les préparatifs étant terminés, l'armée quitta Lyon et entra en campagne. L'armée royale n'attendit pas les Lyonnais derrière ses remparts de Vienne et de Sainte-Colombe. Elle marcha au-devant d'eux. Le premier choc eut lieu près de Givors. Il est ainsi rapporté dans les Actes consulaires :

« 1590 avril 19. Jeudy saint, sortirent de Vienne les
« sieurs Alphonse, Maugiron, Blacon, Lesdiguières, Mont-
« bellet, Gouvernet et aultres, accompagnés de quatre ou
« cinq cents hommes lesquels vouloient charger l'armée
« du sieur marquis de Saint-Sorlin qui faisoit des appro-
« ches de Vienne, — et fut prins le dit sieur Alphonse
« prisonnier, le lieutenant du dit Maugiron et Montour,
« parent du dit Maugiron tuez avec d'aultres, et fust mené
« le dit Alphonse à Givors où il demeura quatre jours,
« gardé par M. de la Barre qui l'avoit prins, — et fust
« blessé à la dite rencontre M. de Thianges, au jarret sur
« la jarretière, et son cheval aussi, d'un coup de mous-

« quet et demeura la balle au ventre du cheval, — et fust
« amené M. de Thianges (1) en une litière à Lyon. »

L'honneur de la journée fut pour M. de Thianges ; mais cette journée fut peu glorieuse pour l'armée de la Sainte-Union.

Le 28 avril, le consulat constata sur ses registres que
« l'ennemy eust forcé l'armée, sans la vive opposition que
« fit M. de Thianges s'estant mis à pied, pour faire tourner
« visage à notre infanterie qui estoit *entrée en ceste épouvante*
« *qu'elle tournoit le dos*, et *ayant repris courage* par le moyen
« du dit sieur de Thianges qui y fust grièvement blessé
« d'une arquebusade de laquelle il estoit malade à Lyon. »

Le marquis de Saint-Sorlin s'empressa de faire part au consulat de Lyon de sa victoire, qui était son premier succès, et qu'il devait à la bravoure d'un gentilhomme bourguignon. Il annonça, en même temps, la capture de d'Ornano et « que le baron de Sennecey va faire remettre entre
« ses mains son prisonnier — qu'il en référoit à Messieurs
« de Mayenne pour savoir ce qu'il doit en faire, et, qu'en
« attendant, il prioit le consulat de le faire garder par le
« capitaine de la Barre qui l'avoit prins et qu'il nommoit
« gouverneur du chasteau de Pierre-Ancize où le dit
« Alphonse seroit gardé trois ou quatre mois, après que la
« garnison de ce chasteau seroit renforcée. »

---

(1) François Damas, seigneur de Thianges, de Dio, de Fleury, de la Tour, du Deffend et du Vaux de Chizeul. Pendant la guerre de la Ligue, il fut fort aimé et estimé par le duc de Mayenne, qui lui donna la lieutenance de sa compagnie de cent hommes d'armes, au commandement de laquelle il acquit beaucoup d'honneur ; — il fut aussi gouverneur de Noyons et de Soissons. Il épousa, en janvier 1580, Françoise dame de Dio, fille de Jean Palatin de Dio et de Louise de Chantemerle, il en eut trois fils et trois filles. (Guichenon, *Histoire de Dombes*, t. II, p. 176.)

Le succès de l'armée, à Givors, causa également une grande joie au Consulat qui avait pu apprécier, depuis longtemps la valeur personnelle du colonel Ornano et l'importance de sa capture. « Il s'empressa de passer procura-
« tion aux députez co-eschevins près M. le marquis de
« Saint-Sorlin, pour faire toutes promesses et obligacions
« requises pour que le dit sieur Alphonse soit conduit et
« amené à Lyon pour y estre gardé, comme prisonnier de
« guerre, soubs l'autorité de M. le marquis, — et faire
« toute assurance qu'au dit sieur Alphonse ne sera fait
« aucun tort. »

Le marquis de Saint-Sorlin, pour témoigner au capitaine de la Barre sa reconnaissance de la capture de d'Ornano, lui fit présent d'un cheval acheté d'un sieur Horatio Carricioni, gentilhomme lucquois, que le Consulat paya 30 écus, à la prière du marquis.

Le Consulat, de son côté, fit offrir au marquis de Thianges « quelques chapons, des confitures et 500 écus. » M. de Thianges avait une compagnie de 100 hommes et commandait, comme lieutenant du duc de Mayenne. Mais le 23 avril, le Consulat, tout joyeux de la prise de d'Ornano (1) qu'il attendait et pour lequel il avait fait préparer

---

(1) Une grave erreur historique a été commise au sujet de la capture du colonel Alphonse d'Ornano. Lesdiguières, dans ses Mémoires dictés à son secrétaire, et Aubret dans les siens (t. III, p. 415), mais qui a copié servilement Lesdiguières, rapportent ainsi cette capture : « Tandis que notre prince servoit le roi en Normandie, le duc de Nemours, que l'on accuse d'avoir eu le dessein de se faire une souveraineté de son commandement du Lyonnais, Forez et Beaujolais, crut être en droit de se rendre maître de Thoissey en cette souveraineté pour se rendre plus maître de Lyon. Alphonse d'Ornano, qui était lieutenant-général pour le roi en Dauphiné, voulut aussi se rendre maître de la même ville, à cause de son château, qui commandait sur la rivière de Saône. Il vint pour l'assiéger et pour empêcher en même temps que le marquis de

un logis au château de Pierre-Scize, apprit, non sans un vif déplaisir, « que le dit jour, lundy, fust enmené de Givors

Saint-Sorlin, frère du duc de Nemours, qui commandait à Lyon, en l'absence de son frère, ne fut pas joint par M. de *Senesœy* (sic) Sennecey, lieutenant en Bourgogne pour M. de Mayenne, chef de la Ligue, qui amenoit 2,000 hommes de troupes de Bourgogne à Lyon. Les troupes d'Ornano et celles des ligueurs campèrent les unes sous Thoissey, les autres dans cette ville. Il y eut diverses escarmouches de leurs troupes ; mais un gentilhomme de Bourgogne, nommé La Barre, s'étant présenté pour se battre et tirer un coup de pistolet avec celui de l'armée d'Ornano qui voudrait se présenter, ce général eut l'imprudence d'y aller lui-même. La Barre ayant donné dans sa visière, d'Ornano en fut ébloui, en sorte que La Barre saisit la bride de son cheval et l'emmena prisonnier de guerre à Thoissey, et, le lendemain, en Bourgogne. L'armée du roi, étant sans chef, se débanda, celle du duc de Nemours en fit autant, croyant qu'elle avait assez fait en prenant le chef de l'armée et la dissipant. » Un autre écrivain a ajouté à ces lignes ce qui va suivre :

«Le capitaine Tircuy de La Barre, auteur de cet exploit, était un ami du duc de Mayenne.

« Sa mère était cousine de sainte Chantal. Avec les 40,000 écus qu'il reçut pour la rançon d'Alphonse d'Ornano, il acheta, le 10 mars 1592, le fief de Corcelle en Baujolais, dont ses descendants prirent le nom. » Mais toute la version donnée par Lesdiguières et répétée, mot à mot, par Aubret n'est qu'une fable d'un bout à l'autre. En effet, comme on le verra par le récit que je fais ici, de la capture de d'Ornano, et dont j'ai puisé les éléments aux sources les plus authentiques, c'est-à-dire aux registres manuscrits du consulat de Lyon et aux archives de Dijon, comme à la correspondance du baron de Sennecey que je possède, on verra : 1º qu'il n'y eut, à ce moment, aucune rencontre entre les deux armées sous les murs de Thoissey ; 2º que ce choc se fit sous les murs de Givors : 3º qu'il n'y eut pas, dans cette bataille, de combat singulier entre d'Ornano et le capitaine de La Barre, mais que ce dernier s'empara du colonel corse au milieu de la mêlée ; 4º qu'il n'emmena pas son prisonnier en Bourgogne, puisqu'il rentra à Givors où, pendant quatre jours, il le garda, jusqu'à ce que le baron de Sennecey enlevât Alphonse d'Ornano pour l'emmener « *sans mot dire* » et secrètement en Bourgogne, dans le château d'Auxonne, et 5º que l'armée de la Ligue ne se débanda point, mais marcha sur Charlieu dont elle s'empara. Quant à la rançon de d'Ornano, il se peut que le capitaine de

« le dit sieur Alphonse par le sieur de Senecey, en Bour-
« gogne. Le quel sieur de Senecey s'en alla de Greyzieux
« où estoit le rendez-vous avec le dit sieur Alphonse et
« deux cents chevaux *sans dire mot.* »

Le marquis de Saint-Sorlin se hâta également d'informer le Consulat de l'enlèvement de d'Ornano par le baron de Sennecey, en lui exprimant son vif dépit de ce procédé déloyal, et son intention d'en tirer une éclatante vengeance. « C'est avec le plus grand et extrême desplaisir,
« écrivait-il, que je vous fais ce mot pour vous advertir que
« Monsieur de Senecey m'ayant donné sa foy et parole de
« me remettre le sieur Alphonse, corse, pour l'envoyer à
« Lyon, à Pierre Ancize, comme vous a rapporté M. Char-
« bonnier qui s'en est allé vous trouver, pour faire son
« logis, avec M. de la Barre.... s'en est allé du costé de
« son gouvernement. Il m'a escript qu'il s'en va avec le
« prisonnier, et quand il me verra, il me rendra content.
« — Ce que je vous proteste qu'il ne peut faire sans re-
« mettre le dit Alphonse au lieu qu'il m'a promis — et crois
« que vous serez aussi estonnez que moy *du tour qui m'a*
« *esté fait,* et que *Dieu ne me laissera qu'il me donne moyen*
« *d'en avoir la raison* qui est la vostre que je desire le plus
« au monde. »

Le baron de Sennecey, en enlevant ainsi d'Ornano, *sans dire mot,* au marquis de Saint-Sorlin, commandant en chef l'armée et qui rêvait peut-être d'en orner son triomphe en rentrant avec lui à Lyon, obéit, sans nul doute, dans cette circonstance, à un sentiment de jalousie et de vengeance.

La Barre l'ait touchée. Le baron de Sennecey, dans sa requête aux Etats généraux, en parlant de cette rançon, dit cependant qu'elle fut distribuée entre tous ceux qui avaient contribué à la capture de d'Ornano, et qu'elle ne s'éleva qu'à 10,000 écus.

En venant de Bourgogne à Lyon avec son armée, on se le rappelle, il avait dû penser que, comme lieutenant de Mayenne dans le gouvernement de Bourgogne et comme président de la chambre de la noblesse aux Etats généraux, il conserverait non-seulement le commandement de ses troupes, mais qu'il serait investi aussi de celui de l'armée de Lyon ; mais, nous l'avons déjà vu plus haut, les gentilshommes du Lyonnais, qui l'avaient vu avec jalousie, s'étaient refusé de lui obéir, — et le Consulat, pour concilier toute chose, avait été obligé de donner le commandement en chef de l'armée au marquis de Saint-Sorlin, jeune homme présomptueux et inexpérimenté. Cette exclusion et l'obligation d'obéir à un homme sans valeur avaient nécessairement été blessante pour l'amour-propre de Sennecey, qui aura attendu la première occasion qui se présenterait pour satisfaire sa rancune contre les gentilshommes du Lyonnais et contre le prince. Cette occasion, il la trouva dans la capture de d'Ornano, et il pensa qu'il ne pouvait pas être plus désagréable aux Lyonnais et au jeune marquis qu'en leur enlevant furtivement le célèbre prisonnier et en les privant de deux cents chevaux qu'il emmena avec lui en Bourgogne. Mais s'il satisfaisait sa rancune, Claude de Bauffremont oubliait que le jeune prince, si profondément blessé dans sa vanité, ne manquerait pas de se venger aussi à son tour. Le baron de Sennecey ne le vit que trop, peu de mois après.

Bauffremont, pour enlever plus sûrement d'Ornano de Grezieux, où il était, ne prit avec lui que de la cavalerie, et suivit des chemins détournés pour gagner la Bourgogne. Saint-Sorlin n'osa pas le poursuivre pour lui reprendre son prisonnier ; Bauffremont s'arrêta d'abord avec d'Ornano à Sennecey, puis il le transféra à Auxonne, où il l'enferma dans la citadelle de cette ville.

XI. — Pendant que le baron emmenait Alphonse d'Ornano en Bourgogne, l'armée de Lyon, victorieuse à Givors, marcha sur Charlieu, poste important, occupé par une armée royale qui, de là, menaçait sérieusement le Maconnais et Lyon. « Le 3 may (1) l'armée qui s'estoit allée de « Vienne à Charlieu entra de furie au dit Charlieu en Lyon« nois, sur les 5 heures du soir, par la brèche du canon, « — mit ce qu'elle trouva au fil de l'espée, et furent pen« dus aux fenestres plusieurs des principaux du dit Char« lieu, — et tint bon l'abbaye, laquelle enfin se rendit. » C'était le second succès que le jeune marquis de Saint-Sorlin remportait dans cette campagne. Il se hâta d'expédier à Lyon le capitaine de la Barge pour en porter la bonne nouvelle au Consulat, par une dépêche où nous lisons entre autres : « Messieurs, ayant sejourné dimanche à « Beaujeu, attendant l'artyllerie et les munitions néces« saires pour mon armée, mardi, je suis couché à Chas« teauneuf, distant de Charlieu d'une lieue et demye, d'où « je partis mercredy matin pour investir Charlieu qui a « esté cerné de si grand jour que, dès ce jour, j'ai ren« fermé les ennemys dedans et logé mon armée à leurs « portes, sans presque aucune perte. — La nuit, je fis « loger l'artyllerie au lieu qui fut advisé le plus commode « pour battre la dite ville — et ce jourdhuy, dès les « 4 heures du matin, j'ay commencé à la saluer. La dite « batterie a duré, depuis cette heure là jusques à 5 ou « 6 heures du soir, que j'ay faict donner un assaut si fu« rieux que, par la vertu de nos soldats, — quelle que dé« fense qu'ayent fait les ennemys, la dite ville a été prinse. « Je me contenterai de vous dire que, depuis le plus grand

---

(1) Regist. cons. Corresp. arch. de Lyon.

« jusqu'au plus petit soit de l'artyllerie soit de l'infanterie,
« soit de la gendarmerie, il n'y a celui qui n'ait faict pa-
« roistre sa valeur. Il reste à prendre le chasteau dont j'es-
« père bien avoir raison bientôt. » Toutefois, et comme
s'il en eût eu du regret, le marquis n'osa pas d'abord avouer
les horreurs qui furent commises dans cet assaut, mais par
une autre lettre adressée au Consulat, il lui dit : « la ville
« s'estoit rendue à discretion, mais à l'exécution, *il y a eu*
« *tant de desordre et si grande confusion*, principalement *à*
« *cause de ceux de Bourgogne*, qu'il a esté impossible d'effec-
« tuer ce que j'eusse bien voulu empescher, — *le sac de la*
« *ville*, volonté de nos soldats à l'endroit de l'ennemy. »

Saint-Sorlin avait pu faire cependant quelques prisonniers,
parmi lesquels on comptait MM. de Saint-André, de Gravillon et de la Serrée ; les gendarmes du marquis les ame-
nèrent à Lyon. M. de Saint-André fut enfermé au château
de Pierre-Scize qui fut réparé, pour empêcher l'évasion des
prisonniers, et, le 7 juin, le Consulat loue « pour meubler
« le chasteau de Pierre Scize où estoit le seigneur de Saint-
« André, 6 matelas, 6 couvertures de Catalogne, 3 pail-
« lasses, 3 chevets, 10 linceuils. » MM. de Gravillon et de
la Serrée étaient détenus dans les prisons de l'Archevêché.
Guillaume Gallois reçut 6 écus « pour recompense de sa
« fidelité et vigilance dans la garde des prisons. »

Après la prise de Charlieu, le Consulat voulut pousser
plus loin ses opérations et refouler encore l'armée royale,
qui s'était groupée autour du Puy, en Velay. Saint-Vidal
reçut le commandement de l'armée de Saint-Sorlin et on
lui donna un canon, une coulevrine, de la poudre et les
munitions nécessaires pour chasser l'ennemi du Velay. La
guerre était alors partout, même *dans les airs*, si l'on
en croit l'auteur d'une brochure qui parut alors à Lyon, on
y lit « que, en la Franche Comté de Bourgoigne, près de

« Beaume, s'estoit veu deux armées en l'air, cheminant en
« bel ordre contre le Septentrion, lesquelles se escarmou-
« chèrent un quart d'heure de furie, et après s'escartèrent
« les dites troupes, l'une sur Arbois, l'autre sur Poligny
« estant en nuées rouges bien épaisses qui rendirent
« gouttes de sang qui arrosoit la terre à plomb, chose ad-
« mirable. »

Une trève fut proposée cependant par le marquis de Saint-Sorlin. Une conférence eut lieu à cet égard à Saint-Genis-Laval entre le sieur de Chaponay, député de Lyon, et les sieurs de Maugiron, de Ventadour et de Bothéon ; mais on ne put s'entendre.

Le baron s'était arrêté, comme nous l'avons vu déjà, à son château de Sennecey, avec Alphonse d'Ornano. En arrivant, il avait cru devoir faire connaître aussi au Consulat de Lyon l'enlèvement de son prisonnier, et lui avait mandé : « Messieurs, j'auray beaucoup de regret si la con-
« duicte que j'ay faicte du coronel Alponse, par deça, vous
« apporte desplaisir, car je n'auray jamais volonté que de
« vous complaire et servir. Je m'asseure que le temps vous
« fera cognoistre combien la cause des catholiques, en
« général, et celle de vostre ville, en particulier, en recep-
« vront plus d'utilité que s'il eust été en aultres mains ;
« — bien vous assurerais-je pour certain que sa liberté ne
« luy sera jamais rendue de mon consentement que je ne
« vous en advertisse, quelque commandement que j'en
« puisse recepvoir de Messieurs les princes, afin que vous
« ayez temps et moyen, par vos remonstrances, de vous
« pourveoir auprès d'eulx, pour ce qui concerne le bien et
« repos de vostre province qui me sera tousjours aultant
« cher que le mien propre ainsy que scait le Créateur. »

D'Ornano tenait aussi à rassurer ses amis du Dauphiné sur son sort, et le 27 avril, le baron de Sennecey écrivit

encore, de son château de Sennecey au Consulat de Lyon, la lettre suivante : « Messieurs, desirant le coronel Alphonse
« donner advis de son état à ses amis, il m'a prié luy per-
« mettre d'envoyer son valet de chambre jusques en Dau-
« phiné, ce que je luy ai permis et accordé. — Et d'aul-
« tant qu'il prend son chemin par vostre ville. Je vous ay
« bien voulu supplier qu'il ne luy soit donné empesche-
« ment, vous offrant en rescompense tout service où je en
« auray le moyen et d'aussi bon cœur... »

Le baron de Sennecey continua encore pendant quelque temps à correspondre avec le Consulat de Lyon ; c'est ainsi qu'on le voit, le 27 mai, lui écrire du camp de Louhans, au sujet du paiement des sommes qui lui restaient dues pour la solde de l'armée qu'il avait amenée à Lyon. Le Consulat avait promis de prendre toute cette armée à sa charge, mais sa caisse étant épuisée, il s'était adressé au gouverneur de Macon, M. de Marbé, lequel s'était engagé à fournir les fonds nécessaires et à payer, le 15 mai, les 8,000 écus qui restaient encore dûs au baron (1). M. de Marbé n'ayant pu le faire, Sennecey l'avait menacé de poursuites. Marbé, aux abois, en avait referé au Consulat, lui mandant « qu'il était
« poursuivi par le baron qui, après avoir fait saisir ses biens,
« devoit faire proceder, le lendemain, à leur vente. « Le Consulat, sur cette plainte, « decida d'envoyer son secretaire,
« M. de Troncy, vers M. de Senecey, pour le prier d'attendre
« de la ville jusques au 1er novembre prochain et luy payer
« d'avance 300 écus sol, pour les interets de cette somme. »

---

(1) On lit dans les *Actes consulaires* de Lyon la mention suivante : « La dépense faite par les troupes de Bourgogne aux hôtelleries de Lyon, durant leur séjour en cette ville, monte de 4 à 5,000 écus, outre la solde de deux compagnies suisses et celle des compagnies de Varrasleu, le tout à 25,000 écus. En outre, il faut de 7 à 8,000 écus par chaque mois, pour la solde et entretien desdites compagnies.

Sennecey accueillit avec bienveillance l'envoyé du Consulat et répondit : « Pour le désir que j'ay tousjours eu et
« auray perpétuellement au bien et contentement du géné-
« ral et particulier de vostre ville, j'ay commandé au Tré-
« zorier de suspendre ses poursuites et n'inquiéter et pour-
« suivre M. de Marbé. » Toutefois le baron laisse percer, dans sa réponse au Consulat, son mécontentement du retard qu'on met à lui payer cet arriéré, et ajoute d'une façon assez hautaine : « Vous scavez que la conduicte des
« armées ne se faict qu'avec impenses et frais très grands et
« qu'il ne fault manquer aux necessitez d'icelle, — non
« plus qu'à la foy et parole donnée, autrement, il advient
« souventefois des accidents et desordres grands et peril-
« leux aux quels il n'est pas facile de remedier. »

Pendant son séjour à son château de Sennecey, le baron avait été appelé au camp de Louhans ; l'armée royale occupait le château de Saix près de cette ville. Sennecey mit le siége devant cette place, lui livra plusieurs assauts ; mais l'un de ses gentilshommes y ayant été tué, il dut lever le siége et se replier sur Louhans. La position devenait, du reste, difficile ; Tavannes s'était avancé avec son armée, avait gagné à sa cause M. de Thiard de Bissy, gouverneur de Verdun, qui avait livré cette place.

Le baron séjourna cependant quelque temps à Louhans et s'y occupa des affaires de la province que menaçait, au nord, une armée envoyée par Henri IV, sous le commandement du maréchal d'Aumont. La ville de Toulon-sur-Aroux pouvant devenir une base d'opération pour ce dernier, Sennecey manda au Vierg d'Autun « de faire démanteler
« cette place, et de retirer en lieu sûr tous les ponts, portes
« et chaînes. « Tavannes tenait aussi la campagne ; il prit Saint-Jean de Losne, Seurre, Verdun, et les châteaux de Chaussin, La Perrière et des Maillis, et surprit une partie de

la garnison de Dijon qui amenait un convoi de vivres dans cette ville.

Poursuivant ses succès, il tenta même une entreprise sur Auxonne où le baron de Sennecey avait été obligé de s'enfermer. « Tavannes fist ceste entreprise par le moyen d'un
« homme d'armes de sa compagnie d'ordonnance, le
« nommé sieur de Rougemont et un autre qui en estoit,
« lesquels avaient intelligence avec un caporal de la gar-
« nison du dit chasteau, auquel on bailla quelque argent et
« des promesses d'en avoir davantage s'il servoit bien le
« roy. Il avoit promis de faire descendre sa femme par une
« échelle de corde au bas d'une tour du d. chasteau pour
« servir d'ostage ; mais un de ceux qui estoient employez à
« ce dessein par Tavannes, voulut incontinent monter à
« l'échelle.

« Comme il fut au-dessus, le sieur de Senecey qui les
« attendoit avec sa garnison, craignant s'il y entroit, que
« d'autres pourroient le suivre, fit couper l'échelle de corde
« dont celui qui estoit monté, le capitaine Valot, tomba
« tout armé du haut en bas, et en fut malade six mois. Les
« flancs des autres tours tiroient pendant ce temps dans les
« fossez et il y eut des blessés. »

Le baron de Sennecey intimida Tavannes par une sortie et reprit la campagne et s'avança jusqu'à Issurtille, mais surpris par l'ennemi, Sennecey prit l'épouvante, se retira toute « la nuit à Dijon, avec un canon, laissant Tavannes libre « de ses mouvements et qui en profita pour aller assieger « Trichâteau. »

Pendant le cours de ces événements, le colonel Alphonse d'Ornano était resté prisonnier du baron de Sennecey dans le château d'Auxonne. Il en devait coûter à cette nature ardente qui ne se plaisait que dans le tumulte des camps de se voir réduit à une étroite captivité, et de ne pas reprendre son rang dans les armées. Le 1ᵉʳ septembre 1590 il confia ses regrets au Consulat de Lyon (1) et le pria, par l'intermédiaire de son valet de chambre Jacques, d'autoriser le capi-

(1) Le Consulat de Lyon redoutait Ornano et avait été blessé des remontrances qu'il lui avait faites lorsqu'il se révolta contre l'autorité royale. On en jugera par les lettres suivantes que nous avons puisées aux Archives de Lyon.

30 mars 1589. « Estant moy catholique, apostolique romain, subjet « du roy et vostre amy et serviteur, quoique on ait voulu faire croire « le contraire, m'accusant de chose que je n'ai jamais pensé, — et Dieu « et sa Saincte Mère m'en soyent témoins, si je dis la verité ou le men- « songe. Toutesfois, vous en croirez, Messieurs, ce que vous voudrez, « espérant que les effets vous feront cognoistre et juger, à l'avenir, tout « le contraire, n'ayant cy-devant rien plus desiré que de vous servir en « général et en particulier, — et pour vous faire paroistre que je ne « suis en rien diminué de cette bonne volonté, j'ay bien voulu vous « faire ce mot pour vous dire *que si vous n'y prenez garde, vous estes à la* « *veille de vous perdre entièrement, et pour vous faire voir et toucher au* « *doigt la vérité de ce faict*, s'il vous plaist envoyer de ça un des vostres, « de quelle qualité que ce soit, pourvu que ce soit homme duquel vous « puissiez vous fier, je luy feray *voir comme le tout se passe.* » De Grenoble, ce 30 mars 1589. Vostre affectionné à vous servir.

Alphonse D'ORNANO.

Le Consulat, très-embarrassé, répondit la lettre suivante après avoir remercié d'Ornano « de son agreable lettre, il lui temoigna sa satisfac- « tion de le voir toujours très affectionné au service de Dieu et à la « Sainte Eglise catholique, » mais il ajouta :

« Nous ne craignons rien, ny forces quelles qu'elles soyent *puisqu'il a* « *plu à Dieu* de nous avoir envoyé en sureté Mgr de Nemours, nostre « gouverneur, la *présence duquel nous apporte* telle assurance que nous « esperons *que tous ceulx qui vouldront entreprendre sur nous, perdront leurs* « *peynes*. Toutes fois, pour vous faire paroistre en quelle estime nous « vous avons toujours tenu, nous avons advisé d'envoyer vers vous le « porteur, nostre concitoyen très-fidèle, pour les effets contenus en « vostre lettre, et pour vous assurer, Monsieur, que quelque chose qui « soit advenu, vous nous trouverez toujours vos voisins et très affec- « tionnés amys. »

Le Consulat, en écrivant cette lettre, n'avait pas la perspicacité de prévoir que ce même duc de Nemours, qu'il considérait alors comme un

taine Authomarie « à venir le trouver pour chercher un
« remede pour mettre fin à sa délivrance, s'il plaist à Dieu. »
Mais le Consulat peu pressé de revoir le colonel rentrer
dans l'armée royale qui l'avait fait trembler si souvent, ne
répondit pas à d'Ornano. Le 18 du même mois, celui-ci réitéra sa prière et manda au Consulat « que Monseigneur du
« Mayne s'étoit résolu qu'il allat le treuver pour traicter de
« sa liberté et en avoit informé M. de Senecey et qu'il
« comptoit partir dans sept ou huit jours. » Ornano ajoutait : « Qu'il auroit grande obligacion au Consulat s'il vou-
« loit luy envoyer un passe port pour quatre ou six gen-
« tilshommes du Dauphiné et six ou sept gens de son train
« qui devoient l'accompagner jusques à Sa Grandeur. —
« Le duc de Mayenne devoit, de son costé, lui expedier un
« sauf conduit et un trompette pour la seureté de son
« voyage. »

Le Consulat se décida enfin à répondre à d'Ornano,
mais en lui faisant entendre « qu'il seroit heureux de le
« voir abandonner le party du Roy et prendre les armes
« pour le service de la cause générale de la Sainte Union de
« laquelle il l'avoit cogneu très zêlé et très affectionné. »
Toutefois, il jugea inutile « de bailler passe port à ses gens;
« celui de M. le marquis de Saint-Sorlin estant suffisant. »

Mayenne, de son côté, envoya un passeport par M. de
La Motte, l'un de ses capitaines, à d'Ornano qui vit enfin les
portes de sa prison s'ouvrir devant lui. Toutefois Sennecey
exigea de lui la promesse d'y rentrer s'il ne pouvait pas
payer la rançon qui lui était imposée et dont Mayenne, sur
la demande de Sennecey, avait fixé la quotité. D'Ornano

---

envoyé de Dieu, ne rêvait que son renversement et l'usurpation du pouvoir à Lyon, et qu'un jour il le ferait arrêter et conduire comme un malfaiteur à la prison de Pierre-Scize.

rejoignit Mayenne devant Corbeil dont il faisait le siége. Cette rançon fut payée par Tavannes, de Chevigny et le président Fremiot; mais quelle fut son importance et entre quelles mains fut-elle remise? Des auteurs assurent quelle fut de 20,000 écus, cependant, on peut croire avec quelque fondement, qu'elle ne s'éleva qu'à 10,000 écus ; en effet, lorsque plus tard, Claude de Bauffremont dût s'adresser aux Etats généraux pour demander la mise en liberté de ses enfants retenus comme ôtages, au château de Pierre-Scize, il dit dans sa requête : « Qu'ayant esté les *10,000 écus* que « d'Ornano paya comptant, distribués à ceux qui avaient « esté à sa prise, il ne lui est *demouré de cette somme que des* « *papiers inutiles.* » Quoiqu'il en soit, d'Ornano resta libre, et bientôt nous le retrouverons dans l'armée royale en Bourgogne, où il sera encore un ennemi redoutable pour les ligueurs. D'Ornano n'avait cependant pas été mis en liberté sans que Sennecey en eut donné avis à la mairie de Dijon, pour ne pas avoir à subir de reproches de la part de ce pouvoir ombrageux qu'il redoutait lui-même.

XII. — On aura peine à concevoir, dit un auteur, jusqu'à quel point la province fut troublée pendant le reste de cette année. Le comte de Tavannes et le baron de Sennecey, chacun à la tête de ses partisans, ne cherchèrent plus qu'à s'attaquer réciproquement. Les garnisons étrangères que Mayenne avait mises dans les châteaux ravageaient les territoires des villes ennemies, et la noblesse demeurée en général fidèle au roi, rendait la réciproque aux ligueurs.

L'élection du Vierg d'Autun préoccupa aussi beaucoup le baron. Les calvinistes s'agitaient dans cette ville pour faire élire un vierg ou maire de leur religion, lequel n'eut pas manqué d'enlever cette ville forte à l'autorité de Mayenne. Ce prince y avait envoyé le duc de Nemours pour bien assurer la conservation de cette place, et celui-ci pour paralyser l'action des calvinistes les avait chargés de lourdes contributions; ces mesures étaient demeurées insuffisantes et l'élection d'un vierg protestant semblait assurée. Le baron, pour l'empêcher, ne trouva rien mieux que de rendre, à Auxonne, le 16 juin 1591, une ordonnance par laquelle il enleva, au mépris des franchises de la ville, le droit de vote « à tous ceulx qui seront recogneus mal zélés « et affectionnez au bien et repos public de la religion « catholique » et défendit « pour éviter tout scandale ou « émotion, à toute personne de quelque qualité ou condi- « tion quelle fut d'elire, choisir ou nommer pour vierg de « la ville d'Autun aulcun qui soit suspect de la nouvelle « religion ny qui ait recogneu de fait ou de parole les pou- « voirs du sieur de Tavannes et du pretendu Parlement de « Flavigny. » Cette mesure arbitraire ne put qu'assurer l'élection d'un maire catholique.

Les affaires de la Ligue allaient néanmoins fort mal. Aucun des deux partis ne remportait de succès définitif. Ils s'épuisaient tous deux en vains efforts et les populations, sans cesse foulées par les armées, étaient dans la plus profonde misère. Tavannes et Sennecey ne se dissimulaient pas cette pénible situation, et ils convinrent tous d'eux d'une trêve. Par cet acte, que nous avons trouvé aux archives de Lyon, il fut convenu :

1° Que tous gentilshommes feront désormais garder leurs maisons par leurs propres sujets et leurs retrayants, sans frais pour le pays;

2° Que ceux qui feroient la guerre verront leurs maisons rasées et leurs soldats pendus ;

3° Que les gentilshommes qui prendront les armes perdront leur revenu pendant un an ou resteront prisonniers, et les soldats un mois de leur paye et leur harnois;

4° Qu'on ne fera prisonnier ni les laboureurs, ni leurs femmes, ni leurs enfants ;

5° Qu'on ne prendra le bétail de quelque personne que ce soit ;

Et 6° que les capitaines des places ne pourront lever aucune imposition, à peine de la vie, « si ce n'est par dépar-
« tement des chefs commandant la province. »

Le baron s'empressa de communiquer ce traité à la mairie de Dijon par les soins de M. de Chantepinot, qu'il envoya d'Auxonne à Dijon pour qu'il engageât vivement la mairie à sanctionner cet acte. Il mandait en même temps au maire de Dijon, le 30 juillet 1590 :

« Vous avez recogneu que continuant les hostilitez en
« ceste province qui se peuvent plustot se nommer *voleries*
« qu'*actes de guerre, la ruyne et la desolation* du peuple s'en
« suivent. J'espere que si vous tenez la main à l'observa-
« tion de la tresve le peuple vous en donnera mainte bene-
« diction, comme d'une œuvre qui luy apportera le
« moyen de *semer* et *faire la vendange*, en quelque sureté et
« repos. »

Le pays était tellement saccagé que la mairie de Dijon s'était aussi émue de la situation et avait pressé le baron de reprendre l'offensive ; mais Senncey était aux abois, et il ne put qu'engager la mairie de Dijon « à patienter, à se defier
« des projets de l'ennemy et surtout à bien employer le
« monde dont elle pourroit disposer. » Les événements qui se passaient alors à Paris ne laissèrent pas non plus d'inquiéter vivement le baron. Le 7 juillet, il avait mandé au vicomte Maieur de Dijon : « Je ne vous dissimule pas
« qu'incontinent les affaires de Paris terminées d'une façon
« ou d'aultre, nous aurons sur les bras, en ceste province,
« plusieurs ennemys, tant de ceux du pays qui reviendront,
« comme d'aultres qu'on y pourra envoyer ainsi qu'on la

« recogneu par lettres venues de ce costé-là. ». Le baron n'était pas parvenu cependant à faire accepter par Tavannes la trêve qu'il lui avait proposée ; mais le 12 août Sennecey put mander au vicomte Maieur de Dijon que Tavannes venait de lui envoyer, de Saint-Jean-de-Losne, M. de Chevigny-Frenoy, pour lui demander un passeport qui lui permît de se rendre à Auxonne pour traiter avec lui de la paix, ou plutôt d'une suspension des hostilités ; mais le baron ajouta : « Je n'ay point voulu lui faire de réponse
« sans vous en avoir premièrement adverty, afin que, sui-
« vant ce que vous jugerez utile pour le bien du pays, je
« me gouverne si vous trouvez bon que l'on entre en
« quelque traité. » « Je vous dirai en passant, ajoutait-il,
« que les villes et le peuple ne respirent que repos. Quant
« à celuy qui est allé en Lorraine aujourd'huy, M. de
« Channet m'a mandé qu'il est passé jusqu'à Spa où est
« le duc de Parme ; il me semble cela n'estre guere à
« propos sy ne luy avez commandé. Je m'asseure que
« Monseigneur de Mayenne s'en offensera comme de rai-
« son. Tout le monde n'est pas capable de traicter avec ces
« gens là. Les *mauvais estalleurs desprisent, quelquefois, la*
« *marchandise.* »

Le baron de Sennecey, qui savait tout ce qu'il avait à redouter de la part du conseil de ville et des membres du Parlement restés à Dijon, et pour couvrir sa responsabilité, pria, en même temps, le vicomte Maieur « de prendre, à
« l'occasion de la treve proposée, l'avis de la chambre de
« ville assemblée au plus grand nombre que possible, de la
« Cour du Parlement et des aultres corps et colléges, les-
« quels s'ils refusent cette trêve, à raisonnable condition,
« mettent la main à la bourse, tant pour l'entretenement
« des garnisons, que pour les gens de guerre qui sont à la
« campagne, lesquels ors de la grosse picorée où ils sont,

« — ne vouldront ny marcher, ny tenir ensemble, sans
« cela pensez y, messieurs, et par vos prudence, pourvoyez
« à ce que jugerez necessaire. *La saison sera bien mauvaise,*
« *sy je m'en eschappe.* »

On était arrivé alors à l'époque de la tenue ordinaire des Etats généraux de Bourgogne. Mayenne désirait à leur réunion, soit pour les intéresser à la cause de la Sainte-Union, dont la situation était pleine de périls, soit pour en tirer de nouveaux subsides. Il manda donc, le 12 août 1590, du camp de Mareuil, au vicomte Maieur, qu'il venait de donner l'ordre au baron de Sennecey de convoquer ces Etats pour le 29 septembre, et il pria la ville de choisir pour députés « des gens de bien de la religion catholique et affec-
« tionnés à la sainte cause, et de l'assister d'un *bon* et *no-*
« *table* secours de deniers qu'il employera en la province
« pour son repos et soulagement et pour empescher l'effet
« des mauvaises intentions de l'ennemy. » Puis, se ravisant, Mayenne ajouta : « Nous avons depuis advisé, pour
« estre le temps trop brief, mettre la dite assemblée au
« x octobre prochain. »

Les Etats généraux se réunirent et durent nécessairement, sous la pression de Mayenne et du Conseil de l'Union, voter tous les subsides qu'on leur demanda. Toutefois une partie seulement des députés y assista, et Antoine du Blé d'Uxelles, beau-frère du baron de Sennecey, refusa de s'y rendre.

A ce moment, l'hôtel des monnaies de Dijon manquait de cuivre pour la fabrication des pièces de billon. Le maître de la monnaie avait été obligé de se rendre à Lyon pour en acheter 2,162 livres, mais le Consulat voulut empêcher la sortie de ce métal et le baron dut intervenir pour faire lever l'empêchement mis à cette exportation.

Les hostilités continuaient, cependant, malgré la trêve,

sur un grand nombre de points. Les environs d'Autun étaient ravagés par l'armée des protestants. Le baron, pour la contraindre à mieux observer le traité, « establit une « bonne garnison de cavalerie en la dite ville d'Ostun pour « faire la guerre aux ennemys, et permit aux habitants de « lever et organiser soixante bons hommes de chevaux, « bien armez et montez, et de les entretenir à leur fournir « le necessaire en levant un impôt d'un écu sur chaque « queue de vin, 4 sols sur chaque septier de froment et « dix sols sur les autres graines. »

Le baron manda en même temps au Vierg d'Autun de « faire punir sévèrement tous ceulx qui auroient accès, « pourparlers, familiarités avec les ennemys ou qui leur « porteroient assistance en blé ou poudre. » Le baron était, à ce moment, à Auxonne, tellement atteint de la goutte que son secrétaire Parise mentionna, au bas de la lettre adressée au Vierg d'Autun « qu'il signoit seul, attendu l'in- « disposition de M. de Sennecey. »

Le château de Gilly (1) avait été aussi surpris par l'armée royale, et cette prise avait tellement épouvanté Dijon que le vicomte Maieur accusa presque le baron de cette perte. Mais Sennecey fut piqué au vif de ce reproche non mérité, et s'en plaignit amèrement au Conseil de ville, en lui tenant un langage d'une sévérité qui n'était pas dans ses habitudes, dans ses rapports avec ce pouvoir despotique.

---

(1) Gilly-les-Citeaux, situé non loin de Dijon, donné à l'abbaye de Saint-Germain-des-Prés de Paris par le duc Robert Ier, passa en 1299 au monastère de Citeaux. Ce village possédait un château, propriété de l'abbé; ce château fut pris par le capitaine Laplanche, royaliste, en 1590, repris trois semaines après par le duc de Nemours. La tour fut bouleversée par le canon, la garnison pendue par les ligueurs. Il fut rétabli en 1628, par Pierre Nivelle, 54e abbé de Citeaux. (Courtépée, t. II, p. 394.)

Puis le baron ajouta : « Il en faut accuser ou la perfidie du
« laquais de M. de Citeaux ou son peu de suffisance et de
« valeur qui estoit capitaine de dans. Il n'a tenu à moi. —
« En plusieurs fois cet hiver j'ay proposé d'y pourvoir d'une
« personne capable et y mettre bonne garnison ; — c'est
« assez parler de mal, il faut venir au remède. J'écris à
« M. de Thianges qui a des troupes et à M. de Tavannes
« d'employer aussi ses gens à la reduction de la dite place
« de Gilly. »

Quant au baron il était sans troupes, ni ressources. Il
ajouta « Si j'avois compaignie entretenue ou aultre chose
« au pays qui y me put servir, je l'y employerois très volon-
« tiers. Mais faulte de moyen de payement j'ay esté con-
« traint de licencier celles que j'avois en ceste ville, demeu-
« rant à la mercy des ennemys qui journellement entre-
« prennent et sur ma vie et sur ma place. Mon intérêt y
« estant attaché que je ne puis moins que d'en avoir soin.
« Au reste, je suis bien d'advis sy resolvez le faict de Gilly,
« que vous avez tout prets deux canons et deux couleu-
« vrines avec, pour tirer cinq ou six cents coups, affin que
« M. de Thianges arrivant, il treuve tout préparé pour s'em-
« ployer, sans séjourner, aux environs de votre ville, *ruy-
« nant les villages dont je plains infiniment la misère.* »

Le 4 octobre, Tavannes qui occupait Saint-Jean de Losne
fit encore des plaintes (1) au baron sur la violation de la
trève que personne ne voulait observer. Personne ne savait
plus garder sa parole. Les chefs ne cherchaient qu'une occa-

---

(1) Sennecey s'était aussi plaint, de son côté, à Tavannes ; et on lit
dans une de ses lettres du 20 septembre au maire de Dijon : « J'envoie
« à Messieurs du Conseil des copies des articles que M. de Tavannes
« a faict, *sur la plainte* que je lui envoyois *faire par le sieur de la Croix.*
« Je n'y trouve pas grande faulte *sy n'est qu'il veuille faire accoyre avoir*
« *le tort.* » (Corresp. de Sennecey. Archives de Dijon.)

sion pour guerroyer et les soldats recrutés souvent parmi des gens sans aveu, mal disciplinés, las de la guerre, mal payés, dépourvus de tout, « ne faisaient que voleries et grosse « picorée sur les malheureux paysans livrés à leur merci. » Aussi, le 4 octobre, Tavannes dut réclamer au baron un capitaine du nom de Trainart qui s'était rendu à Seurre, sous la parole du capitaine Guillerne, et que les gens de cette ville ne voulaient pas rendre. Tavannes en demandant sa mise en liberté ajoutait : « Je desire conserver la « treve de tout ce qui me sera possible en tant *qu'on ne me* « *donne pas sujet du contraire* (1). »

Mais dès le lendemain la trêve fut rompue et Tavannes dénonça les hostilités au baron par une nouvelle lettre. Ce n'était plus seulement la garnison de Dijon qui violait le traité, mais aussi les arquebusiers de l'armée de Mayenne qui faisaient des incursions dans l'Auxois. « Je suis très « marry, écrivait Tavannes, n'ait retiré de la tresve le fruit « qu'il en esperoit. Tous ordres sont pervertis en ce temps, « Sa Majesté a seu les mauvais déportements de ceulx de « Dijon qui lui font juger la tresve ne debooir se tenir. Je « n'ay voulu permettre le commencement des hostilités de « guerre que n'ayez eu cet advis. »

Sennecey fut vivement contrarié de la reprise des hosti-

---

(1) A ce moment un différend s'était élevé à Dijon entre un procureur du nom de Chargeret et un sieur Carrelet. La mairie en avait référé au baron, mais celui-ci, toujours très-circonspect et prudent, n'avait pas voulu se mêler de l'affaire qui touchait à la question si délicate des priviléges de la ville. Il s'était borné à répondre : « Je vous « prie de croire que je ne veulx alterer les privileges qu'avez en la « ville, mais, au contraire, vous les conserver et augmenter aultant « qu'il me sera possible. C'est pourquoy, je n'y ai voulu toucher et vous « renvoyer le tout, pour, suivant vostre jugement, en disposer comme « trouverez estre à faire par raison. » (Corresp. de Sennecey. Archives de Dijon.)

lités, et il en informa immédiatement la mairie de Dijon qui avait à s'imputer principalement la violation des traités. « Il est besoing, ajoutait-il, que chacun prenne garde à soy
« et il me semble que, *si vous avez des moyens*, qu'il seroit
« fort à propos de faire lever quelques gens de pied, afin
« qu'à la venue du mareschal d'Aumont, l'on les puisse
« jeter dans Chatillon et Ostun qui sont, ce me semble les
« places les plus jalouses de ceste province. Je crois que,
« jusqu'à son arrivée, il n'y aura que le pauvre peuple qui
« en pâtisse. Je suis infiniment marry que ma goutte qui
« me tient encore bien fort, m'empeschera de pouvoir
« monter à cheval pour me trouver à la guerre. »

Mais il était difficile de soutenir cette guerre. La Ligue avait épuisé le pays. Elle n'avait ni argent ni soldats et ne pouvait espérer aucun secours du dehors. Aussi Sennecey mandait au vicomte Maieur de Dijon : « J'estime que la
« meilleure resolution que l'on puisse faire, est de *chercher*
« *en soy même les moyens* d'entretenir des forces en campagne,
« car d'en *attendre d'ailleurs, j'y vois peu d'apparence par les*
« *lettres que j'ay reçues*. Toutes les deux armées sont fort
« lasses de la guerre et crois que l'une et l'aultre vouldroient
« *qu'un bon ange du ciel leur apportât la paix.* »

On était alors à la veille de la réunion des Etats de Bourgogne que Sennecey, sur l'ordre de Mayenne, avait convoqués pour le 10 octobre. Les *coffres de l'Espargne* de la Sainte Union étaient vides, le pays épuisé par une guerre d'extermination et sans fin, et son dévouement à la Ligue s'amoindrissait de jour en jour. Mayenne ne se dissimulait pas la situation et il espéra que les Etats, en ranimant le zèle bien attiédi de la province, lui fourniraient encore des subsides en hommes et en argent qui lui permettraient d'attendre des jours meilleurs et de repousser victorieusement le maréchal d'Aumont dont l'approche, avec une grosse armée, lui causait la plus vive inquiétude. Cette armée pouvait changer la face des choses en Bourgogne; mais le maréchal était un chef incapable, entêté, sourd à tout bon conseil, et nous verrons bientôt cette armée s'épuiser en combats inutiles, se fondre entre ses mains et contrainte à se retirer honteusement.

Le roi qui n'ignorait pas que les Etats de Bourgogne en donnant à la Ligue de nouveaux subsides, créeraient un sérieux obstacle au succès du maréchal, pressa ce dernier d'avancer. Sennecey le comprit aussi et il manda à la mairie de Dijon : « Le plus grand mal que je voye de la venue du
« maréchal, c'est que par la tenue des chemins ils donne-
« ront empeschement à ceulx qui se vouldront trouver à la
« tenue des Etats, et je crois que c'est la principale cause
« de la declaration de la rupture de la tresve. »

Les Etats purent cependant se réunir, mais en petit nombre. Sennecey, d'après l'ordre de Mayenne, « agit sur les députés, » et on accorda encore de nouveaux subsides.

XIII. — Le maréchal d'Aumont (1) arriva à ce moment en Bourgogne avec une nombreuse armée. Dans l'espoir de pacifier la province sans tirer l'épée, il convoqua à son château de Molinot (2) le baron de Sennecey et les principaux

---

(1) Les d'Aumont, d'abord sires, puis ducs d'Aumont, étaient d'une très-ancienne famille qui pendant un grand nombre d'années fut en possession de la charge de premier gentilhomme de la Chambre du roi. Jean, duc d'Aumont, dont il s'agit ici, était né en 1522, se distingua sous les rois Henri III et Henri IV et fut fait maréchal de France. Il fut tué d'un coup de mousqueton, en 1595, à Camper, près Rennes, où il combattit le duc de Mercœur, l'un des chefs ligueurs.

(2) *Molinot* est situé dans le canton de Nolay (Côte-d'Or). Ce fut une ancienne baronnie, la seconde de la province, propriété des ducs de Bourgogne. Elle passa ensuite aux Mont-Saint-Jean (1276), aux Fro-

chefs de la Ligue, à une conférence pour s'entendre sur les bases d'un traité ; mais on se sépara sans avoir pu tomber d'accord sur aucune des propositions du maréchal. Chacun reprit les armes ; la situation était des plus graves. Le baron l'a raconté lui-même.

« Après la délivrance de d'Ornano, dit-il, le sieur de Nemours entreprit sur quelques châteaux où il fut toujours assisté du sieur de Senecey ; mais M. le duc de Nemours retiré, M. le maréchal d'Aumont se presenta avec une forte armée, tant de François que d'estrangers, et combien que le dit sieur de Senecey fut, lors, seul en la province, sans ayde, secours, ny moyens de resister, par l'apparence, tant chascun, voires jusqu'aux plus grands, estoit intimié par ceste venue, neanmoins, il pourveut tellement à tout et à l'asseurance des lieux faibles et à secourir Ostun (Autun) qui estoit pret à capituler et à se rendre, et à tout le reste du gouvernement, après un long siége, que sans aulcune despense au pays, il rendit les desseings du dit maréchal vains et inutiles (après le dit siége d'Ostun et à la deffense d'Ostun) comme il avoit fait le semblable, auparavant, quand les sieurs de Sancy et de Guitry y estoient venus, à deux ou trois fois, avec forces françaises et estrangeres et secourru semblablement Montbard assiégé. »

Le siége d'Autun fut un des faits de guerre les plus remarquables de cette campagne et révéla toute l'incapacité du maréchal d'Aumont. Tous ses actes ne furent que des fautes dont le baron de Sennecey sut tirer parti avec la plus grande habileté, et le roi se vit enfin obligé de rappeler le maréchal qui avait vu fondre entre ses mains une belle et

---

lais, sires de Rochefort en 1308, aux sires de Chatillon en 1366, aux sires de Jaligny en 1379, aux Saux de Courtivron en 1393, aux Bauffremont, et en 1540 aux d'Aumont.

nombreuse armée, sur le succès de laquelle Henri IV avait beaucoup compté. Le siége d'Autun dura trente-cinq jours. Dans un conseil tenu par le maréchal et auquel assistèrent Tavannes, le sieur de Chanlivaut, le vidame de Chartres et de Guytry, « gentilhomme de valeur, » on avait proposé au maréchal de s'emparer d'abord de la ville et d'attaquer ensuite le château. Mais d'Aumont, « inspiré par un homme « de robe longue, nommé Lubert, nullement usité au faict « des armes, » suivit un avis tout contraire et qui dénotait toute son ignorance de la stratégie militaire. Pendant trente-cinq jours on tira « 7 ou 800 canonades » contre les remparts, et quand la brèche fut praticable, on lança les troupes à l'assaut. Mais elles furent repoussées si vivement par la garnison, que le maréchal sentant son impuissance se hâta de lever le siége, couvert de honte et des malédictions des chefs de l'armée. Guitry disait « qu'il se conseilloit en latin et se battoit en françois. »

Le maréchal, pendant le siége d'Autun (1) et malgré

(1) Le maréchal d'Aumont se montra si incapable au siége d'Autun qu'on le tourna en ridicule dans une pièce de vers publiée à Lyon, en 1591, sans nom d'auteur, chez Jean Pillehotte, « libraire de la Saincte Union, *la Vie et faits heroicques du Mareschal d'Aumont, avec la quenouille des Dames d'Autun,* aux habitans de leur ville. »

Dans cette pièce de vers, on lit entr'autres, en ce qui concerne le siége d'Autun :

> *Et puis de là tu marcheras*
> *Tout droit contre Autun bravement,*
> *En may donc tu commenceras*
> *A faire ton assiegement.*

> *Mais quoy, Mareschal, lors helas !*
> *Faute n'auras de passetemps,*
> *Medieu, Medieu souvent diras*
> *Voylà de dangereuses gens.*

l'avis de Tavannes et de Guitry, avait fait aussi une entreprise contre la citadelle de Chalon, que le sieur de l'Artusie (1), son gouverneur, avait promis de lui livrer moyennant

> *Car aux assauts tu sentiras*
> *Qu'ils sont très forts et diligents*
> *Et que de cœur ny de bras*
> *Ils ne manquent petits et grands.*
>
> *Tu verras que ni hault ni bas*
> *Mais tireront si droictement*
> *Qu'en après les appelleras*
> *Tireurs de lièvres seurement.*
>
> *Six semaines demeureras*
> *Au siége opiniastrement*
> *Et par chascun jour tu scauras*
> *La mort des tiens abondamment.*
>
> *Avec neuf pièces tu battras*
> *En rivant furieusement.*
> *La mine jouer tu feras*
> *Et l'escalade quant et quant.*
>
> *Puis l'assaut tu commanderas*
> *Cinq ou six fois, mais tout pour néant*
> *Or rejouant tu gaigneras*
> *Aussi peu qu'au commencement.*

(Biblioth. de Lyon. Collect. verte, t. XX, 1591.)

(1) Quelque temps auparavant, ce même de l'Artusie avait aussi tendu un piége à Tavannes ; il lui avait fait dire que si les présidents Frémiot et de Crespy voulaient entrer dans la citadelle déguisés en paysans, il leur livrerait la citadelle et la ville de Chalon. Mais le président Frémiot, plus clairvoyant que le maréchal, sentit le piége, répondit : « Tant s'en fault qu'il entreroit en paysan et qu'il ne voudroit « même pas entrer en habit d'evesque. »

Ce même de l'Artusie fut chargé en 1596 par Mayenne de reprendre Seurre qui s'était révolté contre ce prince; mais dans une sortie le fils de l'Artusie fut tué et son corps emporté dans la place. Le chef qui commandait à Seurre, Jérôme Roussé, dit La Fortune, effréné ligueur et d'une rapacité sordide, exigea de l'Artusie 10,000 écus et 200 bichets

10,000 écus que devait lui compter le conseiller Millet. D'Aumont, qui ne connaissait pas ce rusé Béarnais, envoya vingt hommes de la compagnie de Cypierre et le maréchal-des-logis Berne, qui furent introduits secrètement par une poterne ; mais, au lieu de leur livrer la place, les retint prisonniers, les mit à rançon, fit tirer une grande quantité de mousquetades sur les soldats du maréchal qui étaient restés en dehors de la porte, et il ne se fit pas moins payer les 10,000 écus que le conseiller avait apportés de la part du maréchal (1).

Le maréchal acheva de combler ses fautes en trahissan Tavannes à Saint-Jean-de-Losne, dont il était le gouverneur. Profitant d'un instant où il était sorti pour donner des ordres, il fit fermer sur lui les portes de la ville dont il donna le commandement au sieur de Vaugrenant (2). Ne-

---

de blé, pour la remise de ce corps. « C'était le traiter, dit Perry, avec
« une extrême dureté et à peu près de la rigueur qu'il avait exercée
« contre les habitants de Chalon, sur qui il avait levé des sommes
« immenses et fait d'horribles extorsions. C'est ici qu'il faut admirer
« les jugements de Dieu. Cet homme avait amassé quantité de bien du
« sang du peuple et avait acquis beaucoup de terres. Néanmoins, tout
« cela a été dissipé, aussitôt que sa posterité, dont il n'est resté per-
« sonne. »

(1) Voir à cet égard un document très-curieux, intitulé : « Discours
« de la trahison et entreprise des hérétiques rebelles sur la citadelle et
« ville de Chalon-sur-Saône, faillie d'estre exécutée la nuict du sa-
« medy 15 de juin 1591. » Lyon, chez Jean Pellehotte, libraire de la Saincte-Union, 1591. (Biblioth. publ. de Lyon.)

Levret dit que l'Arthusie était gentilhomme gascon, domestique de la maison du maréchal de Tavanes, — qu'il fut un grand capitaine durant la Ligue ; — il avait épousé Françoise de Rochechouart, qui revendit, le 3 février 1589, la justice de Reneins, qui leur avait été vendue par le roi. Il n'eut pas d'enfant, et donna sa maison de Reneins à son valet de chambre nommé David, qui avait laissé deux filles, dont l'une épousa M. de Moussey-Valière, et l'autre religieuse.

(2) Vaugrenant, devenu l'un des principaux chefs de la Ligue en Bourgogne, était auparavant président aux requêtes au palais à Dijon ;

mours était aussi venu en Bourgogne pour arrêter le maréchal d'Aumont dans sa marche vers le Mâconnais. Il reprit le château de Gilly, dont Tavannes s'était saisi, et fit pendre le capitaine Joannès, qui commandait dans Nuits. Le 27 juin, il fut rejoint par son frère, le marquis de Saint-Sorlin, avec 500 chevaux et 500 hommes de pied. Le lendemain, ces deux princes se présentèrent devant Tournus, mais la ville était si épuisée par la famine qu'ils se virent bientôt contraints d'en sortir. La veille, ils avaient attaqué les habitants d'Uchisy qui s'étaient retranchés dans une île de la Saône ; mais ceux-ci, favorisés par un grand vent, avaient victorieusement repoussé les assaillants, qui eurent plus de trente hommes noyés.

Les princes ne se découragèrent pas cependant. Les Chalonnais, très-fatigués de la proximité du château de Montaigu (1), situé sur une colline escarpée, au-dessus de Chamirey, prièrent Nemours de les délivrer de ce voisinage dangereux. La place se rendit le 6 août, elle fut sans doute très-mal défendue, car peu de châteaux étaient aussi forts et construits avec autant de soins. Henri IV la fit démanteler plus tard et il n'en subsiste plus que des ruines informes que domine le reste d'une haute tour et l'humble demeure d'un ermite.

Le lendemain, Nemours (2) s'achemina vers Mâcon

---

il avait quitté sa charge pour suivre le parti du roi de Navarre. Connu au Parlement de Dijon sous le nom de Philippe Boillet, et petit-fils du premier président de ce nom ; il commanda une compagnie de cinquante hommes d'armes au siége de Paris, et reçut de Henri IV le collier de son ordre.

(1) Nemours, en quittant le château de Montaigu, y laissa pour commandant le sieur Laboriblane, neveu du capitaine de l'Artusie.

(2) Nemours avait pu venir au secours des Mâconnais, parce que Lyon jouissait alors d'un calme relatif. Et le consulat lui écrivit, au mois de

avec 400 chevaux et 1,200 hommes d'infanterie. Pendant ce temps, le baron de Sennecey arriva à Chalon : il y inspecta les travaux de la citadelle qui n'était pas encore achevée, et reçut le maire et les échevins, qui le prièrent « de « leur donner cinquante hommes pour s'opposer aux « courses des ennemys de Verdun, pour quatre mois seu- « lement, et qu'on logerait dans un faubourg de la ville. » Mais le baron ne fit pas un long séjour à Chalon et alla se fixer à son château de Sennecey dont il achevait les fortifications,

Le château de Berzé (1) était alors un objet de terreur

---

juillet « que tout est calme depuis la retraite de l'ennemi, — qu'il peut
« achever lui-même ses opérations en *Bourgogne*, et que l'état des
« affaires permet d'envoyer au Puy les compagnies qu'il avait détachées
« de son armée, au premier bruit de l'excursion des royalistes en Dau-
« phiné. » (Registres consulaires.)

Le 27 août, après la prise de Berzé, Nemours se trouve au Puy à une réunion des chefs ligueurs (idem), et se rend en Auvergne avec une armée de 10,000 hommes.

Nemours, après la prise de Montaigu, se hâta d'en informer le maire de Chalon ; il lui manda de Mâcon « qu'estant dernièrement de-
« vant Montaigu, il avait, graces à Dieu, delivré la ville de Chalon et
« les environs de la guerre cruelle qui se faisait de cette maison aux
« catholiques du pays .. » (Archives de Chalon.)

(1) Berzé était l'un des châteaux les plus forts du Mâconnais ; il en est fait mention dans un traité entre Charles VI, dauphin, et le duc de Bourgogne, en 1419.

En 1315, Geoffroy de Berzé, homme violent et emporté, osa frapper, au château de Verizet, Pierre de Montverdun, archidiacre de Mâcon. Le Parlement ordonna que ce seigneur et ses successeurs feraient brûler tous les ans, pendant l'octave Saint-Vincent, dans le chœur de la cathédrale de Mâcon, un cierge du poids de 50 livres, en réparation de l'outrage fait à l'archidiacre.

Le duc de Bourgogne tenait garnison au château de Berzé. Les troupes du dauphin, depuis Charles VII, le lui enlevèrent en 1421, et dévastèrent le pays. Elles occupaient aussi le château de Mazilles. Sur la demande des gens de Mâcon, qui souffraient aussi de cette occupa-

pour les Mâconnais. Il était défendu par le sieur de Rochebaron, seigneur de Joncy et de Berzé, fidèle serviteur du roi, — et, en son absence, le commandement du château était confié à Mme de Rochebaron, femme d'un rare courage et d'une haute intelligence. Mayenne avait envoyé souvent des troupes pour s'emparer de cette importante place, dont les ruines sont encore aujourd'hui si imposantes, mais toujours sans succès. Enfin, le receveur des tailles s'étant plaint au gouverneur de Mâcon de ce que les villages relevant de la terre de Berzé refusaient de payer la taille, M. de Varennes écrivit une lettre fort polie à Mme de Rochebaron, qui lui fit une réponse très-fière et lui manda qu'elle avait défendu à ses villages de soulager les traîtres de Mâcon, et que si on entreprenait quelque chose sur eux elle saurait bien s'en venger. Le gouverneur fut tellement piqué, « qu'il fit enregistrer cette lettre afin de justifier du
« peu d'affection que cette dame avait pour l'Union. Le
« seigneur de Rochebaron donnait refuge, dans son châ-
« teau, à tous ceux qui se disaient partisans du roi de Na-
« varre. Il permettait à sa garnison de faire des prisonniers
« de toutes sortes, quoiqu'ils ne fussent pas gens de guerre
« et surtout s'ils étaient de Mâcon. Le 19 janvier 1590
« entre autres, le gouverneur de Mâcon s'était rendu avec
« sa compagnie pour essayer d'enlever le château pendant
« la nuit, mais il avait été repoussé et n'avait pu ramener
« que deux soldats, qui furent reconnus pour avoir fait pri-
« sonnier un habitant de la ville (1). »

tion, le maréchal de Bourgogne expulsa les troupes du roi. (*Annuaire de Saône-et-Loire*, 1859, p. 62.)

(1) Archives de l'hôtel de ville de Mâcon.

Jean de Nagu, chevalier de l'ordre Saint-Michel, seigneur de Varennes, baron de Marzé et de Lurcy, seigneur de Belleroche, de Laye et de Faulins, capitaine de 50 hommes d'armes, chevalier du Parlement de

Mme de Rochebaron entretenait aussi des intelligences avec l'élu Laporte et d'autres notables pour se faire livrer la ville par l'entremise de l'un des capitaines nommé Scipion, maréchal de profession. Celui-ci avait feint d'ouvrir l'oreille aux propositions de Mme de Rochebaron, il eut même avec elle, un soir, une longue conférence sur le pont-levis du château de Berzé, mais il révéla le complot à M. de Varennes; un paysan de Prissé, nommé Dubief, porteur de la correspondance entre Mme de Rochebaron et les conjurés de Mâcon, fut surpris et arrêté. On instruisit son procès et après qu'on lui eut inutilement infligé la torture pour lui arracher des aveux, il fut pendu à Mâcon, sur la place de la Pêcherie.

M. de Varennes, qui n'avait plus de doutes sur la connivence de Mme de Rochebaron avec les Mâconnais, s'était hâté d'en référer au duc de Nemours, qui arriva bientôt à Mâcon avec 400 chevaux et 1,200 hommes de pied, et le siége de Berzé fut décidé, toutefois ce prince ne voulut rien entreprendre avant d'en avoir référé au baron de Sennecey (1). Mais Claude de Bauffremont, malgré l'évidente

---

Dijon, gouverneur de la ville de Mâcon et du pays du Mâconnais. Le 26 avril 1571, il épousa Philiberte de Loges, dame de Faulins et de Longecourt, fille et héritière de Christophe des Loges, écuyer, seigneur dudit lieu et de Longecourt, et d'Alix de Nagu, dame de Faulins, dont François de Nagu et Jacques de Nagu. (Guichenon, *Histoire des Dombes*, t. II, p. 296.)

(1) Voici comment le duc de Nemours rapporte lui-même ce fait dans une lettre adressée par lui, de Mâcon, le 6 août, au consulat de Lyon : « Il est advenu que M. de Senecey qui desjà m'avoit envoyé ung
« messager pour me prier de n'attaquer le chasteau de Berzay, appar-
« tenant au sieur de Rochebaron, pour la prise duquel le pays me faict
« tant d'instances, que pour ne le pouvoir esconduire, je fis repasser
« l'eau (la Saône) à toutes mes troupes qui estoient déjà en Dombes.
« Il m'envoya encore son maistre d'hostel, et peu après, son secré-
« taire, toutefois, à fin de ne pas passer oultre à ce siége, il promet-

urgence de la prise de Berzé, envoya aussitôt un messager à Nemours « pour le prier de ne pas passer oultre au siége « de cette place et de luy en remettre la garde dont il res- « pondoit. » Le baron était-il l'ami de Rochebaron (1) ou bien son dévouement à la Ligue se refroidissait-il déjà ? Il nous l'a laissé ignorer dans sa correspondance, quoiqu'il y parle assez longuement de Berzé et de ce qui lui arriva pour s'être opposé à ce siége. Quoi qu'il en soit, il tenait beaucoup à ce que M. de Rochebaron ne fût pas attaqué, « car, « peu d'heures après avoir expédié un exprès au duc de « Nemours, il luy depescha son maistre d'hostel, puis son « secrétaire, et luy mesmes se vint rendre au chasteau de « Sennecey pour estre plus proche. »

Le duc de Nemours résolut néanmoins de passer outre ; cependant, par un reste de déférence pour le baron de Sennecey, Nemours lui fit communiquer le projet de capitulation qu'il se proposait d'adresser aux gens de Berzé avant l'attaque de la place. Sennecey, voyant qu'il ne lui était plus possible de détourner Nemours de ses projets, se mit alors lui-même en route pour rejoindre l'armée qui cernait déjà Berzé. Nous verrons bientôt combien cette détermination lui fut fatale.

« mettait que ladite place luy fust remise en garde et qu'il en res- « pondroit. »

(1) Nous pensons que le baron de Sennecey était l'ami de Rochebaron. Ce dernier possédait à Gigny, près Sennecey, une partie de la terre de l'*Epervières*. Le 17 juin 1528, Anne de Toulon, femme de François de la Platière, écuyer, seigneur de Bordes, en Nivernais, avait vendu à Philibert de Rochebaron, chevalier, seigneur de Berzé, et à dame Catherine de Rossillon, sa femme, la moitié de la terre et seigneurie de l'Epervière, et le quart du péage de la Colonne, appelé le Péage-Rouge. Il dût s'établir, par ce fait, des relations de bon voisinage, au moins entre les Senecey et les Rochebaron.

(Voir sur les Rochebaron les archives du château de l'Epervières.)

Rochebaron se sentant trop faible pour résister à une armée aussi forte et aussi bien pourvue que celle du duc de Nemours n'attendit pas l'attaque. « Le 6 août, le sieur de
« Rochebaron ayant appris qu'on venoit assieger son chas-
« teau avec une couleuvrine, une batarde, une moyenne
« et deux fauconneaux, envoya dire à M. de Nemours par
« le sieur de Locatel qu'il demandoit à capituler, à quoi le
« prince consentit. Une capitulation fut ensuite dressée (1)
« et la place fut remise le lendemain à M. de Nemours, à
« 10 heures du matin. Le sieur de Rochebaron put en sortir
« avec sa famille, ses gentilshommes, capitaines, soldats et
« domestiques. Madame de Rochebaron eut la faculté de
« se retirer à Joncy avec ses enfants, sous la sauvegarde de
« M. de Nemours. Son mari s'interdit de faire la guerre aux
« catholiques dans tous les pays du Mâconnais, Charollais
« et Beaujolais, à peine de 12,000 écus, dont se rendirent
« caution les sieurs d'Esserteaux, de Locatel et leurs femmes,
« sauf que venant une armée dans le pays, il sera permis au
« sieur de Rochebaron de remonter à cheval. » On stipula encore dans ce traité « que les sieurs et dame de Rochebaron
« n'attentraient pas à la personne, maison, biens et sujets de
« l'abbé de Cluny, et même défense fut faite à ce dernier. »

Enfin on convint aussi « qu'en quittant son chasteau, le
« dit sieur de Rochebaron pourra emmener ses meubles,
« ceux de ses retrayants, mais non ses munitions de guerre,
« blé, vin ni les pièces servant à la défense de la maison. »

Ce traité fut religieusement exécuté de part et d'autre.

Claude de Bauffremont, comme nous l'avons vu, malgré sa vive répugnance à prendre part au siége de Berzé, s'était

---

(1) Les articles de cette capitulation furent dressés par le duc de Nemours, M. de Varennes, Nagu, gouverneur de Mâcon, et quelques notables de la ville. (Correspondance du duc de Nemours.

décidé à quitter son château de Sennecey où il résidait momentanément et à rejoindre l'armée commandée par le duc de Nemours. « On luy avoit cependant dit plusieurs raisons
« pour le divertir de ce voyage, mais ny cela, ny sa maladie
« (la goutte) ne le purent empescher de satisfaire au com-
« mandement du prince, se reposant plustot sur sa foy réité-
« rée souventefois, et de bouche et d'escrit, et même par une
« lettre responsive sur ce sujet par M. le marquis de Saint-
« Sorlin. »

Ces avertissements n'étaient que trop fondés. Le jeune marquis de Saint-Sorlin qui n'avait pas oublié l'affront que le baron de Sennecey lui avait fait, à Givors, l'année précédente, en lui enlevant furtivement le colonel d'Ornano fait prisonnier dans ce combat, avait déclaré alors « que
« Dieu ne le laisseroit pas quil ne luy donnat le moyen
« d'avoir raison du tour que M. de Senecey lui avoit fait. »
Ayant appris l'arrivée du baron à l'armée que son frère le duc de Nemours conduisait au siége de Berzé, il crut avoir trouvé l'occasion de satisfaire enfin sa vengeance. Quittant secrètement le camp, il alla avec une troupe nombreuse guetter Sennecey non loin de Mâcon, à Saint-Jean-le-Priche. « Senecey s'estoit acheminé, avec son train ordi-
« naire, en carrosse, pour son indisposition ordinaire de la
« goutte. Il rencontra Monseigneur le marquis qui l'atten-
« doit, accompagné de force cavalerie et encore assez près
« de luy, d'infanterie, — duquel ayant esté salué, sans
« avoir grands propos, il envoya le dit Senecey, tout ma-
« lade qu'il estoit, à Toissey en Dombes, et fit separer de
« luy tous ses gens. Peu après, il fut mené au chasteau de
« Pierre-Scize à Lyon (1), — et gardé comme s'il eust été

(1) Peu de temps après, Nemours connut aussi les tristesses de cette sombre prison d'Etat. Lyon, dont il avait été l'idole, le lendemain de sa

« le plus criminel des criminels, de manière que la com-
« munication de ses amys, la reception des nouvelles de
« sa maison et le secours de ses domestiques luy estoit
« interdit. »

Nemours ignorait-il les projets de son frère sur le baron
de Sennecey? Était-il son complice? Le baron ne semble
pas le penser. Nous lisons, en effet, dans sa correspondance

révolté contre le roi, comprit qu'il s'était donné un maître. Il ne tarda
pas de constater, par des lettres interceptées et par des mouvements
insolites de troupes, que le prince, pour se rendre maître absolu de
Lyon, y faisait entrer de nombreuses troupes et se proposait de reconstruire la citadelle Saint-Sébastien, que les Lyonnais avaient rachetée du
roi et démolie en toute hâte. Sa perte fut, dès-lors, résolue par le
consulat, qui décida de le faire arrêter. Benoist de Troncy eut le courage, en plein conseil et en présence de Nemours, de dénoncer ses intrigues. Le prince, furieux, se précipita sur Troncy et le fit arrêter et
conduire en prison. Le consulat, qui commençait à sentir sa force, protesta contre cette violence. Nemours, effrayé, relâcha son prisonnier.
Peu de temps après, Pierre de Montconis, seigneur de Liergues, renouvela contre le prince les accusations de Troncy. Le danger grossissait
aussi pour le prince d'un autre côté. Mayenne, qui s'en défiait aussi
beaucoup, envoya à Lyon Pierre d'Epinac, archevêque de cette ville.
Nemours, informé de cette surveillance et dans la pensée de prévenir
ses ennemis, fit entrer à Lyon toutes ses troupes du dehors. Au même
instant, les Lyonnais coururent aux armes, tendirent des chaînes et
s'emparèrent des portes. Nemours monta à cheval et marcha au-devant
d'eux, mais un gentilhomme commandant la police municipale,
Alexandre Reveroni, l'arrêta par ordre du consulat et le ramena à son
palais. Mais comme on redoutait l'exaspération populaire, on le transféra par eau et sous une pluie battante au château de Pierre-Scize, où
il fut séparé de ses gens et de sa garde. Sa mère, Anne d'Esle, réclama
en vain son élargissement. Le consulat fut inexorable et confia le gouvernement de la ville à Pierre d'Epinac. Mais Nemours sut, après une
longue captivité, tromper la vigilance de ses gardes et s'évader, le
26 juillet 1594. Il alla rejoindre son frère Saint-Sorlin. Sa détention
avait duré dix mois.

(Monfalcon, *Histoire de Lyon*. Voir aussi les registres consulaires de
Lyon.)

où il raconte son arrestation : « En ces entrefaites, dit-il,
« Monseigneur de Nemours arriva en Bourgogne, et alors,
« par tant de circonstances, les advertissements de se
« donner garde lui furent redoublés, tant qu'il y avoit de
« quoy une ame des plus constantes. Enfin, Monseigneur
« de Nemours vint à Dijon, au devant duquel le dit sieur
« de Senecey n'eust failly d'aller, n'eust été qu'il estoit au
« lit fort affligé de la goutte. Mon dit sieur de Nemours
« luy fist tant d'honneurs que de descendre en son logis, le
« visita, non seulement, cette première journée, mais aussi
« tout le temps qu'il séjourna, et, quelquefois, prenait la
« peine de demourer trois ou quatre heures auprès de luy,
« discourant des affaires et de ce qui estoit necessaire pour
« le bien de la sainte cause et de plusieurs aultres particu-
« larités. En quoy, le dit sieur de Senecey luy parlant de la
« prise du colonel et de ce qui luy avoit esté rapporté du
« mescontentement qu'il en avoit, *s'excusant, il luy declara,*
« *lors l'embrassant, que c'estoit chose à quoy il n'avoit jamais*
« *pensé, et que la rançon d'Alphonse valut-elle cent fois davant*
« *age, il la luy quitteroit, sachant quels estoient les merites et*
« *les obligacions* qu'il luy avoit. »

Quoi qu'il en soit de la pensée secrète du duc de Nemours (1) sur cette séquestration arbitraire, ce prince pou-

---

(1) M. Morin, dans son histoire de Lyon, a commis les plus graves erreurs en parlant de l'arrestation du baron de Sennecey : « Le marquis
« de Saint-Sorlin, dit-il (t. V, p. 388), auquel son frère avait laissé le
« commandement des troupes de l'Union en Bourgogne, pour passer
« dans le Bourbonnais, livre combat au baron de Sennecey et le fait
« prisonnier. Transfuge de la Ligue, Sennecey avait combattu l'année
« précédente dans le Lyonnais contre les troupes royales. Les échevins,
« qui lui avaient voué un grand ressentiment pour avoir reçu à rançon
« le colonel d'Ornano, qu'il avait pris au combat de Givors, obtinrent
« qu'il fut amené à Pierre-Scize, mais quelques mois après il fut rendu
« à la liberté par ordre de Nemours. » Autant de mots, autant d'in-

vant craindre qu'elle excitât un grand mécontentement à Chalon dont le baron était le bailli, le député et l'homme le plus considérable, se hâta d'en informer la mairie de cette ville (1). Après avoir avoué « que son frère n'avoit pu

exactitudes. Au moment de cet événement, Nemours n'était *pas passé en Bourbonnais*, car il commandait l'armée devant Berzé. — Saint-Sorlin *ne livra pas combat à Sennecey*, mais, trompant sa confiance, le fit arrêter alors qu'il s'avançait avec une faible escorte vers Saint-Jean-le-Prêche. — Les échevins n'avaient nullement *voué de la haine au baron ;* Sennecey ne *toucha pas la rançon de d'Ornano ;* le consulat *ne fit pas amener le baron à Saint-Scize,* ce fut le fait seul de Saint-Sorlin, et c'est Mayenne qui força Nemours à relâcher Sennecey.

(1) Le duc de Nemours crut devoir annoncer aussi, le même jour, au maire de Chalon, la capture du baron de Sennecey. Sa lettre est à peu près la reproduction de celle qu'il adressa au consulat de Lyon :

« Messieurs, estant dernierement devant Montaigu pour delivrer,
« comme je fis, graces à Dieu, la ville de Chalon et les environs de la
« guerre cruelle qui se faisoit de cette maison aux catholiques du pays,
« je fus très-instamment requis de ceux du Masconnais faire autant
« pour eux de la maison de Berzé en laquelle se sont commises une
« infinité de voleries et inhumanités. Je fis hier investir cette place,
« de quoy Monsieur de Senecey, averti dans Chalon, où mon frère et
« moy lui avions dit adieu, envoya aussitost un messager vers moi
« pour me prier de ne passer outre au siége de cette place, et luy en
« remettre la garde dont il répondait. Peu d'heures après me depescha
« à même fin son maistre d'hostel et puis son secrétaire et luy même
« se vint rendre à Senecey proche d'icy. Les gouverneurs et habitants
« y faisoient de grandes difficultez. Toutefois pour ne rien negliger je
« dressai des articles par l'avis des capitaines qui sont près de moy,
« l'esquels j'envoyai au sieur de Rochebaron, le chateau luy apparte-
« nant, par deux gentilshommes qui eurent charge de rapporter sa
« response. Ce matin, mon frère le marquis de Saint-Sorlin, sans me
« dire adieu, ny prendre ces lettres est party avec quinze ou vingt che-
« vaux, et sur le midy j'ai eu de ses nouvelles et du sieur de Rocheba-
« ron, en même temps, par lesquelles celuici disoit qu'il avoit eu avis
« que M. de Senecey estoit en sa maison et qu'il ne pouvoit faire de
« response aux dits articles, qu'il n'en eut conféré avec lui, — et celuy-
« là que ne pouvant oublier le tort que luy faisoit le sieur de Senecey
« pour ce qui s'estoit passé au fait du colonel Alphonse Corse qu'il luy

« oublier le tort que pouvoit luy avoir fait le dit sieur de
« Senecey, pour ce qui s'estoit passé du faict du colonel
« Alphonse, Corse, qu'il luy avoit soustrait pour le mettre
« en liberté, moyennant 40,000 écus, » le prince ajoutait :
« Cette capture ne m'a pas moins apporté d'estonnement
« que de regret. Et parce que je crains, dit-il aussi, que la
« verité du faict ne s'en defigure artificiellement, je vous ay
« bien voulu faire ce présent discours, et vous prier de
« continuer toutes choses en bon estat, vous donnant garde
« de ceux qui, sous ce prétexte, et preferant l'affection qu'ils
« pourroient avoir particulière en son endroit, au bien gé-
« néral de nostre cause, laquelle, je sais, vous avez en telle
« consideration qu'il n'est besoing de vous faire, sur ce, plus
« d'instances. » Cette lettre (1) fut lue et publiée en pleine
assemblée de ville, à Chalon. Je ne sais si elle effaça les
soupçons et défiances que le duc de Nemours appréhendait.

Nemours redoutant aussi la mauvaise impression que la
capture du baron pouvait produire sur le Consulat de Lyon
lui écrivit, le jour même de cette capture, de Mâcon, une
lettre dont nous extrayons les passages les plus saillants :

« avoit soustrait pour le mettre en liberté moyennant 40,000 écus, il
« l'étoit venu attendre sur son chemin et l'avoit enmené avec luy en
« Dombes, où il est à présent. Chose qui ne m'a pas moins apporté
« d'estonnement que de regret. Et parce que je crains que la verité du
« fait ne s'en deguise artificiellement, je vous ay bien voulu faire ce
« présent discours et vous prie de contenir toutes choses en estat, vous
« donnant garde de ceux qui sous pretexte et preferant l'affection qu'ils
« pourroient avoir particuliere en son endroit au bien general de notre
« cause, laquelle je scay vous avez en telle recommandation qu'il n'est
« besoin de vous en faire sur ce plus d'instance, me recommandant
« moy même à vos bonnes graces tres affectueusement, priant
« Dieu, etc..... Vostre très affectionné et plus parfait amy. Charles de
« Savoye. »

(1) Perry, *Histoire de Chalon*.

« En même temps que je recevois une lettre de M. de
« Senecey qui me prioit de ne pas passer oultre au siége de
« Berzay, j'ay eu nouvelle de mon frère (le marquis de
« Saint-Sorlin) lequel estoit party, au poinct du jour, sans
« me dire adieu et sans avoir ses lettres. Et j'ay sçu
« qu'ayant eu advis que le dit sieur de Senecey estoit en
« chemin pour destourner le siége de Barzay, — aurait
« tourné devers luy, — s'en seroit saisy et l'a enmené en
« Dombes où il est de présent, dont je n'ay reçu moins
« *d'estonnement que de regrets*, car mon frère et moy, lui
« ayant dit adieu, à Chalon, *ne pensant le revoir de ce voyage*,
« je ne me fusse aulcunement *défié de ce qui est arrivé*.

« Et je crois, que vous, Messieurs, qui *scavez au vray* ce
« qui s'est passé entre eux, pour le faict d'Alphonse, Corse,
« jugez assez quelle occasion avoit mon frère de s'en res-
« sentir. » Toutefois le duc de Nemours exprime ensuite
son vif regret de ce que le baron ait été pris « sur les limites
« de la province où il a authorité, — et afin que personne
« ne vous previenne, sur ce, de quelque fausse nouvelle, je
« vous ay bien voulu faire succinctement le discours et
« vous dire, par même moyen que cette composition de
« Barzay estant failleue par un accident (1), j'ay ordonné
« d'y faire mener le canon du succès de quoy je ne failliray
« de vous tenir advertis. »

Le conseil de ville de Dijon ne tarda pas de manifester
au duc de Nemours le mécontentement qu'il éprouva de la
capture du baron, et il s'en plaignit également à Mayenne.
Leurs réponses nous sont restées. Elles trahissent leur

---

(1) Il paraît que la capture du baron de Sennecey retarda la prise de
Berzé, et que Nemours pour mieux contraindre Rochebaron à accepter
la capitulation proposée, se vit contraint de faire conduire son artillerie
devant Berzé, et que cette lettre était écrite avant la reddition de la place.

embarras, et en même temps leurs faiblesses et leurs craintes. Aucun des deux princes, même pas Mayenne, dont le pouvoir était pourtant absolu, n'osa ordonner au marquis de Saint-Sorlin de faire cesser sans retard la séquestration arbitraire du baron. Nemours chercha à excuser son frère, en disant : « Que le tort etoit tellement attaché à « la reputation de M. de Senecey que le marquis ne pou- « voit moins que d'en tirer raison, et que celui ci a dû faire « paroistre à ceux qui font profession d'honneur qu'il a voulu « desgager le sien. Que néanmoins il a depesché plusieurs « messagers à M. de Mayenne et qu'il faut tout attendre de « son autorité. » Mayenne assura à la mairie de Dijon « qu'il a fait une bonne depesche à M. de Nemours pour « lui faire cognoistre *qu'ils ne sont pas autant, qu'il fault* « sacrifier son *interest particulier* au bien general. » — Et il ajoute ; « Je veux croire que M. de Nemours aura eu aul- « tant de regret que moy même et qu'il le tesmoignera par « la prompte liberté du sieur de Senecey que je veux assis- « ter de tout mon pouvoir. Je laisseray, oultre ma premiere « depesche d'envoyer dans deux ou trois jours un gentil- « homme des miens vers M. de Nemours pour luy repre- « senter encore plus particulierement l'importance de ce « fait. » Comme les affaires de la Ligue allaient alors fort mal en Bourgogne, Nemours et Mayenne ne manquèrent pas non plus de mander à la mairie de Dijon : « Il faut « adviser aux moyens d'éviter le desordre qui en peust « arriver, et avoir l'œil ouvert à nostre conservation. » Et Mayenne annonçait sa prochaine arrivée « pour apporter « quelque soulagement à la province. »

Mayenne (1) était même tellement alarmé des consé-

---

(1) Mayenne fut très-contrarié de l'arrestation du baron. « Il s'en
« offensa mesme, voyant le tort qui estoit faict à celui qui representoit

quences que pouvait avoir pour la tranquillité de la Bourgogne la capture illégale du baron de Sennecey, que dans la même journée il adressa deux dépêches successives à la mairie de Dijon. Nous avons analysé la première. Dans la seconde, après avoir annoncé la défaite de l'armée du roi de Navarre en Picardie, il mande « qu'il espère qu'avec
« l'ayde de Dieu ses ennemys seront plus mal menés que
« cy devant, lorsque l'armée de M. le duc de Parme, les
« forces d'Italie et les Francois seront tous ensemble dans
« trois semaines (1). »

Le marquis de Saint-Sorlin « après avoir fait passer la rivière » au baron de Sennecey, le garda d'abord trois jours à Toissey ; mais comme son prisonnier n'était pas en sûreté dans cette ville et qu'il pouvait lui être enlevé par ses amis de Bourgogne, il le fit transférer à Lyon dans le château de Pierre-Scize (2).

« sa personne et son gouvernement en particulier, mais quelque com-
« mandement, ni prière qu'il fit de lui donner la liberté, rien ne suivit. »
(Corresp. de Sennecey.) »

(1) Archives de Dijon.

(2) Le château de Pierre-Scize a joué un grand rôle dans tous les événements de Lyon. Sous les Romains ce fut un oppidum. Les Bourguignons et les rois francs y séjournèrent, puis il passa aux archevêques de Lyon qui y firent leur demeure habituelle à partir de 1099, et y reçurent un grand nombre de princes. Louis XI était trop défiant pour laisser ce poste important entre les mains des archevêques et surtout du Consulat qui y avait des prétentions. En 1468 il ordonna à François Royer, bailli de Mâcon, de s'en saisir et d'en ôter le gouvernement à Odile des Estoyés, officier de l'archevêque, qui avait été de la Ligue du Bien Public. Cet ordre fut exécuté, et depuis cette époque Pierre-Scize resta entre les mains du roi. Louis XI convertit ce formidable donjon en prison d'Etat. Jacques d'Armagnac, duc de Nemours, comte de la Marche, est le premier prisonnier qui y ait été détenu. Condamné à mort, il fut décapité à Paris en 1477. Après lui, on compta parmi les principaux prisonniers : en 1500, Louis Sforce, dit le Maure, duc de Milan, et son frère, le cardinal Ascagne ; en 1507, les ambassadeurs du

C'était alors une sombre prison d'Etat, ancienne résidence des archevêques de Lyon, assise sur un rocher de granit de 150 mètres de haut, s'avançant comme un promontoire dans la Saône, à l'entrée de Lyon. Depuis plusieurs années les Ligueurs détenaient dans ses cachots tous les ennemis de la sainte cause, et plus d'un n'était sorti que pour marcher à l'échafaud; cette masse imposante détruite par la Révolution, n'offrait à sa sommité qu'un étroit plateau, séparé du reste du coteau de Fourvières par un large et profond fossé; on y montait par un étroit escalier pratiqué dans les flancs du rocher et qui partait d'une tour fortifiée assise au bord même de la rivière. Une grosse tour ronde, remarquable par sa dimension et par son genre de défenses, renfermait les prisonniers, et dans les bâtiments adjacents logeaient le gouverneur et les soldats de la garnison.

Les chambres de la grosse tour, faiblement éclairées par d'étroites ouvertures munies de grilles de fer, étaient nues et sans aucun meuble. Chaque fois qu'un prisonnier de quelque importance y était amené, le Consulat était obligé de louer de la literie et quelques menus meubles. Les détenus étaient soumis à la plus sévère surveillance, et le Consulat avait décidé, peu de temps avant l'arrivée du baron, « que M. de Saint-Sorlin serait prié d'ordonner que

---

roi des Romains; Henri-Corneille Agrippa, en 1535; le baron des Adrets, en 1572; Georges de Bauffremont, Antoine de Grollier, et Imbert, son frère, Dandelot, le duc de Nemours, Cinq-Mars, de Thou, le maréchal de la Motte-Houdancourt, le comte de Guesbriant, Honoré de Klinglin, prêteur royal de Strasbourg. En 1792, neuf officiers du régiment Royal-Pologne y sont massacrés par la populace, puis on y enferma trente-deux prêtres, et enfin la Convention, après le siège de Lyon, ordonna la démolition de cette prison d'Etat l'an II de la République. (*Calendrier historique de Lyon*, 1829.)

« les prisonniers n'auront pour eux tous qu'un cuisinier, et
« pour leur service particulier, chascun, un serviteur. —
« Que leurs femmes ne les pourront aller visiter qu'une
« fois, la semaine, accompagnées seulement d'une servante
« aux quelles seront faites defense de leur porter, ny de
« recevoir d'aucun d'eux, aucune lettre, et à cet effet,
« seront visitées à l'entrée et sortie du chasteau par le capi-
« taine du dit lieu — et ne sera permis d'ecrire aucune
« lettre ou mémoires au dit chasteau qu'elles n'aient été
« vues par le capitaine. — Enfin, de ne permettre qu'au-
« cun, soit de la ville ou estranger, ne puisse les aller
« visiter. » On décida, en même temps, que tous les frais
de garde seraient à la charge des prisonniers.

Lorsque le baron arriva au château de Pierre-Scize, le marquis de Saint-Sorlin, par un raffinement de vengeance, fit rendre ce règlement encore plus sévère par le Consulat. On le sépara de tous ses serviteurs, quoique malade et alité; aucun de ses amis ne put le voir, « et même la recep-
« tion des nouvelles de sa maison lui fut interdite. »

Le baron, en se voyant sous les verroux de cette sombre prison d'Etat, ne fut pas sans inquiétude sur son sort. Livré à la merci de son ennemi implacable, il pouvait tout craindre de sa haine et il n'ignorait pas non plus tout ce que son frère Georges y avait déjà souffert, et les lugubres drames qui s'y étaient accomplis. Il savait aussi que peu d'années auparavant le président de Birargue, accompagné des Suisses de sa garde, avait fait poignarder en sa présence les capitaines de la Tour et la Combe Bouthellier, et que huit autres notables y avaient été étranglés dans la nuit du 23 juillet 1568.

Cependant, quelque étroite que fût sa captivité, il parvint à tromper la vigilance de ses gardes et à faire parvenir à ses amis des lettres par lesquelles il les priait de redoubler leurs instances auprès de Mayenne pour recouvrer sa liberté que Saint-Sorlin tardait toujours de lui rendre, malgré les prières et les ordres du prince.

La mairie d'Auxonne ne demeura pas indifférente, non plus, devant la captivité de Sennecey. Le 21 octobre elle manda au vicomte Maieur de Dijon : « Plust à Dieu que
« chascun eust de son costé employé les moyens à la deli-
« vrance de M. de Senecey : il ne seroit plus où il est. De
« nostre part, nous avons faict, comme nous ferons perpe-
« tuellement, tout ce qui dépendra de nous. Toutefois,
« nous le voyons *resserré*, c'est-à-dire pirement et plus
« rigoureusement traicté qu'il n'estoit au commencement
« de sa prison... Les rudesses qu'il reçoit sont une indigne
« reconnaissance de ses vertueux labeurs. De vostre part
« assistez nous et faictes de mesme, ainsi que nous vous en
« supplions bien humblement. M. de Senecey en faisant sa
« charge, saura bien par sa prudence dissiper les nuaiges
« qui troublent et obscurcissent le repos de cette pauvre
« province. Vos voisins et meilleurs amis. »

Un concert si unanime de prières des principales villes de la province que Mayenne avait tant intérêt à ménager, finit par faire fléchir le marquis de Saint-Sorlin. Ce prince, après plusieurs remises, « et lorsqu'il eust recogneu
« que pour les maladies du baron il pouvoit advenir incon-
« vénient à sa personne, craignant de perdre l'un et faillir
« à l'austre, » il donna enfin l'ordre de son élargissement. Le 5 novembre le duc de Nemours l'annonça à la mairie de Dijon, du camp de Saint-Pourçaint, où il se trouvait alors : « Messieurs, je vous ay ci devant mandé, écrivait-il, que
« m'estant venu trouver, mon frère, M. le marquis de
« Saint-Sorlin, qui m'a faict entendre estre satisfaict de
« M. de Senecey, — comme aussy j'ai sçu par la detemp-
« tion de M. du Mayne, j'ai consenti sa delivrance, et que,

« néantmoins pour luy donner d'aultant plus d'occasions
« de n'entendre aux inductions de ceulx qui peuvent en
« faire leur profit de ce qui s'est passé, — le vouldroient
« pousser par quelque injuste ressentiment au dommage
« de la cause publique des catholiques. — J'ay esté d'avis
« de l'obtiendre à se conformer de nouveau à nostre party,
« mesme par obligation de 60,000 écus, dont il me bail-
« lera caution bourgeoise, — laquelle n'ayant pu promp-
« tement fournir, je crois, pour l'incommodité du lieu où
« il est, à sa requeste, j'ay permis qu'il sortit de prison en
« laissant ses enfants à Lyon jusqu'à ce qu'il ait satisfait aux
« d. cautions dont je n'ai voulu faillir de vous advertir et
« vous prier de croire que je le fais par très grande con-
« sideration afin que tout se passe en contentement de
« vous et de vos amys. »

Déjà quelques jours auparavant, le duc de Nemours avait cru devoir aussi annoncer au Consulat de Lyon que le baron serait mis en liberté ; il lui avait mandé, le 27 octobre, de Billon, « qu'il avoit resolu sa delivrance aux con-
« ditions que j'escris à mon maistre d'hostel le sieur Gi-
« rard qui vous les communiquera. » Enfin, Nemours avait ajouté : « M. le baron d'Uxelles va pour la delivrance
« de son beau-frere Monsieur de Sennecey, il vous dira
« aussi comme, hier, Villecomte, Sarlan et Crain feurent
« rendus. »

Ces lettres révèlent bien la pensée intime des princes. Le duc de Mayenne, ni Nemours, ni Saint-Sorlin ne surent montrer ni générosité, ni grandeur envers leur prisonnier. Uniquement préoccupés, l'un de sa vengeance personnelle, les autres de leur ambition, masquée par leur prétendu dévouement à la Ligue, ils laissèrent voir à tous que leur unique crainte était de voir le baron déserter leur cause et porter son influence et son épée au parti du roi —

et que ne pouvant pas le détenir plus longtemps, parce qu'il succombait aux tortures de la prison, ils ne le relâchèrent qu'aux plus dures conditions, en lui imposant une énorme rançon et surtout, ce qui était pire encore, en exigeant, en garantie de la somme élevée qu'il n'avait pu payer comptant, la remise de ses trois jeunes enfants comme otages.

Ces enfants étaient :

1° Henri de Bauffremont, depuis marquis de Sennecey ;

2° Ludovic de Bauffremont, plus tard abbé commandataire de l'abbaye de N.-D. de Fontenay, coadjuteur de l'abbaye de Sainte-Geneviève, à Paris ;

Et 3° Philippe de Bauffremont.

Le plus âgé n'avait pas quatorze ans. Ces enfants étaient demeurés à Dijon pendant la captivité de leur père. Nemours les fit arrêter et conduire à Lyon, sous bonne escorte, et ils furent enfermés, à leur tour, dans cette sombre prison de Pierre-Scize, où leur père avait gémi pendant trois longs mois.

Il dut en coûter beaucoup au cœur du baron de voir ces pauvres enfants, si jeunes, sous les verrous de cette lugubre forteresse, dont il avait connu toutes les tristesses et la rigueur, — et de ne pouvoir recouvrer sa liberté qu'au prix de ce douloureux sacrifice ; mais, comme il le dit lui-même, « il fallut vouloir ce qu'on voulut, » le maître de sa destinée était impitoyable. Peut-être pensa-t-il aussi que les princes, tout en exigeant la remise de ses enfants, comme otages, auraient pour eux les égards que commandaient leur âge et leur innocence. Mais il se trompait. Saint-Sorlin gardait toujours une haine profonde contre le baron. N'ayant pu retenir le père plus longtemps prisonnier, il était heureux de faire peser encore sur les enfants tout le poids de sa vengeance. Les larmes et les supplications de Sennecey, pour se faire rendre ses fils avant l'entier paiement de sa lourde rançon, furent inutiles. Saint-Sorlin fut inexorable. Nemours était sans influence sur son frère. Mayenne guerroyait au loin et les affaires l'absorbaient.

Le baron de Sennecey n'eut plus d'autre ressource que de s'adresser aux Etats-Généraux de France, alors réunis, et de les prier d'intervenir auprès du marquis de Saint-Sorlin. Dans sa requête, dont nous avons pu retrouver la minute (1) corrigée de la main même du baron, ce dernier, après avoir exposé tous les services rendus par lui à la « sainte Cause », la capture de d'Ornano, son arrestation par le marquis et la rétention de ses enfants comme otages, ajoute : « Ces enfants sont toujours prisonniers, « gardés estroitement et tenus en telle rigueur qu'ils per- « dent leur temps, leur jeunesse, ayant estés leurs précep- « teurs chassez d'auprès d'eux — et n'ont pour toute com- « paignie qu'un *Calabre et infinis mauvais exemples devant* « *les yeux, comme blasphesmes, paillardises et toutes aultres* « *ordures*, ny ayant *turc* ou *infidèle* qui voulut, avec *telle* « *rigueur*, traiter ces ames innocentes. Si le pere avoit « failli, il y avoit *plus de justice à le tuer*, lorsqu'on le tenoit, « que les enfants dont le plus vieil n'a quatorze ans. » Enfin, le baron terminait sa requête par ces mots : « Si « l'authorité, dit-il, et la grandeur de ceulx qui les font « garder, vous retient et empesche, ne trouvez mauvais si,

---

(1) La minute de cette requête était déposée aux archives du château de Sennecey qui furent pillées et brûlées devant ce château, en 1793, au nom de la Raison. Une partie de ces archives échappa cependant aux stupides administrateurs du district qui avaient commis cet auto-da-fé et furent conservées par le régisseur de la Terre. C'est de ce dernier que nous tenons cette minute qui a été dictée, puis corrigée de la main de Claude ce Bauffremont.

« par *toutes voyes* que je trouveray convenables, j'employerai
« ce que Dieu m'a donné de moyens pour les retirer. »
Cette menace était le cri naturel du cœur d'un père dont on
souillait les enfants par la plus odieuse corruption pour la
satisfaction d'un orgueil sans bornes.

Rien n'a pu m'indiquer l'époque de la délivrance de ces
enfants ni les circonstances qui entourèrent leur mise en
liberté ; mais le baron, après avoir eu enfin la douce joie
de serrer ses enfants dans ses bras, eut aussi bientôt la satisfaction de voir le duc de Nemours arrêté et conduit, à
son tour, comme un malfaiteur, dans cette prison d'Etat,
où ses enfants et lui avaient vu s'écouler tant de tristes
heures.

Le premier acte du baron de Sennecey, après sa mise en
liberté, fut de remercier la ville de Dijon de l'intérêt qu'elle
lui avait porté pendant sa captivité ; il lui manda de son
château de Sennecey, où il s'était arrêté en sortant de la
prison de Pierre-Scize : « Messieurs, dit-il, ayant en tes-
« moignage que vous avez participé au desplaisir que tous
« les gens de bien et personnes d'honneur de ceste pro-
« vince avaient reçu de ma detemption, j'ay creu que sem-
« blablement vous auriez part au contentement que ceux
« de cette qualité recevront, sachant ma liberté, de laquelle
« je n'ay voulu faillir de vous advertir. »

Nous n'avons pu retrouver nulle part le traité qui était
intervenu entre Nemours (1) et le baron, traité en vertu du-

---

(1) Nous avons raconté plus haut l'arrestation du duc de Nemours
par les Lyonnais. Son frère, le marquis de Saint-Sorlin, et son complice,
était alors à Riom, mais le 27 septembre 1593 « vint le marquis de St-
« Sorlin jusques au faubourg St-Irigny, à Lyon, où illec tuerent le por-
« tier et un sergent royal, blesserent plusieurs personnes et tuoient et
« enmenoient prisonniers ceux qu'ils trouvoient, violoient filles et
« femmes et enmenoient le betail et tout ce qu'ils trouvoient dans le

quel ce dernier avait recouvré sa liberté — et s'était engagé, peut-être bien malgré lui, — à demeurer fidèle à la Ligue et à reprendre ses diverses charges ; nous n'avons pu connaître non plus l'époque et les circonstances dans lesquelles le baron put s'acquitter de sa lourde rançon de 60,000 écus. Quoiqu'il en soit, Sennecey, esclave de sa parole, quoique profondément ulcéré, rentra bientôt après à Auxonne dont il était demeuré gouverneur, et d'où il continua aussi momentanément, comme lieutenant de Mayenne au gouvernement de Bourgogne, à diriger les affaires de la province.

C'est ainsi qu'on le voit prescrire, le 18 janvier 1592, à

« Lyonnais, à Vienne, tant aux villages que par champs. » (Reg. cons. de Lyon, 1593.)

Le Consulat fut tellement irrité contre le duc de Nemours et le marquis de Saint-Sorlin qu'il écrivit le 28 septembre 1593 à Anne d'Este, leur mère, qui demandait la mise en liberté de son fils : « Nous avons « la résolution *de mourir* plustost que de recevoir jamais M. de Ne- « mours pour gouverneur, ny Mgr le marquis, son frère. » (Regist. consul.).

Le Consulat écrivit en même temps au marquis de Saint-Sorlin pour lui faire connaître, sans détour, les motifs qui l'avaient forcé de faire arrêter son frère. Saint-Sorlin répondit immédiatement une lettre pleine de hauteur et d'aigreur. Il repoussa bien loin le reproche qu'on lui avait adressé d'avoir conspiré aussi contre la ville. « J'atteste le Dieu « tout puissant, vray scrutateur de vos cœurs et clairvoyant aux plus « secretes pensées des hommes si, après son divin service, j'ay rien eu « tant en recommandation la conservation de voste autorité..... Non « contents de m'outrer de douleur, en retenant en une etroite prison la « plus chère personne que j'aye au monde, mais induicts par la pas- « sion, sans vous avoir méfaict, vous me declarez incapable et indi- « gne de vous pouvoir jamais servir..... C'est trop d'outrages pour « incliner et ployer un courage tel que le mien à la douceur. Toutes- « fois, ayant toujours choisi Dieu pour source et guide de mes actions « et luy ayant tousjours remis la vengeance du tort qui m'est fait, j'ap- « pelle à sa divine justice de l'injure qui nous est faite... » (Arch. de Lyon. Regist. consul.).

la mairie de Chalon, de faire « incontinent achat et provi-
« sion de huit milliers de poudre, de quatre cents balles à
« canon et de couleuvrine, pour subvenir aux occurrences
« des affaires qui pourroient cy-après arriver en ceste pro-
« vince. »

XIV. — La guerre régnait alors dans toute la province. Le maréchal d'Aumont s'emparait, le 22 octobre, de Louhans, et, malgré la capitulation, faisait trancher la tête à son gouverneur, Chamfricaud, — puis il s'emparait, sans tirer un coup de canon, de Saint-Julien, de Romenay et de Cuyseaux. Tavannes l'avait rejoint en Bresse, et, chemin faisant, il s'était présenté devant Chalon avec un parti de cavalerie. La compagnie des gens d'armes de Mayenne l'avait repoussé, puis le maréchal, après un échec devant Saint-Pourcain, était retourné près du roi, après avoir perdu presque toute son armée et fait preuve de la plus incroyable incapacité.

Mais il avait à peine quitté la Bourgogne que les compagnies de Thianges, de la Clayette, d'Uxelles (1), de Milly, d'Attignay et de Nicolas passèrent la Saône avec celle de Varennes. Elles se joignirent aux troupes de Savoie, commandées par le marquis de Tréfort, et prirent Romenay, qui se rendit après trois coups de canon. Le gouverneur, Vernoble, fut envoyé prisonnier à Montmélian, « après
« cela les troupes pillèrent et saccagèrent la place, sans
« épargner les ornements d'église, et y firent mille vio-
« lences aux femmes et aux filles (2). »

Ils reprirent ensuite Louhans, Cuyseaux, Sainte-Croix,

---

(1) Le baron d'Uxelles, seigneur de Cormatin, beau-frère du baron de Sennecey.
(2) Juenin, *Histoire de Tournus*.

ravagèrent tous les villages, emmenèrent tous les bestiaux,
« et firent cent fois plus de maux que les ennemis de la
« Ligue, ce qui déplut fort aux gens de bien (1). »

Le baron ne put prendre part à ces faits de guerre. Il
était rentré à Auxonne après sa sortie de la prison d'Etat
de Pierre-Scize, et sa santé, altérée par les tortures de sa
captivité, ne lui permettait plus de tenir la campagne. Cependant, pour obéir à Mayenne, il avait repris sa charge de
lieutenant général au gouvernement de Bourgogne, et en
dirigeait les affaires. C'est ainsi, comme je viens déjà de
le dire, qu'on le voit donner des ordres à la ville de Chalon
pour son complet armement. Sa citadelle était alors
achevée, et formait un point stratégique des plus importants. Tout annonçait que cette guerre, suspendue par
l'hiver, serait poursuivie avec une nouvelle vigueur au
printemps. En effet, Mayenne reparut au nord de la
Bourgogne pour réparer les échecs que le maréchal
d'Aumont avait pu causer à la Sainte-Union pendant
sa courte et infructueuse campagne dans notre province.

---

(1) Juenin, *Hist. de Tournus.*

(4) Le maréchal d'Aumont avait commis tant de fautes pendant ses
expéditions en Bourgogne que Tavannes s'en plaignit directement au
roi. Il lui écrivit entr'autres : « C'est amener la ruine de vos affaires en
« Bourgogne, deja commencée par le mauvais ordre qu'y a laissé M. le
« Marechal d'Aumont. Pour à quoi obvier, il seroit utile d'envoyer par
« de ca, un prince maréchal de France ou autre seigneur de qualité, et
« non pas le dit sieur maréchal, lequel au lieu de retenir sur tous la
« puissance absolue qui lui avoit été donnée, s'est rangé avec quelques
« uns qu'il fait dependre de lui seul et les autres qui ne dependaient
« que de vous, Sire, il leur a fait tant d'indignités qu'il leur a été enfin
« impossible de lui rendre obeissance. Tellement que s'en allant du
« pays, il a laissé le parti de Votre Majesté qui estoit bien uni avant
« qu'il fut venu, sur le point d'être partagé en deux, pour se faire la
« guerre. »

Mayenne reprit Salmaise près Flavigny, cannona Noyers, assiégea Verdun, Cuiseri, Tournus, où MM. de Mâcon envoyèrent 3,000 pains pour son armée, puis retourna devant Verdun, défendu par Thiard de Bissy. Celui-ci sut attirer habilement les gens de Chalon dans une embuscade et ils y perdirent du monde. Enfin, dans la même année, Vaugrenant, dans un combat où il défit dix-sept compagnies de fantassins, intercepta des instructions que le duc de Nemours donnait au baron de Tenissey, et dans lesquelles on trouva la preuve que ce prince aspirait à la couronne, à l'insu de Mayenne qui la convoitait aussi.

Mais le baron de Sennecey ne prit aucune part à tous ces événements. Devenu presque impotent par ses nombreux accès de goutte, et trop clairvoyant pour ne pas être certain que la Ligue, qui n'était qu'un prétexte pour l'ambition des princes, s'épuisait en vains efforts, il se démit de toutes ses charges entre les mains de Mayenne, et ne conserva que le gouvernement d'Auxonne. « Ses indispositions y contri-
« buèrent beaucoup et l'empêchèrent d'exercer la charge
« de lieutenant général au gouvernement de Bourgogne,
« de sorte qu'il la remit entre les mains du duc de Mayenne
« qui en pourvut le vicomte de Tavannes en juin 1592, et
« il alla vivre en repos parmy les tempestes de l'Estat. »
Le 4 août 1592, le Parlement de Dijon fit publier les lettres du duc de Mayenne qui conféraient à Tavannes les fonctions de lieutenant général au gouvernement de Bourgogne. Tavannes avait été, dix ans auparavant, gouverneur d'Auxonne, mais ayant tenté de livrer cette place à la Ligue, il avait été arrêté par les habitants et conduit au château de Pagny, d'où il était parvenu à s'évader après quatre mois de détention.

Le baron séjourna, après sa démission, soit à son château de Sennecey, dont il acheva les fortifications dans le courant de cette année, comme on le voit encore par une inscription gravée sur la porte du grenier des cens et rentes de ce château-fort, ou à Auxonne (1). Il reste encore aux archives de Lyon une lettre qu'il adressa au Consulat de cette ville, qui s'était plaint à lui de ce qu'il empêchait le libre passage des blés qui alimentaient Lyon. Le baron répondit : « Je « vous ai assez temoigné pendant que j'ay commandé au « général de ceste province de Bourgogne comment, sou- « ventement, j'ay tenu la main à la liberté du commerce « sur la rivière ; mais, depuis la venue de M. le vicomte de « Tavannes, je rage en ma place. Les péages, par son or- « donnance, ont été tellement accrus et augmentés que les « marchands ne pouvant se sauver cessent le trafic. » Mais cette lettre est la dernière que nous ayons pu retrouver.

Les péages, à cette époque, sur les cours d'eau et les routes étaient assez productifs. Mayenne, pour dédommager le baron des pertes qu'il avait éprouvées et de sa lourde rançon de 60,000 écus, lui concéda l'un de ces péages alors établi sur la Saône, à l'endroit appelé le pont de Grosne ; mais la ville de Chalon, qui s'était fait affranchir de tout droit à trois lieues à la ronde, ne donna pas son approbation à ces lettres de concession.

Mais la guerre continuait toujours. Elle ravageait de plus

---

(1) Peu de temps après, mourut à Chalon, Pierre de Saint-Julien de Baleure, doyen du chapitre de Saint-Vincent, l'un des plus éminents historiens de la Bourgogne, l'ami et le confident de Nicolas de Bauffremont, baron de Sennecey. « Il est des premiers, dit Perry, qui a « commencé la preuve de l'histoire par les chartes et par les titres, et a « défriché un pays assez couvert d'épines et de ronces. Il estoit tou- « jours dans son cabinet à lire ou a escrire ; rarement on le trouvait « ailleurs ou dans l'église. Il fut enterré dans le chœur de la cathé- « drale. » (Perry, p. 379.)

Deux jours après, le 23 mars 1593, le baron de Rully fut tué entre Rully et Chagny. (Idem.)

en plus nos malheureuses provinces. La désolation des campagnes, où par la violence des gens de guerre les terres étaient demeurées incultes, ajouta encore à cette douloureuse situation l'horreur d'une prochaine famine. Les deux partis s'en étaient effrayé et on avait dû convenir d'une trêve dite *du labourage*, enregistrée par le Parlement de Dijon. Les princes se multipliaient sur tous les points pour maintenir la Bourgogne « en fidélité de la Sainte Union, » mais la conversion de Henri IV (1) à la religion catholique et ses victoires portèrent un coup funeste à la Ligue. Le roi, pour se concilier l'affection des provinces, s'était hâté d'annoncer son changement de religion à tous les Parlements et aux gouverneurs des provinces. Ce changement n'avait eu lieu qu'après de nombreuses conférences de Henri IV avec des théologiens et des prélats qu'il avait réunis autour de lui ; de ce nombre était Pontus de Thiard, le célèbre évêque de Chalon. En l'appelant à Mantes, où se tint cette célèbre réunion, le roi lui avait dit : « ... et d'aultant que je

(1) La conversion de Henri IV préjugeait l'absolution papale. Toutefois Clément VII ne la donna que le 17 septembre 1595. Ce jour, il monta sur un siége élevé, entouré de toute sa cour, devant le portail de Saint-Pierre, reçut la procuration du roi que les cardinaux Duperron et d'Ossat lui présentèrent, et fit lire son décret. Puis les deux prélats français agenouillés devant le Pape, reçurent le coup de baguette qui signifiait la levée des censures.

Paris avait fait sa soumission à Henri IV le 22 mars 1594. « Hommes, « femmes et enfants avaient crié vive le roy, la paix et la liberté. » Le Parlement de Paris enleva à Mayenne le titre de lieutenant-général du royaume, en l'invitant à se soumettre, et cassa les décisions des Etats de l'année précédente. « Tous les bons bourgeois, dit l'Estoile, le moyen « et le menu peuple, étoient fort contents de se voir hors d'esclavage « et de faction et gouvernement des Seize. » La soumission de Paris « devait entraîner celle du reste de la France. L'Estoile ajoute : « Que « le roi trouva au Lôuvre, dans un coffre, toutes les clefs des villes de « son royaume. »

« desire que ce soient personnes qui, avec la doctrine,
« soient accompagnées de probité et de preudhomie, —
« n'ayant principalement d'autre zele que l'honneur de
« Dieu, comme de ma part j'y apporteray toute sincerité,
« et qu'entre les prelats et personnes ecclésiastiques de mon
« royaume, vous estes l'un de ceulx desquels j'ay ceste
« bonne opinion. A ceste cause, je vous prie de vous
« rendre en ceste ville près de moy, le quinzième de juillet
« où je mande aussi à aulcuns autres de votre profession se
« trouver en mesme temps. »

Henri IV pensa aussi que s'il pouvait être reconnu comme roi légitime par le St-Siége, il affaiblirait d'autant la cause de la Ligue. Dans ce but, il lui envoya une ambassade solennelle pour l'informer de sa conversion. Le duc de Mayenne comprit tout ce que cette ambassade pouvait avoir de danger pour son parti et jugea prudent de faire partir pour Rome des députés avec la mission de combattre l'influence des ambassadeurs du roi. Quoique le baron de Sennecey vécut alors dans la retraite « loin des tempestes de l'Estat, » et que son zèle pour la Ligue se fut bien refroidi, Mayenne, qui connaissait sa finesse et son habileté comme diplomate, le pria de se rendre à Rome avec le cardinal de Joyeuse (1) à qui il avait adjoint Nicolas de Piles (2), abbé d'Orbays, l'homme de confiance du duc de Guise.

Ces ambassadeurs arrivèrent à Rome le 28 janvier 1594

---

(1) François de Joyeuse, né en 1562, archevêque de Narbonne, de Toulouse et de Rouen, puis cardinal, présida l'assemblée générale du clergé en 1605, legat du Pape en France, en 1606, sacra Marie de Médicis et Louis XIII à Reims, présida les Etats Généraux en 1614, et mourut à Avignon en 1615.

(2) La famille Sortia de Piles, originaire de la Provence, très-affectionnée des rois Henri III et Henri IV, conserva depuis 1660 jusqu'en 1789 le gouvernement de Marseille. (*Dict. de Bouillé.*)

et eurent une audience du Pape le 9 février. « Ils rappe-
« lerent au Saint Père la cause et le but de la Ligue, colo-
« rant les actes des ligueurs du seul prétexte de la religion,
« et ils rejetèrent tous les desastres de la sainte cause sur
« la tiedeur du roi d'Espagne à la seconder. Le Souverain
« Pontife se borna à leur répondre qu'il était content du
« zèle et de la prudence du duc de Mayenne, mais qu'il
« était trop éloigné de France pour porter un jugement
« certain sur l'état du royaume et qu'il fallait que le duc
« qui l'avait gouverné jusqu'alors avec tant d'habileté, lui
« découvrit le remede à appliquer aux maux de l'Etat. »

Cette réponse évasive acheva d'ouvrir les yeux au baron de Sennecey ; il comprit que le Souverain Pontife n'osait pas encore désavouer la Ligue, mais qu'il ne la soutiendrait plus de son autorité et encore moins par ses armes. Il se hâta donc de mander à Mayenne « qu'il ne devoit compter
« sur aucun secours du Pape et que le roy d'Espagne à
« qui on le renvoyoit pour ceste affaire, n'en fourniroit
« pas beaucoup — et l'avertit en même temps de prendre
« ses mesures. » Après cet échec. Sennecey voyant que sa sa présence n'était pas nécessaire à Rome revint en France, après avoir obtenu cependant le renvoi du duc de Nevers, l'ambassadeur de Henri IV.

La guerre avait recommencé en Bourgogne (1) avec un

---

(1) Si la guerre continuait en Bourgogne, le Lyonnais plus sage s'était rendu à Henri IV, dès le 8 février, sans attendre que la cour de Rome l'eut reconnu et lui eut donné l'absolution. Voici une lettre très-curieuse, à cet égard, que le Consulat de Lyon écrivit fin mars 1594 à la ville du Puy, pour l'exhorter à faire aussi sa soumission au roi :

« Nous vous supplions, dit-il, à suivre notre condition laquelle vous
« doibt estre d'aultant plus volontiers acceptable que vous voyez Mgr
« notre Archevesque, *le pivot sur lequel toutes les affaires de la Ligue ont*
« *si longuement tournoyé, y estre gaillardement entré.* C'estoit une grande
« *heresie* de s'estre armé contre notre Roy Henri 3e le plus catholique

horrible acharnement, et il avait été impossible de prolonger la trêve intervenue entre Henri IV et Mayenne le 30 juillet précédent, et prorogée ensuite jusqu'au mois de janvier 1594.

Pendant le cours de cette suspension d'armes, l'archevêque de Lyon, Pierre d'Epinac, de concert avec Mayenne, avait fait arrêter, le 19 août, le duc de Nemours qui avait cherché à se rendre indépendant dans son gouvernement du Lyonnais: Ce prince avait été enfermé dans le château de Pierre-Scize où il avait laissé subir au baron de Sennecey une si dure captivité; mais il parvint à s'en évader plus tard, et mourut de chagrin de n'avoir pas réussi dans ses projets ambitieux.

Mais Lyon se rendit à Henri IV le 8 février (1). Mâcon

« prince d'entre les catholiques de l'Europe, *dont nous ne demandâmes* « *point permission à Sa Sainteté, et depuis, nous n'en avons point envoyé* « *demander permission à Rome.* Pourquoy donc chercherons-nous plus « de cérémonie à nous resoudre sous l'obeissance de cestuy-cy, *qui est* « *aultant catholique que jamais aultre fust*, que nous n'y en avons apporté « quand nous voulumes nous séparer de l'aultre. » (Reg. cons.).

D'Ornano qui avait occupé Lyon au nom du roi, fut supplié par le Consulat d'en conserver le commandement jusqu'à ce que les députés envoyés à Henri IV pour le prier de nommer un gouverneur fussent de retour. Ornano y consentit, et répondit au Consulat « que desormais il « falloit prier pour leur roy Henry quatrième, et le nommer tout un, « ou ils ne seroient pas bons Francois. » (Regist. cons.)

(1) « Ce même jour, le peuple, les armes au poing, ayant manifestement déclaré qu'il les avoit prises pour embrasser le party du roy, on decida que l'on iroit trouver M. le colonel Alphonse et autres agens de Sa Majesté, pour les faire entrer en ville vers les trois heures. Plusieurs echevins s'étant acheminés vers le pont du Rhône, ils n'eurent pas approché les premieres arcades qu'une grande multitude de peuple se mit à crier vive le roy. Ornano s'arreta à l'église Saint-Nizier pour rendre grace à Dieu, et ayant donné le bon soir à l'archeveque, il se retira en son logis, estant la nuit close. » (Notes de l'abbé Sudan.)

Le 12 mai suivant, Henri IV donna des lettres-patentes à Alphonse d'Ornano, comme « chef et général de toutes les forces qui sont et

se soumit le 15 mai (1), Tournus le 19 du même mois ; mais le 28, le vicomte de Tavannes reprit cette ville et se présenta même devant Mâcon. Neuville qui y commandait proposa une trêve avec Champerny. Georges de Bauffremont, frère du baron de Sennecey, qui était demeuré constamment fidèle au roi et l'ennemi des ligueurs, consentit à être compris dans cette trêve, mais elle ne put être conclue. Le marquis de Treffort survint le 11 juin, et avec le concours du vicomte de Tavannes il investit le château de Crusilles que le comte Georges de Bauffremont avait eu le temps de remettre en état de défense, après son dernier sac. Bissy-la-Maconnaise (2) fut aussi bloqué et pris, ainsi que le château de Veriset (3).

« seront dans la ville de Lyon et au pays du Lyonnois, Forez et Beau-
« jolais, jusqu'à ce qu'il ait été pourveu à la nomination d'un gouver-
« neur en remplacement du duc de Nemours. » Ces lettres furent enregistrées à la sénéchaussée de Lyon le 12 juin suivant. (Arch. de Lyon).

Le duc de Nemours était encore détenu au château de Pierre-Scize. Henri IV tenait à se l'attacher ; et, dans ce but, il envoya à Lyon le sieur de Trappes, conseiller au Parlement de Dijon, pour conférer avec lui, mais on ne put s'entendre, et Nemours resta encore plusieurs mois en prison.

« Nemours chercha souvent à s'évader en se créant des intelligences
« dans la garde du château composée de Suisses. Le 12 avril 1594 on
« intercepta une lettre chiffrée, et on décida de renvoyer immédiate-
« ment tous les Suisses en garnison à Lyon dans leur pays, fors les
« capitaines, et la perfidie de M. de Nemours parut si evidente qu'on
« ne lui devoit plus de respect, qu'on devoit lui oter ses serviteurs, ne
« luy bailler que des gens affidez, le resserrer, le retrancher, et ne luy
« permettre liberté de parler et d'escrire. » (Regis. cons.)

(1) « Mâcon se rendit le 15 mai. On y cria vive le roy, avec grands applaudissements du pauvre peuple qui, de longtemps, en avoit bonne volonté, mais estoit retenu par les chefs qui vouloient traiter de leur composition. » (L'abbé Sudan.)

(2) Bissy-la-Maconnaise, à trois lieues de Mâcon, au pied des montagnes.

(3) *Veriset*, à cinq kilomètres de Lugny, avec château-fort, propriété

En ce moment arriva à Mâcon le comte de Verdun, demandant des forces pour faire le siége de Tournus, que le vicomte de Tavannes avait repris depuis trois semaines. Alphonse d'Ornano, qui depuis sa délivrance par le baron de Sennecey, était rentré dans l'armée royale, sous Lyon, survint aussi à Mâcon avec 400 gens d'armes, 200 arquebusiers, 500 hommes de pied, 600 Suisses. Le 15, il était à Senosan, mais avant d'attaquer Tournus, il jugea convenable de s'emparer d'abord du château et du bourg de Brancion (1), qui formaient une position

des évêques de Mâcon, augmenté en 1230 par Ponce II de Thoiria. Les calvinistes s'en emparèrent en 1576. En 1594, ce château tomba au pouvoir des ligueurs commandés par le marquis de Treffort. (*Statistique de Saône-et-Loire*, Ragut.)

(1) Les Etats du Maconnais présentèrent une requête au comte de Tavannes « pour demander la demolition des ville et chastel de Bran-
« cion, attendu qu'il appert que un nommé de Laforest, s'est de nou-
« veau saisi de la tour de Bassy où il tenoit des soldats et fait diverses
« contributions sur les villages circonvoisins, sera supplié le dit sei-
« gneur gouverneur, de prêter main forte à la capture du dit Laforest
« et de ses complices. » (Arch. de Mâcon, série C, n° 470, p. 97.)

La ville de Saint-Gengoulx était aussi tombée au pouvoir de l'ennemi. Les Etats du Maconnais offrirent 6,000 écus pour l'en faire chasser. (Idem.)

Pendant que d'Ornano assiégeait Brancion, Domenico d'Ornano, son fils, tenait la campagne aux environs de Bourgoin. Saint-Sorlin, malgré la trève, lui prit à la Côte-Saint-André, vingt chevaux de la compagnie de son père. Saint-Sorlin attendait 80,000 écus que le roi d'Espagne lui envoyait de Milan. (Regist. cons.)

Alphonse d'Ornano était à Brancion au moment de la prise de Paris par Henri IV. Le duc de Mayenne, le vicomte de Tavannes, les barons de Thyanges, de la Clayette et de Vitteaux, avec 600 hommes des plus lestes et deux canons de campagne marchèrent sur Brancion. Mais d'Ornano, jugeant que la place n'était pas tenable contre de si grandes forces, en sortit avec une belle pièce de canon qu'il fit conduire à Mâcon. Néanmoins, il fit halte à Tournus. 200 des siens attaquèrent Mayenne et payèrent de leur vie leur témérité. (Perry, *Histoire de Chalon.*)

stratégique des plus importantes. « Ce bourg, dit un ancien
« auteur, estoit fermé de murailles et assis sur une mon-
« tagne de forte assiette. D'Ornano et le vicomte de
« Tavannes y entrerent par le moyen de quelques pétards
« et d'echelles, et fut pris aussi une couleuvrine qui estoit
« sur une plate forme, au bas du chasteau ; les soldats la
« tirerent hors de là avec des cordes, à la merci des arque-
« busades du chasteau, moyennant quelque argent que leur
« fit Tavannes ; — on la devala depuis, à force de bras,
« dans la plaine et on la conduisit à Tournus. » D'Ornano
démantela ensuite ce beau château, élevé par les puissants
sires de Brancion, et restauré plus tard par les ducs de Bourgogne. Ses imposantes ruines et son haut donjon dominent
encore le roc escarpé sur lequel ils sont assis. La belle
abbaye de La Ferté-sur-Grosne, située non loin de Brancion, dans la vallée de la Grosne, subit, au même moment,
les horreurs d'un pillage et d'une entière dévastation. Les
moines, pour réparer les désastres de leur maison, se virent
obligés, quelques années après, de vendre à Marie de
Brichanteau, veuve alors du baron de Sennecey, plusieurs
de leurs domaines situés à Vincelles, Nanton, Sully, Chalot
et Servelles. Marie de Brichanteau les réunit à sa grande
terre de Sennecey.

Pendant le siége de Brancion (1) d'Ornano avait de-

(1) Le marquis de Saint-Sorlin, en haine des Lyonnais qui rete-
naient toujours son frère, le duc de Nemours, prisonnier à Pierre-
Scize, s'était joint à d'Ornano le 16 octobre 1593, et était venu jusqu'aux portes de Lyon avec 600 cavaliers et 1,000 arquebusiers, lesquels
réunis aux 250 chevaux que le vicomte de Tavannes avait conduits à
Lyon eussent singulièrement balancé les forces des Ligueurs, sans la
trève que Mayenne imposa ; mais Saint-Sorlin s'obstinait à ne pas
faire acte de soumission à Mayenne, et Mayenne dut venir lui-même de
de Paris pour protéger Lyon contre Saint-Sorlin et Ornano. (Reg.
cons.).

demandé à Messieurs de Mâcon l'envoi de poudre, de boulets et d'artillerie pour faire le siége de Tournus, mais il y échoua. Mayenne en sortit peu après, s'avança sur Mâcon, et sur le refus de cette ville de lui compter 400 écus, le prince pour s'en venger fit les dégâts les plus horribles dans les environs. « Les Sarrasins, les Turcs les plus bar-
« bares, n'auroient pas fait pis. »

Le 13 juillet, les compagnies de gendarmes et les arquebusiers de Bellier, auxquels s'était joint Villanneuf et quelques troupes de Georges de Bauffremont, tombèrent sur les ligueurs à Gratay, petit village aux environs de Tournus. Rostain, commandant les gendarmes, et Villanneuf furent tués; le capitaine des arquebusiers fut fait prisonnier; le reste se replia sur le château de Crusilles, emmenant aussi quelques prisonniers et des chevaux.

La garnison de Tournus aux abois ne vivait plus que de ses exactions dans la campagne, et le comte de Crusilles était réduit aux mêmes nécessités (1). Cette triste situation inspira à Messieurs de Mâcon la pensée de faire une

---

(1) On ne saurait croire jusqu'où alla la haine des partis les uns contre les autres, et quelles cruautés ils exerçaient réciproquement.

A cet égard, voici ce qu'on lit dans une lettre adressée par le Consulat de Lyon à Henri IV : « 8 avril 1594. Nos compatriotes ne peu-
« vent s'éloigner de 200 pas de nos forts sans qu'ils ne se voyent
« obligez de payer rancon, tout couverts de coups de coutelas ou
« emprisonnés et traités si cruellement que ce nous seroit horreur de
« le referer sy l'horreur même de leurs barbares cruautés ne s'etoit
« tournée en habitude... La plus *spacieuse prison qu'ils nous donnent* est
« *un coffre ou un tonneau*, et le plus grand moyen de *voir et respirer* est
« *l'embouchure du tonneau ou le trou de la serrure du coffre*. Il en meurt
« tous les jours entre leurs mains et il n'y a pas trois jours qu'un notaire
« du Beaujollais, ayant été mené à Thoissey en Dombes et détenu
« quelque temps fermé *dans un coffre, la face pressée sur les genoux, il les*
« *rongea jusqu'auy os et fut trouvé mort en ce miserable desespoir.* »
(Regist. cons.)

trêve avec les gens de Tournus. Mais on ne put tomber d'accord. Le comte de Crusilles se joignit, le 29 août, aux sieurs de Champerny et de l'Isle, venus de Mâcon avec 30 gendarmes, à Uchizy. Mais surpris dans le village par les troupes sorties de Tournus, on lui prit 20 chevaux, les armes d'une douzaine de soldats et 8 prisonniers. L'alarme ayant été donnée dans le village, Champerny et de l'Isle, avec le reste de leurs gendarmes, et Georges de Bauffremont avec ses troupes, chargèrent l'ennemi avec tant de vigueur, qu'ils les mirent bientôt en déroute. La Tour (1) et cinq capitaines demeurèrent prisonniers ; le reste des gens de Tournus se sauva dans les vignes et fut assommé par les paysans.

Pendant ces nombreux combats, il s'était formé en Bourgogne un parti nombreux appelé les *Politiques*, qui avouait hautement sa haine pour la Ligue et ses sympathies pour le roi Henri IV. Le Parlement de Flavigny avait pris l'initiative de la résistance à Mayenne, et sa noble attitude avait rendu courage aux timides. L'opinion publique ne tarda pas de seconder de sa force ces magistrats courageux. Autour d'eux, et comme un glorieux cortége s'étaient réunis, sous les ordres de Tavannes, une noblesse fidèle, Clugny, Vaugrenant, Lusigny, Blanchefort, les deux Chabot, Jaucourt, Fervaque de Granecy, Damas de Saint-Brian, le Compasseur et Ponthus de Thiard, le seul évêque de la province qui pour sa fidélité au roi, subit les plus méchantes persécutions. Par là s'était formé peu à peu en Bourgogne, centre

---

(1) Quelques jours auparavant, La Tour avait fait incendier une grange appartenant à Bernard de Marbé, capitaine de Mâcon, avec de grandes provisions de foin et de paille, pour se venger de ce que la ville de Mâcon n'avait pas voulu payer la contribution de guerre que Mayenne avait ordonné de lever sur la ville pour la solde de la garnison de Tournus. (Juénin, *Histoire de Tournus*, p. 289, notes.)

de la Ligue, un parti opposé, qui, s'il ne pouvait déjà l'emporter, balançait les chances de la guerre et préparait au roi un appui important.

Le président Janin, qui dirigeait à Dijon la fraction du Parlement rangé au parti de la Ligue, ne se dissimula pas l'importance toujours croissante des Politiques, en donna de pressants avis à Mayenne, et lui manda que s'il voulait conserver la Bourgogne, sa présence y était des plus nécessaires. Ce prince y arriva dans les premiers jours de novembre, deux jours après que, par ses ordres, Jacques Laverne, maire de Dijon, suspect de félonie, y avait eu la tête tranchée. De Dijon il se rendit à Beaune, rasa ses faubourgs, pourvut à la sûreté des autres places et parut le 23 devant Tournus, avec 500 chevaux et 800 hommes de pied. Mais le maréchal de Biron, à qui Henri IV avait donné le commandement de la Bourgogne, en remplacement du maréchal d'Aumont, dont l'incapacité avait été si funeste à la cause royale, survint en ce moment avec 2,000 Suisses, 1,200 chevaux et 4,000 fantassins français. Sur cet avis, Mayenne revint à Beaune, en mura encore une porte, et laissa les ordres les plus sévères au capitaine Montmoyen. Le 4 février 1595 il se rendit à Chalon, et pour en imposer à la ville par sa sévérité qui allait jusqu'à la cruauté; par dépit de voir son pouvoir usurpé s'échapper de ses mains, il fit arrêter un grand nombre des bourgeois les plus notables (1).

---

(1) A Dijon, Tavannes et le fils de Mayenne, Henri, jeune prince fort décrié, se montrèrent non moins cruels pour en imposer aux Politiques, qui à l'exemple de la femme du président Brulard, parlaient de faire leur soumission au roi, sans se laisser intimider par les menaces des Ligueurs.

On les appela *les suspects*, et la *justice des rues* fut préconisée comme la meilleure pour en imposer à ce parti. Tavannes n'osa pas protester

Mais Beaune ne se laissa pas intimider par les sévérités de Mayenne. Le 5 février il se souleva, ouvrit ses portes au maréchal de Biron qui ne put cependant s'emparer de son château que vers Pâques. Le maréchal se mit ensuite à parcourir le reste de la province. Le 3 avril il était à Saint-Gengoulx. Au bruit de sa marche les paysans des villages se retirèrent dans les villes avec leurs familles, leur bétail et leurs meubles ; 4,000 *carabins* de l'armée de Biron pillaient, volaient et exerçaient partout les plus grandes cruautés. En quittant Saint-Gengoulx le maréchal assiégea le château de Dulphey, assis au bord de la route de Saint-Gengoulx à Macon, et qui avait été entièrement reconstruit vers 1550, par le sieur de Vergé, seigneur de cette terre. Après y avoir fait une brèche le 9 avril, il le prit d'assaut le même jour ;

contre ces cris d'une hideuse vengeance, et peu de temps auparavant il avait donné lui-même l'exemple de ces fureurs en faisant, sous prétexte de rançons qui devaient lui être payées, incendier les villages de Praulhoy, Elevaux, Rivière-les-Fosses, Pommard, piller ou démolir les églises, violer et brûler des femmes réunies dans un même lieu, assassiner des habitants et commettre des profanations dont les protestants auraient eux-mêmes rougi. Le fils du duc de Mayenne n'avait pas été étranger à ces horreurs qui avaient fait détester son nom et celui de Tavannes, et ramenèrent les esprits vers la paix, à commencer par le Parlement qui se dévoua enfin à cette œuvre avec un zèle égal a celui qu'il avait mis auparavant à se déclarer contre le roi. (De La Cuisine, *Histoire du Parlement de Bourg*, t. II, p. 64.)

Le roi d'Espagne aidait alors puissamment la Ligue en Bourgogne de ses armes et de ses subsides. Il payait même 30,000 écus de pension aux principaux Ligueurs pour entretenir leur fidélité, et on en acquit la preuve par des quittances trouvées chez un banquier de Lyon. L'armée espagnole était commandée par le connétable de Castille, et la campagne entreprise par le maréchal de Biron en Bourgogne eut pour but de détruire cette armée que Henri IV, en personne, écrasa plus tard à Fontaine-Française. La misère publique et la crainte de voir les Espagnols démembrer la monarchie, acheva de ramener l'opinion publique au roi en ranimant le patriotisme bourguignon. (Idem, p. 66.)

une partie de la garnison périt dans cet assaut et l'autre fut pendue; peu se sauvèrent. Le lendemain Biron alla à Mâcon, puis passa en Bresse. Baugé se rendit le 23. Pont-de-Veyle le 27; puis Pont-de-Vaux capitula, et après ces succès il revint en Bourgogne (1).

XV. — Le baron de Sennecey, depuis son retour de son ambassade à Rome, était resté à Auxonne dont il s'était réservé le commandement après s'être démis de sa charge de lieutenant général au gouvernement de Bourgogne. « Il ne fut pas des derniers à reconnaître que si ceux qui avoient embrassé le party de la Ligue n'y eussent point meslé leurs intérêts au prejudice de la religion, ils auroient esté les plus braves gens du monde ; mais il vint que les principaux ligueurs souillèrent la pureté de leurs intentions par la seule recherche de leur intérêt ; aussi s'en dégouta-t-il l'un des premiers et resolut de la quitter. Ses grandes indispositions y contribuèrent aussi beaucoup. Il scavoit trop bien aussi que la Ligue ne devoit plus rien espérer ny de Rome ny d'Espagne pour appuyer ses desseins; il prit soin d'en avertir le mieux qu'il put le duc de Mayenne. Voyant qu'il le sollicitait en vain d'embrasser la paix, il prit party pour soy-même et se soumit au maréchal de Biron, apres s'être reservé encore le gouvernement d'Auxonne. » Le baron semble, du reste, avoir été toujours de très-bonne foi lors-

---

(1) Tournus se soumit à la même époque, et le baron d'Uxelles, beau-frère du baron de Sennecey, qui venait également d'abandonner la Ligue, contribua beaucoup à la remise de Tournus entre les mains de Henri IV. Le capitaine de la Tour fut mis dehors par ses gens et envoyé à Chalon au duc de Mayenne. Le château de Champforgeuil fit aussi sa soumission au duc de Biron. Beaune et Nuits s'étaient aussi rendus. La Ligue n'en pouvoit plus alors et étoit tellement extenuée qu'elle ressembloit à un squelette décharné. » (Perry, *Histoire de Chalon*, p. 389).

qu'il entra dans la Ligue et tout le temps qu'il y demeura. Du reste il s'en est expliqué lui-même dans la requête qu'il adressa aux Etats généraux du royaume pour demander la délivrance de ses enfants retenus comme otages dans la prison de Pierre-Scize. « En entrant dans la Ligue, « disait-il, il n'avoit regardé d'aultre but que l'amplification « de la religion catholique, apostolique et romaine et le « bien de l'Estat, et qu'il avoit quitté, ainsi qu'il est notoire, « les faveurs et gratifications qu'il pouvoit recepvoir d'aul- « trui, pour demeurer ainsy qu'il l'a toujours fait, constant « en une sainte resolution (1). »

Le baron de Sennecey, en faisant sa soumission au roi, se réserva le gouvernement d'Auxonne, auquel il attachait une grande importance, et demanda qu'on lui rendit aussi la charge de lieutenant général au gouvernement de Bourgogne, dont il s'était démis entre les mains de Mayenne ; mais le Parlement, par un abus sans nom, se refusa d'enregistrer les lettres du roi, malgré les pressions réitérées de Henri IV, soutenues par le maréchal de Biron. En vain ce gouverneur était venu aux Chambres assemblées, déclarer qu'à défaut de la compagnie, il mettrait le nouveau titulaire en possession et recevrait lui-même son serment, ces menaces n'aboutirent qu'à un arrêt de partage prononcé le 18 janvier 1596, et qui équivalait à un refus. Le motif avoué d'une telle conduite était que le comte de Tavannes, l'un des chefs du parti royal en Bourgogne pendant la Ligue, et opposant à cette vérification, avait été investi de ce titre bien auparavant.

---

(1) « Les plus éclairés du party de la Ligue et qui avoient plus de lumière que de passion, voyant qu'il se décousoit tous les jours, ainsi qu'un habit fort usé, le quittèrent bientôt et se rangèrent du costé du roy. » (Perry, *Histoire de Chalon*, p. 374.)

La prérogative royale ne pouvait être plus complétement méconnue dans cette intervention, de toutes la plus étrangère aux prérogatives du Parlement, comme s'il n'appartenait pas au roi de changer ses commandants militaires, quels que fussent leurs titres. La compagnie tint ferme pendant plusieurs mois, et on ne sait ce qui serait arrivé si Tavannes, auquel on venait de faire d'autres promesses, n'eut écrit « qu'il était satisfait, » et que Biron ne se fut incliné jusqu'à dire « que le sieur de Saulx étant recompensé « d'ailleurs, toute opposition devenait d'ailleurs sans « objet. » L'enregistrement fut alors prononcé à cette condition, et par un arrêt qui existe encore et porte la date du 22 mars 1596 (1).

La défection du baron de Sennecey acheva la ruine de la Ligue en Bourgogne. Mayenne y fut très-sensible. Henri IV avait compris toute l'importance qu'il y avait pour sa cause de compter Sennecey parmi ses partisans. Il s'empressa donc de confirmer, par des lettres patentes, les priviléges de la ville d'Auxonne en faisant, dans ces lettres, un grand éloge de la vertu et de la fidélité du baron « qui avait veu « en ceste ville plusieurs bons royalistes (2). » Le baron avait député près de Henri IV Jean de La Croix, seigneur de Viller-les-Pots, maire d'Auxonne, pour traiter de la soumission de la ville. Henri IV fit, le 13 juillet, son entrée dans la place, par la porte du Grand-Pont, et y fut reçu par le maire et les échevins, qu'il félicita aussi de leur fidélité à son service.

Le roi avait fait son entrée à Dijon le 4 juin précédent. « La réduction de Dijon fit aussi un grand chagrin à « Mayenne, qui, depuis, ne battit plus que d'une aile, non

---

(1) De La Cuisine, *Histoire du Parlement de Bourg*, t. II.
(2) Perry, *Histoire de Chalon*.

« plus que la Ligue, qui ressembloit proprement à une cor-
« neille déplumée (1). »

En même temps que Sennecey abandonnait la Ligue, la victoire de Fontaine-Française (2) lui portait le dernier coup. Le duc de Mayenne, accablé par ce revers et honteux de l'insulte qu'il avait reçue du connétable de Castille (3),

---

(1) *Journal de l'Estoile.*

(2) Mayenne, dans l'espoir de reprendre Dijon, était allé en Franche-Comté au devant de Velasco, connétable de Castille et gouverneur de Milan, qui arrivait avec une puissante armée, moins pour secourir la Ligue aux abois que pour bien assurer la conservation de la Comté. Henri IV s'avança au devant d'eux, vers Gray. « Il y a des coups à donner, disait-il à son cousin, le comte de Soissons, et par conséquent de l'honneur à gagner. » Velasco, après un sérieux engagement de cavalerie fit sonner la retraite, craignant d'avoir une armée nombreuse sur les bras ; ce ne fut pas une bataille, mais une escarmouche. Toutefois, elle eut pour Henri IV l'effet moral d'une victoire. Velasco se retira, et Mayenne abandonné à lui-même fut contraint de remettre les châteaux de Dijon et de Talant qui tenaient encore pour lui, quoique la ville de Dijon eut déjà fait sa soumission, et de traiter avec le roi. Henri IV se rendit ensuite à Lyon qui lui ouvrit ses portes. Le duc de Nemours qui était parvenu à s'évader de la prison de Pierre-Seize troubla encore les environs, mais Vienne s'étant aussi soumis au roi, Nemours alla mourir d'une maladie de langueur dans ses terres en Savoie (Dareste, *Histoire de France*, t. IV, p. 528.)

Mayenne accompagné de douze gentilshommes vint présenter sa soumission au roi, au château de Folembray, pendant le siège de La Fère. Il abdiqua, car c'était une véritable abdication, avec dignité et sans arrière-pensée. Le roi lui fit cet accueil généreux et cordial qu'il faisait à ses anciens ennemis, et qui donna à un Espagnol l'occasion de dire : « Sa Majesté combat comme un diable et pardonne comme un Dieu. » (Idem, t. IV, p. 584.)

(3) Perry, *Histoire de Chalon.*

« Henri IV fit son entrée à Dijon au milieu des acclamations du peuple, sans escorte, entouré d'une foule nombreuse, ce qui fit que Ponthus de Thiard, évêque de Chalon, l'un des exilés volontaires à Flavigny, effrayé de tant de confiance, ne put s'empêcher de s'en plaindre au roi qui coupa court en lui disant : « Mon Père, vous n'avez
« pas trouvé sujet propre à mes oreilles. » (*Journal de Brenot.*)

qui l'accusait de sa défaite, se retira à Gray, puis à Chalon
« et fit, avec ses gens, une traite de trente lieues, sans
« repaistre, ny débrider et fut trente-six heures à cheval. »
Voyant sa cause perdue, il entra en négociations avec le roi
pour traiter de sa soumission ; mais il traîna l'affaire en
longueur dans l'espoir d'obtenir du roi de meilleures conditions, mais ses lenteurs lui furent funestes. « Il perdit
« l'occasion, la fortune lui présentait le visage, et, après,
« luy tourna le dos (1). » Quatre villes seulement étaient
demeurées fidèles à Mayenne, Soissons, Pierrefonds, Seurre
et Chalon. Encore cette dernière n'était pas très-sûre pour
lui. Il en sortit avec de la cavalerie et de l'infanterie pour
se rendre au lieu assigné pour une conférence qu'il devait
avoir avec le président Legrand et le baron de Sennecey ;
mais on ne put s'entendre dans cette entrevue. Le baron de
Thenissey (2), l'un des derniers partisans du duc, et le
président Legrand en référèrent au roi. Legrand, après

Le roi ne reçut le Parlement que le 16 juin, dans la grande galerie
du Logis du roi, et le 22 juin, en présence du duc d'Elbeuf, du maréchal de Brissac, du duc d'Escars, évêque de Langres, des *sieurs de Sennecey*, de Brion, et d'une foule de seigneurs et de conseillers d'Etat.

Le Parlement prêta serment entre les mains du chancelier de Cheverny. (Registres du Parlement.)

La fraction du Parlement dévouée à la Ligue essaya de se justifier près du roi, mais le roi coupa court en disant à Montholon : « Eh bien ! Monsieur, voulez-vous me faire ici un procès ? » puis lui tourna le dos, se coucha sur une paillasse, son chien à ses pieds, le maréchal de Biron assis à côté du roi sur une table. (Chronique locale.)

(1) Perry, *Histoire de Chalon*.

(2) Le baron de Thenissey avait participé à la conspiration du duc de Nemours contre Lyon. Le 27 septembre 1594, par ordre de l'archevêque de Lyon, commandant la ville, le capitaine Baron avait été chargé de conduire hors du gouvernement du Lyonnais les troupes des barons de Thenissey, de Grinet et de Montréal. Ces troupes avaient été amenées à Lyon de Bourgogne et du Vivarais, par MM. de Thianges, de Thenissey et de Montréal. (Archives de Lyon, reg. consul.)

avoir reçu de nouvelles instructions, vint rejoindre Mayenne à Chalon, et ils se rendirent ensemble au château de Taisey, près Chalon, où les attendaient le baron de Sennecey et Villeroi, chargés de conclure le traité avec Mayenne. Mais cette fois encore on ne put tomber d'accord, et on convint seulement d'une trêve (1). Au mépris de ces conventions, la ville de Seurre, l'une des seules places demeurées fidèles à la Ligue, se révolta alors, à l'instigation d'un soldat du nom de Lafortune. Le fils de Mayenne accourut pour reprendre Verdun ; « il se porta, dit Perry, avec une merveilleuse hardiesse, jusques sur le bord du fossé où il reçut un coup d'arquebuse au bras et eut deux chevaux tués sous lui ; » on le ramena à Chalon où sa mère le rejoignit, en arrivant par la Saône sur un bateau peint en vert. Le duc de Mayenne en sortit bientôt après, laissant son fils pour gouverneur de la place, et se retira à Soissons, après avoir signé la paix avec Henri IV au château de Folembrai.

Mayenne avait rêvé la couronne de France, et il dut se contenter du modeste gouvernement de l'Isle de France.... ainsi finit la Ligue. Si, un moment, elle avait eu une raison d'être comme moyen de résistance au protestantisme, elle ne devint, entre les mains des princes de Lorraine, qu'un prétexte pour aider à leur ambitions sans bornes, — et ceux-ci, pour la satisfaire, couvrirent la France de ruines de sang.....

Mayenne, en quittant Chalon, recommanda son fils aux habitants, et, le 23 mai 1596, la paix fut proclamée aux

(1) Cette trêve fut signée au château de Taisey, le 23 septembre 1595. Elle fut publiée à Chalon par le maire suivi d'un grand cortége, et à la grande satisfaction de la population. Le traité définitif, intervenu à Folembrai entre Henri IV et Mayenne, ne fut conclu qu'en janvier 1596.

applaudissements de la ville entière. Le maire et les échevins se transportèrent auprès du jeune prince de Mayenne et lui « mirent au col l'escharpe blanche, » puis le prince, quoique atteint d'une forte fièvre, se fit transporter dans une chaise sur la place du Chatelet, où il alluma le feu de joie. Son séjour à Chalon se prolongea encore plusieurs années, et il y laissa beaucoup de regrets. De son côté, il s'en éloigna avec peine et il en demanda même le gouvernement. En 1621, il périt, sans postérité, au siège de Montauban. Son père l'avait précédé dans la tombe, en 1611.

« Quoique le baron de Sennecey, dit Perry, eut aultant
« travaillé que nul autre seigneur de Bourgogne pour la
« reconciliation du duc de Mayenne avec le roy, néan-
« moins, il ne jouit pas longtemps du bonheur de la paix
« qu'il avait procurée. Il mourut en 1596, à l'âge de 50 ans,
« en sa maison de Sennecey (1), et fut enterré dans la cha-
« pelle de son chasteau. »

Claude de Bauffremont avait succombé à son infirmité ordinaire de la goutte, et peut-être sa séquestration rigoureuse à la prison de Pierre-Scize avança-t-elle l'heure de sa mort. Un de ses contemporains, que avons déjà cités, a dit de lui que « ce fust un seigneur très sage et très bon catholique qui ne s'engagea dans la Ligue que par pur zèle de religion, « et le cardinal du Perron l'a dépeint ainsi : « Son père estoit un homme d'un bon esprit, le fils a si « bonne façon ; il a la physionomie d'un homme fort doux, « qui a néanmoins de la finesse et de la vertu. »

---

(1) La terre de Sennecey qui était une très-ancienne baronnie, fut érigée en marquisat en faveur de Henri de Bauffremont, par lettres du mois de juillet 1615, mais enregistrées seulement au Parlement de Dijon le 2 décembre 1631. (Arch. dép. de Dijon.)

Plusieurs enfants étaient nés de son mariage avec Anne de Brichanteau :

1° Henri de Bauffremont, fils aîné, né au château d'Amilly, en 1578. Le duc Henri de Guise avait été son parrain. Il devint marquis de Sennecey ;

2° Madeleine de Bauffremont, épouse de Cléradius de Vergy, comte de Champlitte (1) ;

3° Catherine de Bauffremont, mariée à Jean de Vieux-Pont (2) ;

(1) Cleraduis de Vergy, comte de Champlitte, baron de Vaudrey, gouverneur de la Franche-Comté, mort sans enfants en 1630, était le dernier mâle de sa maison. Sa devise était : « J'ay Valu, Vaux et Vaudrey, » par allusion à ses trois terres de Valu, Vaulx et Vaudrey. Il descendait de la grande maison dont les membres furent surnommés, à cause de leurs exploits, dès le xe siècle, *les Preux* « de Vergy. » Duchesne regarde Guerin comme la tige de ces seigneurs. Ils portaient : de gueules à 3 quintefeuilles d'or. (Courtépée, t. II, p. 404). Le château de Vergy était situé près de Nuits. Il fut démoli par ordre de Henri IV. (Idem.)

(2) Jean de Vieux-Pont, issu de la maison de ce nom, illustre en Normandie et dans le pays chartrain. Le premier de ce nom fut Ives de Vieux-Pont, en Normandie, et de Courville, près Chartres, vers 881. Depuis on les retrouve sans interruption. Ses armes sont : d'argent à 10 annelets de gueules.

Jean V de Vieux-Pont, dont il s'agit ici, était fils de Jean IV de Vieux-Pont, et de Françoise de Vaux, seigneur de Saint-Issues. Il épousa en premières noces Marie de Billy, fille de Claude, seigneur de Prunay-le-Chillon, et de Louise de Ligny ; et en deuxièmes noces, Catherine de Bauffremont. De ce mariage issurent :

1° *Louise*, mariée le 17 novembre 1614, à Philippe de Créquy, seigneur d'Auffen ;

2° *Françoise*, mariée à Thomas de Morand, seigneur de Courseules ;

3° *Henri*, mort le 27 juillet 1670, marié à sa cousine Catherine de Vieux-Pont. De ce mariage issurent : Catherine, mariée à N. de la Noue, comte de Vair, et Alexandre, mort le 1er avril 1688, époux, le 29 décembre 1656, de Henriette Auberi, marquis de Vatau, dont deux filles et un fils, Guillaume-Alexandre de Vieux-Pont, lequel devint marquis de Sennecey, en 1714, après l'extinction de la maison de

4° Ludovic de Bauffremont, abbé commandataire de l'abbaye de N.-D. de Fontenay, ordre de Citeaux, coadjuteur de l'abbaye de Sainte-Geneviève, mort à Paris le jeudi 22 octobre 1598, âgé de 20 ans ;

5° Jeanne de Bauffremont, morte à Amilly le neuvième jour d'août 1584, âgée de 4 mois ;

6° Marie de Bauffremont, née en septembre 1586, à Amilly, morte le 2 janvier, âgée de 4 mois ;

7° Philippe de Bauffremont, vivant en 1607, nommé au contrat de mariage de son frère Henri, l'aîné ;

8° Jeanne de Bauffremont, élue abbesse du Moncel le 28 juillet 1618, morte le 7 septembre 1652.

Plusieurs de ces enfants étaient nés à Amilly, près Coulommiers ; c'était une terre propre à Marie de Brichanteau, et elle s'y retirait avec ses enfants lorsque la guerre désolait la Bourgogne et que le château de Sennecey n'offrait plus de sécurité.

Marie de Brichanteau, après le décès de son mari (1), passa le reste de ses jours à Sennecey ou dans son hôtel de Chalon, partageant son temps entre l'éducation de ses enfants et les bonnes œuvres. Elle prodigua surtout ses aumônes dans l'année 1597. « La disette fut alors si grande que la
« ville de Chalon manqua de pain et les pauvres laboureurs,
« paysans et vignerons crioient la faim. La mairie de Cha-
« lon sachant que la dame de Senecey avoit du blé dans
« son chasteau, lui en demanda 400 bichets, sous pro-

Bauffremont, faute d'héritier mâle, et après la mort du dernier de la maison de Foix-Sennecey, héritier des Bauffremont-Sennecey. (Voir notre *Histoire de Sennecey*, p. 482.)

(1) Les dessins des tombeaux élevés aux membres de la famille de Bauffremont, à Brienne et à Paris, se trouvent à la Bibliothèque nationale, portef. Gaignières, vol. *Champagne et Brie*, folios 57, 58, 59. (Notes du prince de Bauffremont.)

« messe de lui donner et laisser prendre un profit hon-
« neste (1). »

En 1599, elle agrandit la terre déjà si considérable de Sennecey, en achetant les domaines de Vincelles, Nanton, Sully, Chalot et Servelles, situés non loin de Sennecey, et que l'abbaye de Laferté avait été obligée d'aliéner pour réparer les désastres occasionnés par les deux sacs qu'elle avait subis de la part des calvinistes. Le 7 février 1600 elle reprit aussi de fief des cens, redevances et autres droits, en toute justice, situés dans ces localités (2).

Le 18 décembre 1604, nous la voyons aussi assister, à Chalon, à la pose de la première pierre du couvent des PP. capucins. « Elle se trouva, dit Perry, à cette cérémo-
« nie avec le baron d'Uxelles (3), le sieur Bernard, lieut.
« général au bailliage et d'autres notables. Ils descen-
« dirent tous dans les fondations pour poser cette première
« pierre. Chacun y mit la pièce qu'il put. La maison de

---

(1) Perry, *Histoire de Chalon*.
(2) Archives départementales de Dijon.
(3) Le baron Antoine du Blé d'Uxelles, seigneur de Cormatin, qui avait épousé Catherine-Aimée de Bauffremont, fille de Nicolas de Bauffremont, et sœur de Claude de Bauffremont, par conséquent beau-frère de Marie de Brichanteau. Nous en avons déjà parlé plus haut. En 1601, il avait été pourvu du commandement de Chalon qu'il céda à son fils en 1611, et mourut en 1616. Sa veuve, Catherine-Aimée, mourut la même année, et fut inhumée près de son mari, dans l'église des Minimes, où ils avaient un magnifique tombeau que brisa la Révolution. Six enfants étaient nés de leur mariage. Le fils aîné fut pourvu du gouvernement de la citadelle de Chalon, en 1611, par la démission de son père. Henri de Bauffremont, son neveu, avait reçu déjà le 29 août 1596, la charge de capitaine de cette ville. Un conflit s'engagea entre l'oncle et le neveu au sujet de leurs prérogatives ; un long procès s'en suivit, et il se termina par une transaction, en déclarant que « c'était par respect pour leur parenté et leur amitié. » (Archives de l'hôtel-de-ville de Chalon.)

« Sennecey fit du reste de grands biens à cest établisse-
« ment. Le seigneur de Givry (1), puisné de Messire de
« Bauffremont, lui legua sa bibliothèque. »

Le 2 décembre 1618, elle donne encore le dénombrement d'autres propriétés, de la seigneurie de Brion, située à Laives, non loin de Sennecey, et qui avait appartenu à Pierre de Saint-Clément, seigneur de Taisey, près Chalon, et aux dames Melchiore et Catherine de Clugny, vendues le 26 août 1599.

L'année 1618 fut très-probablement celle de sa mort; car, à dater de ce moment, elle disparaît de l'histoire et son nom n'est plus prononcé par elle. Elle reposa auprès de son mari, dans les caveaux de la chapelle du château de Sennecey.

Henri de Bauffremont avait succédé à son père lors du décès de son père, en 1596, dans la seigneurie de Sennecey (2).

---

(1) La terre de Givry avait été achetée par Claude de Bauffremont en 1589. Il la laissa à sa veuve, Marie de Brichanteau, qui fit plusieurs baux à cens, comme dame de Givry. Henri de Bauffremont en hérita plus tard et la laissa à sa fille, Marie-Claire, qui épousa J.-B. Gaston de Foix, lequel vendit la terre de Givry, en 1695, à Abraham Carré, conseiller au Parlement de Dijon.

(2) Ce serait donner une trop grande extension à cette étude sur les trois membres de la maison de Bauffremont dont nous venons de tracer la biographie que de raconter encore la vie de Henri de Bauffremont, fils aîné de Claude de Bauffremont. Disons seulement en quelques lignes qu'il fut digne de ses pères. Perry, en parlant de lui a dit : « Le roy Henri IV en le presentant à la reine, lui dit qu'il etait issu d'une race qui estoit sage dès le ventre de sa mere. Il a esté, en effet, un des plus sages, des plus valeureux et des plus accomplis de son temps et des seigneurs de la cour. Il eust cet avantage de la nature que son bel esprit eust un beau corps pour logis. » Le même auteur ajoute : « C'estoit un seigneur des plus sages et des plus accomplis du royaume, bien fait de corps et d'esprit, d'un naturel fort civil et très-obligeant. La

Vers la même époque, le silence se fait sur Georges de Bauffremont ; sa cause avait triomphé. Henri IV, vainqueur de la Ligue, était monté sur le trône de France « par droit de conquête et par droit de naissance, » et Georges de Bauffremont lui avait toujours donné le secours de sa vaillante épée. Après la paix, intervenue entre Mayenne et Henri IV, le comte de Crusilles désarma aussi et se retira dans son château de Crusilles. Ses murs étaient troués par le canon des ligueurs ; il les répara et restaura cette grande et solide maison-forte, qui avait fait trembler si souvent « Messieurs de Mâcon. » Le bonheur ne le suivit cependant pas dans sa retraite ; la mort moissonna sa première femme, Guillemette de la March, fille de Robert de la March, maréchal de France, qu'il avait épousée en 1579, ainsi que les deux enfants issus de ce mariage. Elle fut tout

vertu estoit en si haute estime dans sa maison qu'on n'y voyoit que des honnestes gens. Elle n'avoit rien du faste et de la pompe qu'on voit aujourd'hui partout. Sa mort remplit sa maison de deuil et de tristesse. »

Henri de Bauffremont remplit aussi de très-grandes charges. Il fut successivement capitaine et bailli des foires de Chalon, gouverneur de Mâcon et d'Auxonne, lieutenant du roi au gouvernement de Bourgogne, député aux Etats généraux de Bourgogne et de France, où il siégea comme président de la Chambre de noblesse, ambassadeur en Espagne, chevalier du Saint-Esprit, maréchal de camp des armées du roi, et fut blessé à l'assaut livré à la ville de Royan par l'explosion d'une mine où il faillit être écrasé. Au siége de Saint-Antonin il reçut une nouvelle blessure et y succomba à Lyon, en 1622, « avec une dévotion qui édifia « tous ceux qui assistèrent à sa mort. Son corps fut enterré dans la « chapelle du chasteau de Sennecey où sa mère qui vivait encore lui fit faire de belles funérailles. » Il n'avait que quarante-quatre ans.

Il avait épousé Marie-Catherine de Larochefoucauld, fille unique du dernier comte de Randan, et frère du cardinal de ce nom. Trois enfants étaient issus de ce mariage. Sa veuve remplit les charges de dame d'honneur de la reine et de gouvernante de Louis XIV, en bas âge. (Voir notre *Histoire de Sennecey et de ses seigneurs*, p. 473.)

aussi cruelle pour deux autres enfants, nés de sa seconde union avec Angélique d'Alègre, laquelle descendit dans la tombe vers 1618. Un seul fils lui survécut : ce fut Christophe Melchior, comte de Crusilles, qui épousa, en 1626, Philiberte de Polignac, fille de Gaspard-Armand de Polignac, vicomte de Polignac, et de Claudine-Françoise de Tournon. Mais ce fils unique ne devait pas avoir non plus une longue destinée ; il mourut sans postérité en 1630, et il avait eu la douleur de voir ses créanciers saisir sa terre de Crusilles, qui la vendirent, au prix de 24,000 livres, à André de Grimaldi, comte souverain de Buet, baron de Massault, agissant au nom d'Anne de Saux, sa femme.

Mais je m'arrête ici ; ma tâche est achevée, sinon bien remplie. J'ai raconté successivement ce que furent Nicolas de Bauffremont et ses deux fils, Claude et Georges, et les événements si divers auxquels ils participèrent. S'ils ne se sont pas fait, dans l'histoire, une place exceptionnelle, on peut dire, cependant, qu'ils y occupent un rang éminent, et, à ce titre, j'ai cru devoir réunir tout ce qui les concerne, leur donner le relief qu'ils méritent, et ajouter une page de plus aux annales de la Bourgogne, qui m'est si chère comme mon pays d'origine, et celles du Lyonnais.

OUVRAGES DU MÊME AUTEUR

RECHERCHES HISTORIQUES SUR LES LIBERTÉS ET LES FRANCHISES DE LA VILLE DE CHALON-SUR-SAONE. — *Chalon*, Dejussieu, 1846, in-8º, 58 p.

COMPTE-RENDU DES TRAVAUX DE LA SOCIÉTÉ D'HISTOIRE ET D'ARCHÉOLOGIE DE CHALON-SUR-SAONE. — *Chalon*, Dejussieu, 1847, in-8º, 32 p.

RECHERCHES SUR LES FORTIFICATIONS ANCIENNES ET MODERNES DE CHALON-SUR-SAONE. — *Chalon*, Montalan, in-4º, 103 p., avec planches.

NOTICE SUR L'ANCIEN HOTEL DE VILLE DE CHALON-SUR-SAONE. — *Chalon*, Dejussieu, 1858, in-4º, 59 p.

HISTOIRE DE SENNECEY LE GRAND ET DE SES SEIGNEURS. — *Chalon*, Dejussieu, 1856, 1 vol. in-8º, 526 p., avec planches.

PROJET DE CRÉATION D'UN MUSÉE HISTORIQUE A LYON. — *Lyon*, Vingtrinier, 1874, in-8º, 43 p.

LE PALAIS SAINT-PIERRE. — *Lyon*, Vingtrinier, 1874, in-8º, 52 p.

LES ARCHIVES DE LYON. — *Lyon*, Vingtrinier, 1875, in-8º, 728 p.

LES BIBLIOTHÈQUES ANCIENNES ET MODERNES DE LYON. — *Lyon*, Vingtrinier, 1875, in-8º, 631 p.

LE POLYPTIQUE DE L'ÉGLISE DE SAINT-PAUL, DE LYON, publié par M. Guigue. Compte rendu de cet ouvrage. — *Lyon*, Perrin, 1875, in-8º, 19 p.

RECHERCHES SUR NOTRE-DAME DE LYON, par M. Guigue. Compte rendu de cet ouvrage. — *Lyon*, 1876.

LE CARTULAIRE MUNICIPAL DE LA VILLE DE LYON, dit d'*Etienne de Villeneuve*, publié par M. Guigue. Compte rendu et étude de cet ouvrage. — *Lyon*, Mougin-Rusand, 1877, 64 p., in-8º raisin.

HISTOIRE DU CANTON DE SENNECEY-LE-GRAND. *Lyon*, Vingtrinier, 1875, 1877, 2 vol. in-8º, 564, 663 p.

LES ŒUVRES DE MARGUERITE D'OINGT, prieure de Poleteins, publiées par M. E. Philipon, avec une préface de M. Guigue. Compte rendu et étude de cet ouvrage. — *Lyon*, Mougin-Rusand, 1877, in-8º, 32 p.

RAPPORT A LA SOCIÉTÉ LITTÉRAIRE DE LYON sur les ouvrages de M. Marcel Canat de Chizy. — *Lyon*, Vingtrinier, 1877, in-8º, 21 p.

RAPPORT A LA SOCIÉTÉ LITTÉRAIRE DE LYON sur la vie de saint Ennemond, par M. l'abbé Condamin. — *Lyon*, Vingtrinier, 1877, in-8º, 30 p.

RAPPORT A LA SOCIÉTÉ LITTÉRAIRE DE LYON sur les ouvrages de M. Jules Chevrier. — *Lyon*, 1877, 50 p.

NICOLAS, CLAUDE ET GEORGES DE BAUFFREMONT, barons de Sennecey. Episodes de la Ligue en Bourgogne et dans le Lyonnais. — *Lyon*, Mougin-Rusand, in-8º jésus, 225 p.

HISTOIRE DE TARASCON ET DE SES FORTIFICATIONS. — *Chalon*, Dejussieu, in-fol., avec planches (en cours d'impression).

HISTOIRE DE L'ENSEIGNEMENT PUBLIC A LYON, depuis la conquête romaine jusqu'à nos jours (en préparation).

www.ingramcontent.com/pod-product-compliance
Lightning Source LLC
Chambersburg PA
CBHW071947160426
43198CB00011B/1574